本书为教育部人文社会科学研究一般项目"中国近现代媒介批评史（1815—1949）"（12YJA860005）的最终研究成果、国家社会科学基金一般项目"中国近现代媒介批评史（1815-1949）"（14BXW007）的阶段性研究成果。

中国媒介批评的历史考察

ZHONGGUO MEIJIE PIPING DE LISHI KAOCHA

◎胡正强 著

中国出版集团

世界图书出版公司

广州·上海·西安·北京

图书在版编目（CIP）数据

中国媒介批评的历史考察 / 胡正强著 . –– 广州 : 世界图书出版广东有限公司 , 2015.10（2025.1重印）

ISBN 978-7-5192-0409-9

Ⅰ . ①中… Ⅱ . ①胡… Ⅲ . ①传播媒介 – 批评 – 研究 – 中国 Ⅳ . ① G206.2

中国版本图书馆 CIP 数据核字 (2015) 第 253618 号

中国媒介批评的历史考察

策划编辑	赵　泓
责任编辑	钟加萍
装帧设计	卢佳雯
出版发行	世界图书出版广东有限公司
地　　址	广州市新港西路大江冲 25 号
电　　话	020-84459702
印　　刷	悦读天下（山东）印务有限公司
规　　格	787mm×1092mm　1/16
印　　张	19.5
字　　数	210 千
版　　次	2015 年 10 月第 1 版　2025 年 1 月第 3 次印刷
ISBN	978-7-5192-0409-9/G·2004
定　　价	88.00 元

Content · 目录

绪 论

媒介批评顾名思义是对媒介的批评。但作为学科性术语的媒介批评则不仅仅是对媒介的批评,它还包括对媒介制度、媒介活动、媒介现象、媒介工作者、媒介效果等媒介系统及其各要素的批评活动。质言之,媒介批评是指根据一定社会和阶级的利益与理想,并按照一定的标准,对大众传播活动所作的价值判断和理论鉴别。媒介批评活动在本质上是一种意见生产和表达方式,属于社会舆论监督的范畴,是社会批判和政治、文化斗争在新闻传播领域内的反映。它以观念生产和价值评判的方式推动或制约着新闻事业的发展与变化。"反思以思想的本身为内容,力求思想自觉其为思想。"[1] 媒介批评说到底是对新闻传播活动反思的产物,是社会主体通过一定的中介以观念的形式掌握与新闻传播客体之间价值关系的一种认识活动。认识活动是人类的本质存在,新闻传播活动产生之时,亦即人类对新闻传播进行反思之始。美国传播学者斯蒂文·小约翰指出:"批评就是运用价值进行判断,它在传播领域内有着很长的历

---

[1] 黑格尔:《小逻辑》,北京:商务印书馆,1980 年,第 39 页。

史。比如修辞批评认真地研究和判断话语与其他传播形式的质量。"[1]
故而媒介批评与新闻传播的历史同样久远，媒介批评史是新闻传播史的
重要分支。

美国大众传播学者威尔伯·施拉姆形象地说："传播是打造人类
关系的素材。传播是一条溪流，贯穿人类历史，使我们的感官和信息渠
道不断延伸。我们业已实现从月球到地球的宽带通讯，正在寻求同其他
世界的其他生灵进行'交谈'。传播是各种技能中最富有人性的技能。"[2]
大众传播媒介与其他社会系统一样，都存在于无始无终、连绵不绝的时
间链条之中。清醒而自觉的历史意识将极大地延伸人们思考的时间范围，
从而扩大人们认识视野的空间世界，在悠长的时间和广阔的空间节点中
确定媒介活动的历史方位与现实走向。大众传媒对人类令人惊叹不已的
作用诱使人们不断地回首过去，希图从以往的活动中为当下的传媒实践
提供历史和理论上的根据。这应当说是中外新闻学术研究领域中新闻史
研究起步最早的社会动因之一。在繁富的新闻史研究中，此前人们在追
索新闻传播的道路为什么如此而不如彼的各种原因时，目光更多地聚焦
在社会的政治、经济、文化、技术等显在因素方面，而对于潜隐其后的
媒介观念性活动则远远关注不够，尤其是对媒介批评在新闻的生产和传
播中所起的特殊作用，以及这种作用是如何悄然规制和改变着传媒生态
等相关问题关注不够。而事实上，以观念性生产方式运作的媒介批评已
经使传统的新闻传播活动的规模和方向发生了根本性的变化。如果说在
大众传媒发展的早期，这种由于学术视阈偏颇所造成的负面作用尚不彰
显的话，那么在人类已经迈入信息社会门槛、公民社会主体意识空前高
涨的当下，这种遗漏许多影响新闻传播特质关键性因素的研究取向则应
亟需获得调整和改变。

---

[1] [美]斯蒂文·小约翰：《传播理论》，北京：中国社会科学出版社，1999 年，
第 407 页。

[2] [美]威尔伯·施拉姆、威廉·波特：《传播学概论》，北京：中国人民大学出版社，
2010 年，第 18 页。

20世纪60年代，媒介批评在西方学界兴起并成为一门学科而引人注目。在一个民主的社会中，每一个自由人都可以是媒介批评家，"在美国，媒介批评的繁荣被视为民主社会的骄傲。"有人曾用"千万种声音鲜花般盛开"来形容其兴旺的局面。[1]改革开放以后，台湾学者黄新生的《媒介批评——理论与方法》传入大陆。从1995年起，国内学者开始提出并尝试建立我国的媒介批评学，陆续推出了一系列专题论文和专著、教材，初步搭建了我国媒介批评学的学科体系。但毋庸讳言，相对于缤纷的媒介批评理论和喧哗的媒介批评实践，媒介批评史的研究园地一直相对寂寥冷清，路静人稀，至今其学术积累极为零散、有限，目前还处于个案研究的起步和累积阶段，至今仍然缺少有分量的系统性成果，有分量、体系完备的中国媒介批评史的研究性专著尚未出现。这不仅影响了学术发展应有的均衡性，而且也限制了媒介批评整体学术水平所能达到的高度。中国当代媒介批评理论受到了西方媒介批评理论的提示和启发自不待言，但一个民族媒介批评思想及其活动的特质，往往是在其初始阶段决定的，并因此而确立了其发展演变的不同趋向和特定形态。因此，本课题在繁荣媒介批评研究方面，具有一定的学术创新价值。

在媒介批评理论研究不断推进和媒介批评实务持续繁荣的带动下，中国媒介批评史研究也渐有进展。主要表现在如下几个方面：

1. 专题史和断代史的研究。清华大学刘建明教授的《中国媒介批评史》（2011，福建人民出版社）为国内第一部专题史，该书以宏观的视野，从唐宋年间的邸报禁令到21世纪初对"新闻专业主义"的倡导，系统地评述了中国媒介批评1200余年间的发展过程。南京理工大学胡正强教授的《中国现代媒介批评研究》（2010，中国传媒大学出版社）则以史论结合的方式，对中国媒介批评作了断代史性质的专题研究，该书的第一章"中国现代媒介批评的历史流变与时代特征"，将中国现代媒介批评分为孕育、形成、发展、转型和异化等五个历史时期，归纳了

---

[1] 谢静：《美国的新闻媒介批评》，北京：中国人民大学出版社，2009年，第1页。

各时期中国媒介批评的形态特征。胡丹博士《清末民初知识分子与媒介批评研究》（暨南大学，2012）根据相关的文献资料，梳理了清末民初媒介批评话语实践及其历史发展的脉络，详细地考察了现代媒介批评思想的时代内涵。此外，在一些媒介批评理论的著作中，如刘建明教授的《媒介批评通论》（中国人民大学出版社，2001）第二章第一节"我国的新闻批评"、清华大学王君超教授的《媒介批评——起源·标准·方法》（北京广播学院出版社，2001）第二章第三节"我国媒介批评的萌芽"、苏州大学陈龙教授的《媒介批评论》（苏州大学出版社，2005）第一章"媒介批评的历史与现状"、中国传媒大学雷跃捷教授的《媒介批评》（北京大学出版社，2007）第五章"五四新文化运动时期的中国媒介批评"等著述中，对中国媒介批评的历史发展状况也都有所触及。这些成果为进一步深入地研究中国媒介批评史奠定了初步的学术基础。

2. 对某一人物媒介批评活动的个案研究。人是媒介批评活动中最为活跃的因素，以历史人物的媒介批评活动为考察对象，是媒介批评史研究中较引人注目的现象，也是取得较多学术成果的领域。如王颖吉的《论李大钊媒介批评思想的来源及其马克思主义转型》（贵州文史丛刊，2006.1）、李筑等人的《邹韬奋媒介批评思想撷要》（新闻窗，2007.8）、宋双峰的博士论文《鲁迅：现代媒介批评的开拓者》（清华大学，2008）、胡丹博士的《一位谨慎、务实的批评者——胡适媒介批评话语实践与思想特色》（今传媒，2012.12），以及胡正强教授对梁启超、汪康年、陈独秀、邵飘萍、邵力子、胡愈之、瞿秋白、夏衍、鲁迅、郑振铎、谢六逸、袁殊等人的媒介批评实践及其批评艺术特色，进行了系统探讨，不仅梳理了他们的媒介批评话语实践，而且提炼和归纳了这些著名报刊活动家对媒介批评本质与功能的理性认识。这些个案性研究成果，对于理解中国媒介批评史的实践内容和思想深度，都有一定的帮助和启发。

总之，学术界对中国媒介批评史的研究已初步展开，并显示出研究范围渐有拓展、研究质量不断提高的发展态势。但是，不容讳言，现有研究成果涉及的论域和时间跨度、成果的数量和质量，尚远远无法呈现出中国媒介批评的丰富历史和复杂内容。而且在现有的研究成果中，出现了概念含混、学术边界不清等现象：（1）误把新闻传播史的研究对象作为媒介批评史的对象加以论列和叙述，将媒介批评的内涵无限扩大，使媒介批评史与新闻传播史混为一谈；（2）误把新闻思想史的内容作为媒介批评内容加以归纳和分析，在媒介批评史的帽子之下，显现的仍然是新闻思想史的面目，从而削弱了媒介批评史的学科个性。（3）误把报刊之间就某一政治、文化、经济问题的论战作为媒介批评史的对象加以论列，消解或模糊了媒介批评史应有的独特个性和学术品质。开展和深化、推进媒介批评史研究，已经成为学术界刻不容缓的任务。具体言之，媒介批评史研究具有如下的学术意义：

1. 具有学科完善和建设意义。学术研究的理想状态是该学科体系齐整均衡，每一个分支学科的掘进不仅有着自足的完善意义，而且要能够对其他分支学科起到某种支撑作用，形成学术合力，使学科获得整体性发展。媒介批评学的发展离不开媒介批评历史的支撑，没有中国媒介批评史的研究板块，媒介批评理论体系无法获得完备的属性，媒介批评理论研究也就成为无本之木、无源之水，缺乏纵向的历史方向感。研究中国媒介批评史，为媒介批评理论研究提供历史资源和时间维度的观照，可使我国的媒介批评学获得相对的学科完整性。

2. 对开展媒介批评实践具有一定的借鉴和指导性意义。媒介批评作为对大众传播的反思性活动，既会受到当代社会文化思潮、新闻政策、受众需求的影响，也会受到媒介批评已有学术传统的影响。伴随着新闻传播的脚步，媒介批评是一个从历史走向当代，并义无反顾地奔向未来的永续过程，总结媒介批评的历史经验，将有助于我们更加清晰地认识中国新闻界曾经存在的主要问题和根本症结所在，可以增强当下开展媒介批评的自觉意识，从历史进程中寻找那些最能体现或烛照媒介本性的批评话语，从而尽量剥离一切游离于媒介特性的批评话语并使之成为背景式的声音，发挥历史资源对当代媒介批评实践活动的镜鉴作用，有效地规范和匡正新闻传播事业的发展方向。

3. 将为中国新闻史的研究提供新的动力和视角。但 20 世纪 90 年代以来，中国新闻史的研究仿佛进入了一个相对迟滞、波澜不惊的低潮期。叙述视角单一、研究范式陈旧，不能不是造成这一状况的重要原因之一。尽管媒介批评话语与新闻传播的理论话语有着不可分割的关联性，但媒介批评并不完全依附于理论。批评的自足自为使批评从来都是次生性话语中灵动、鲜活的部分。媒介批评的话语中蕴涵着很丰富的社会景观、时代风貌、意识形态症候和文化遗存。通过对媒介批评话语的历史展示，原来中国新闻史叙述范式中很多被遗漏的生动细节将得以复原和呈现，中国新闻传播演进的历史逻辑将可以得到重新链接和揭示。

通过分析媒介批评事件，解读媒介批评文本，可大致得出以下的认识：（1）在中国新闻传播的发展过程中，媒介批评始终是新闻传播的一种社会建构性实践和力量，是一座飞架于传媒业界、传媒学界、社会公众之间的理性桥梁，媒介批评以观念碰撞、交流的方式规定和塑造着中国新闻传播事业发展的内在理路与外在风貌。在一定意义上，中国新闻传播的发展历史同时也就是媒介批评活动具体展开与运作的过程。中国新闻传播与媒介批评的发展互为因果，互为支撑。

我们的研究思路是：尽量将媒介批评从新闻事业史、新闻思想史中剥离出来，把中国近现代媒介批评活动作为独立、专门和特定的对象加以审视与考察，从媒介批评实践及其理论表现形态的变迁过程、特点出发，揭示新闻传播与社会其他系统之间的关系，再现媒介批评发展自身、内在的规律；将媒介批评作为一种政治和文化现象加以考察，经纬结合，在对中国近现代媒介批评历时态考察的基础上，通过对具体媒介批评文本的分析，实现对中国近现代媒介批评的共时态考察。

在研究方法方面，本课题以历史文献分析法作为主要的研究方法，即在尽可能获取完整的媒介批评原始资料的基础上，辅以文本分析、语境分析、意识形态分析和类型学研究等方法，以时间为序，点面结合，以媒介批评实践和相关论述、媒介批评文本、媒介批评事件为支点，对中国媒介批评发展的观念及实践的背景和动机、主体和对象、主题和内容、方法和效果等，作结构性的解剖，尽量还原媒介批评活动的具体历史场景，展示其演进过程与存在形态，以探讨中国各个历史时期媒介批评的发展逻辑、主要内容与理论内涵。

第一部分

中国古代的媒介批评

人类的新闻传播总是在某种既定的利益和利害关系的舞台上展开的现实活动，其活动的结果必然又会生成某种新的价值关系。因此，从某种意义上可以说，人类新闻传播的发展历史就是创造价值和价值关系积淀的过程，也即媒介批评的发生和发展的过程。媒介批评始终伴随着新闻传播发展的整个过程，表现在新闻传播的各个时期和各个方面。中国是世界上最先有新闻事业的国家，也是世界上最先有媒介批评活动的国家。学界对中国古代新闻传播的研究枝繁叶茂，硕果累累，但关于中国古代媒介批评史的研究却路静人稀，创获无多。有鉴于此，本章在吸收前人有关研究成果的基础上，通过挖掘和解读有关媒介批评史料，对中国古代媒介批评的发生和流变过程及其主要内容与特色，略作探讨和分析。

一

人们始终生活在社会关系之中，这是人类的本质存在。任何人、任何事，似乎都逃脱不了社会的评判，这是人类把握客观社会对自身的意义与价值的一种必然的观念性活动。在现实生活中，人们不停地批评着新闻传播活动，这是人类把握新闻传播对自身的意义和价值的一种观念性活动。媒介批评近乎于人类所具有的一种社会本能，它凝聚着人对自然、社会以及自身认识的结晶。顾名思义，媒介批评是对媒介的反思，是一种受动性行为，自从有了新闻传播，随之也就有了媒介批评。中国古代媒介批评无疑就是对中国古代新闻传播活动的一种反思。新闻史学界一般把"邸报—京报"称为中国的"古代报纸"，把欧美人士以东南亚及中国沿海港口为据点定期出版的报刊称作"近代型中文报纸"[1]。因此，中国古代媒介批评的研究对象，是对"近代型中文报纸"产生之前中国本土上存在的"古代新闻媒介"的批评活动。换言之，就是以"邸报—京报"为批评对象的媒介批评活动。我国古代媒介批评的萌芽自媒介诞生之日起即已存在，大致经历了一个从口头到文字文本的发展过程。显然，中国古代媒介批评的初始形态应该是广泛散落于社会中的人们对新闻传播活动的街头巷议、口念腹诽式的碎片化议论，但这部分内容因文献匮乏，无从稽考。

目前学术界对中国古代媒介批评的研究虽有所展开，但异常薄弱，缺少有份量的扎实系统之论。具体而言，对我国古代媒介批评有所涉及的研究成果主要有如下几个方面：一是刘建明先生的《媒介批评通论》，在"我国的新闻批评史"一节中，作者提出"我国是世界新闻批评活动开展最早的国家"[2]，并把唐代人孙樵的《读开元杂报》中的"樵恨不生为太平男子，及睹开元中书，如奋臂出其间，因取其书而漫志其末"[3]之语认定为一种带有媒介批评意味的思想抒发，是中国古代媒介批评的早期雏形。二是王君超先生的《媒介批评——起源·标准·方法》，该书对中国媒介批评的萌芽加以考证，认为南宋周麟之《海棱集》中《论

---

[1] ［日］平井隆太郎：《珍贵的研究成果》日文序，卓南生：《中国近代报业发展史》（增订版），北京：中国社会科学出版社，2002 年，第 10 页。

[2] 刘建明：《媒介批评通论》，北京：中国人民大学出版社，2001 年，第 25 页。

[3] （唐）孙樵：《读开元杂报》，张之华主编：《中国新闻事业史文选》，北京：中国人民大学出版社，1999 年，第 3 页。

禁小报》一文，就是对中国民间报纸的明确批评，判断该文"可能是有据可查的中国媒介批评的萌芽"[1]。三是刘建明先生指导的硕士生焦健的学位毕业论文《我国古代与近代的报刊批评》，该文以报纸形态的演变及报刊批评的发展为主线，从批评主体阶层和阶级阵营的不同出发，将中国古代媒介批评相应划分为封建统治者的邸报批评、士人的报纸批评和民间的报纸批评三个类型，认为封建统治者的邸报批评体现在"法典中的传播禁例"和"诏旨奏章中的邸报指陈"，士人、民间的报纸批评则体现在"士人的评点"和"清末外国人对京报的非议"[2]。刘建明、王君超的论述只是他们建构媒介批评理论的附庸，有关论断筚路蓝缕，具开创之功，但过于简略。焦健的研究相对具体、集中，研究思路具有一定的提示性，但由于学力的限制，不仅仍存在诸多不应有的空白和疏漏之处，而且大多篇幅流于对有关新闻传播活动与文本的简单摭拾，对其中所体现出来的媒介批评方法、特色、效果缺乏相应的理论分析、概括和提炼，没有将媒介批评从新闻传播、新闻控制的发展演变中充分剥离出来，研究的深入性不够，缺乏"媒介批评研究"应有的理论色彩和品格。

中国从远古时代起，就有了广义的新闻传播活动。秦以前，主要以口头的方式从事新闻传播；汉以后，逐渐转为以书面的方式从事新闻传播；唐代中期，又开始出现了报纸。宋以后，又开始有了民办的报纸，出现了官报和民办报纸并存的局面。这一局面一直维持到 19 世纪初叶中国近代化报刊诞生的前夜。中国古代媒介批评大体上与中国古代新闻传播活动相始终，但又有所不同。笔者认为，中国古代媒介批评的历史时间跨度，上限应该是以古代口头新闻传播为始，以唐代出现报纸为正式展开，下限是直到 20 世纪初叶，中国古代邸报—京报彻底退出历史

---

[1] 王君超：《媒介批评——起源·标准·方法》，北京：中国传媒大学出版社，2001 年，第 85 页。

[2] 焦健：《我国古代与近代的报刊批评》，硕士学位论文，中央民族大学文学与新闻传播学院，2006 年，第 3 页。

舞台为迄。唐以前虽然已经有了丰富而大量的新闻传播活动，但新闻事业还没有诞生，中国古代的媒介批评还无法找到相应充分的有效文献和文本进行分析。19世纪初叶，中国近代化报刊虽然已经诞生，但中国古代邸报—京报并没有立即消失，而是与近代化报刊并立存在，并持续了大约一个世纪的时间。与中国古代媒介、古代新闻传播活动相表里、相始终的中国古代媒介批评，同样也没有因西方的近代化报刊东来而寿终正寝，而是从与近代化报刊的比较中获得了新的批评座标和理论资源，在批评标准、视角方面获得了有意义的重大转变，使媒介批评的社会效果得到了新的力量加持，成为最终促使中国古代新闻媒介和古代新闻传播活动不得不退出社会历史舞台的强大力量之一。

中国先秦时代的新闻传播活动，已经见诸文字记载，但主要依靠口头传播。先秦诸子多是宣传大师，对媒介功能多有体认和论述。当时的人们已经看到了口头传播方式的先天不足之处，一些重要信息经过口耳相传，随着时间的延续和传播环节的增多，不断地损耗或失真，以至于不断地失传、扭曲，《荀子·非相篇》云："五帝之外无传人，非无贤人也，久故也；五帝之外无传政，非无善政也，久故也。禹汤有传政而不若周之察也，非无善政也，久故也。传者久则论略，近则论详。"[1]信息传播历时越短越迅捷，所传达的内容越详细；历时越长越迟缓或越经周折，则所传达的内容就越粗略，甚至"无传"。这是对传播的时间性因素的关注。《庄子》曰："夫传两喜两怒之言，天下之难者也。夫两喜必多溢美之言，两怒必多溢恶之言。凡溢之类妄，妄则其信之也莫，莫则传言者殃。"[2]则是注意到了传播者的感情因素对传播的影响，强调在传播的过程中，人们应该尽量限制主观感情，以实现真实的传播。这些论断是媒介批评的朴素的萌芽，但"媒介批评"的意味还不明显和

---

[1] 《荀子·非相篇》，《二十二子》，上海：上海古籍出版社缩印浙江书局汇刻本，1986年，第296页。

[2] 《庄子·人间世》，《二十二子》，上海：上海古籍出版社缩印浙江书局汇刻本，1986年，第23页。

浓郁。

中国以书面文字形式传播官方新闻肇始于汉代，诏书、露布是其时主要的官方新闻传播媒介，颁发诏书、高张露布，总是为了行政和军事上的需要，统治者已经明确地意识到媒介的意识形态维护功能："武帝元狩中，复下诏御史，以酂户二千四百封何曾孙庆为酂侯，布告天下，令明知朕报萧相国德也。"[1]宣传的意图非常显黔直露。"脱复高曳长缣，虚张功捷，尤而效之，其罪弥甚。"[2]对利用露布发布假新闻的情况进行揭露，说明人们对媒介的信息传播功能有了正、反两个方面的辩证性认识，并在社会实践中刻意地加以利用。早在西周时代，中国已经使用烽火通讯技术，"烽析是警，实扰移关之民。"[3]则从社会传播效果的角度，形象地反映了烽火传播的军事信息，对边关民众生活的巨大影响。这些文字，从某一方面来看，也具有一定的媒介批评性质，但由于当时新闻传播活动尚未完全独立，人们的媒介意识还不成熟，还无法自觉地从新闻传播的角度开展媒介批评活动。

唐代中后期，中国终于诞生了世界上最古老的报纸——进奏院状，它是地方诸道和各藩镇派驻朝廷的邸史，向地方传发的一种报状。和现代的词义十分接近的"新闻"、"编辑"等语汇，在唐代也均已出现。虽然唐代还没有出现封建中央政府官报性质的报纸，但唐代具有经由中书省的政事堂将某些政事活动"条布于外"的制度，中国由此开启了新闻事业发展的时代，新闻传播与人们的社会生活越来越密切，人们的媒介意识也越来越清晰。孙樵《读开元杂报》一文，历来是研究中国唐代新闻传播事业经常征引的重要文献，对研究唐代报纸的历史，具有重要的作用。从一定的意义上确实可以说，《读开元杂报》是中国媒介批评

---

[1] 《汉书·萧何传》，转引自方汉奇主编：《中国新闻事业通史》第一卷，北京：中国人民大学出版社，1992年，第24页。

[2] 《魏文·韩显宗传》，转引自方汉奇《中国新闻事业通史》第一卷，北京：中国人民大学出版社，1992年，第25页。

[3] 《庾子山集》十三《陕州弘农郡五张寺经藏碑》，转引自方汉奇主编：《中国新闻事业通史》第一卷，北京：中国人民大学出版社，1992年，第26页。

史上第一篇具有某些媒介批评性质的文本，"读开元杂报"，标题就揭明这是一篇读后感；"樵后得《开元录》，条条可复。"是在评价"开元杂报"新闻传播的真实性，同信史一般。"及来长安，日见条报朝廷事者，徒曰今日除某官，明日授某官，今日幸于某，明日畋于某，诚不类数十幅书。"是在比较同一种媒介在不同时空环境中内容的差异，透露出媒介与时代环境之间的依赖关系。"樵恨不生为太平男子，及睹开元中书，如奋臂出其间，因取其书而漫志其末。"反映出作者在比较媒介内容之后，对其中体现和包蕴的王朝隆替与兴衰所产生的无限喟叹与感慨。虽然孙樵并不具有媒介批评的自觉意识，《读开元杂报》的主体也还算不上是一篇地道的媒介批评文本，但其中部分文字的"媒介批评"性质则不容否定！

二

中国古代报纸到了宋代，有了进一步的发展，不仅开始出现了在封建政府中枢部门统一管理下发行的官报，还出现了民间发行的小报。新闻媒介与人们生活的关系日益紧密，在文人的诗文、书信、日记中频繁地出现媒介的身影，媒介越来越成为人们日常关注、思考和评价的对象。例如在宋代文献中，就保存了不少读者看邸报后赋诗的记载，王安石《读镇南邸报》、苏轼《小饮公瑾舟中》、张自明《观邸报》、张世南《游宦纪闻》卷三所引杨万里读邸报后的感事诗七律一首等。这些，都是观看邸报之后，作者们对宦海升沉、国家兴亡和世事沧桑的感慨。中国古代媒介批评正式产生的社会条件至此已经完全具备和成熟了。

宋代邸报是封建统治阶级为了传达政情、政令，巩固封建统治秩序，维护封建王朝利益而建立的信息传播系统，这固然赋予了邸报存在的合法性，但也从政治上上规定了邸报只能是一种体制内的存在，不能逸出统治者为之预先设定的传播功能范围。但媒介作为信息传播工具，能否具有维护主流意识形态的功能，并不完全由统治者随心所欲地自由掌控。

这要看媒介掌握在何人的手中，传播的内容属于什么性质。宋代各个时期，都非常注意对邸报传发工作的管理，对一些不利于封建统治的传报活动，加以限制。宋王朝邸报管理的主要手段是实行具有新闻检查性质的"定本"制度，进奏官由中央统一任命，进奏院由中枢部门直接指挥领导，并建立了进奏官采录，检正、检详官编定，给事中判报，枢密院审查等一系列发报制度，统一了发报的事权和发报的内容。除此之外，宋王朝还屡屡通过颁发具有法律属性的各种禁令，通过法律手段对邸报传发活动加以刚性调控。值得注意的是，在这些法律手段出台之前，往往都会伴随着媒介批评，伴随着对媒介传播活动的否定性认知和评价。媒介批评成为法律管制手段有效启动的前奏和铺垫。媒介批评主体是皇帝和大臣，媒介批评的主要标准则是邸报的传发活动是否依"例"、"制"进行，严禁"妄行传报"朝廷机事。

如《宋会要辑稿》载道："仁宗皇佑四年九月十七日诏，访闻诸州进奏官日近多撰合事端誊报，煽惑人心，将机密不合报外之事供申。今后许经开封府陈告，如获，进奏官不候年满，优与授官出职，余递迁职掌。不愿本院转职，当议比类安排。本犯人特行决配。"[1]

"哲宗元符元年五月十七日尚书省言，进奏官许传报常程申奏及经尚书省已出文字，其实封文字或事干机密者不得传报，如违并以违制论。"[2]

在封建社会，统治者或为了维护自己的绝对权威，或出于稳定社会秩序的考虑，对灾异现象、军情、朝廷机事、臣僚奏章等，害怕由于信息传播不慎而引起人心浮动，造成连锁反应，故在传报中多所限制。他们从维护社会统治秩序安定的需要角度，开展对媒介与传播活动的评价，以达到控制媒介的信息传播为我所用的目的。宋仁宗庆历八年正月

---

[1] （清）徐松辑：《宋会要辑稿》第 165 册，刑法二之三〇，北京：中华书局 1957 年影印本，第 6510 页。

[2] （清）徐松辑：《宋会要辑稿》第 165 册，刑法二之四一，北京：中华书局 1957 年影印本，第 6516 页。

十二日，秘阁校书知相州杨孜进言道：

> 进奏院逐旬发外州军报状，盖朝廷之意欲以迁授降黜示
> 赏功罚罪，勉励天下之为吏者。积习因循，降灾异之事悉报
> 于天下，奸人赃吏游手凶徒喜有所闻，转相煽惑，遂生观望。
> 京东逆党未必不由此而起狂妄之谋。况边禁不严，细下往来。
> 欲乞下进奏院，今后为唯改差任臣僚，赏罚功过，保荐官吏
> 乃得通报。其余灾祥之事，不得辄以单状伪题亲识名衔以报
> 天下。如违，进奏院官吏并乞科违制之罪。[1]

这是一篇比较完整的媒介批评文本。先阐述朝廷进行新闻传播的
本意，然后解释由于"积习因循"，导致报道范围逐渐扩大，结果导致"转
相煽惑，遂生观望"的社会传播效果。作者据此扩大联想，推测一些倡
乱起义也未必与此无关，并进一步申说由于边禁不严，难保敌方间谍往
来，信息传播不慎为敌人侦测我方虚实、刺探军情提供便利和机会。
作者要求明确报道和保密的界限，严控报道范围。最后，作者提出对违
规者的究办措施。将传播效果与社会秩序控制有机地联系起来，其思维
路径与后世大众传播理论并无多少区别。杨孜的这一建议，为仁宗所采
纳。仁宗以后，灾异方面的消息，很少见于邸报。可见，杨孜对邸报传
播进行的评价达到了应有的预期效果。这是一篇颇为成功的媒介批评。

邸报的"定本"制度其实质就是新闻检查，这一制度在传播控制
方面有一定效果，迫使进奏官们只能按照当局允许发布的内容进行传报
活动，使邸报能够更好地贯彻皇帝和当权宰辅们的宣传意图，但也带来
了不小的副作用，这一制度在有宋一朝先后两度取消。第一次是神宗熙
宁四年（公元 1071 年），出于枢密院检详吏文字刘奉世的请求，理由

---

[1] （清）徐松辑：《宋会要辑稿》第 165 册，刑法二之二九，北京：中华书局
1957 年影印本，第 6510 页。

是邸报"五日行遣，颇属烦文"，[1]即传播周期设置不当。徽宗宣和三年，宣告恢复。第二次是高宗绍兴二十六年（公元1156年），出于右正言凌哲的建议，他的理由是实行定本制度以后，"动辄年旬日，俟许报行，方敢传录。而官吏迎合意旨，多是删去紧要事目，止传常程文书，偏州下邑往往有经历时月不闻朝廷诏令，窃恐民听妄生迷惑，有害治体。"[2]14年后，即孝宗乾道六年（公元1170年）再次宣告恢复。刘奉世的建议，是出于方便传播自身的需要，符合传播的规律。凌哲的建议，则是出于对传播多维社会效果的综合或另一个角度考量。这是在观察和分析了媒介传播实际情况后，针对传播实际问题和弊端所进行的媒介批评，都有其一定的合理性。也正是因为如此，他们的建议在当时得到了皇帝的采纳。

宋代小报是中国新闻史上最先出现的非官方报纸，小报的出现使中国古代报纸走出雍容华贵的皇城和门禁森严的官厅衙门，赋予了传播媒介本应具有的市民味和社会化。宋代小报是体制外的传播媒介，它的出现冲破了统治者对媒介的垄断，自然难为他们所容，这为媒介批评的发展提供了充分的对象性基础。在宋朝的史料典籍中，当局对这种体制外的小报进行批评的文字倏然多了起来，其力图控制传播的意图昭然若揭。《宋会要辑稿》有云："监察御史里行张戬言，窃闻近日有奸佞小人肆毁时政，摇动众情，传惑天下，至有矫撰敕文，印卖都市，乞开封府严行根捉造意雕卖之人行遣。"[3]徽宗大观四年六月七日上批："访闻日近有诸色人等撰造浮言，诳惑群听，乱有传播，赐予差除，以少为多，将无作有。"[4]宣和元年六月十四日臣僚言："窃见迩来凡朝廷进用人材，

---

[1] （清）徐松辑：《宋会要辑稿》第59册，职官二之四五，北京：中华书局1957年影印本，第2394页。

[2] 《建炎以来系年要录》卷一七一，绍兴二十六年正月庚辰条。

[3] （清）徐松辑：《宋会要辑稿》第165册，刑法二之三二，北京：中华书局1957年影印本，第6512页。

[4] （清）徐松辑：《宋会要辑稿》第165册，刑法二之五二，北京：中华书局1957年影印本，第6521页。

除授差遣之类，曾未拟议而士大夫间好事者乐于传播，撰造无根之言，欲望明诏有司，严为禁止。"[1]语意中充满了对小报的否定性评判。在这些批评文字中，以周麟之《海棱集》卷三中的《论禁小报》最为典型：

> 方陛下颁诏旨，布命令，雷厉风飞之时，不无小人诪张之说，眩惑众听，无所不至。如前日所谓旧臣之召用者，浮言胥动，莫知从来，臣尝究其然，此皆私得之小报。小报出于进奏院，盖邸吏辈为之也。比年事之有疑似者，中外未知，邸吏必竞以小纸书之，飞报远近，谓之小报。如今日某人召，某人罢去，某人迁除。往往以虚为实，以无为有。朝士闻之，则曰：已有小报矣！州郡间得之，则曰：小报已到！他日验之，其说或然或不然。使其然焉，则事涉不密；其不然焉，则何以取信？此于害治，虽若甚微，其实不可不察。臣愚欲望陛下深诏有司，严立罪赏，痛行禁止。使朝廷命令，可得而闻，不可得而测；可得而信，不可得而诈，则国体尊而民听一。[2]

这段文字对小报的由来进行了深"究"，即进行了调查研究，对其传播状态"以虚为实，以无为有"进行了概括和描述，对其危害社会治理的效果进行了定性分析，然后据此要求对小报一体查禁，以使国体尊崇，舆论统一。全文论述全面，论证环环相扣，前后逻辑严密，因果清晰，结论得出水到渠成，具有很强的说服力，可谓宋代媒介批评中的上佳之作。

宋代统治者对小报的批评，是从根本上封杀小报的生存空间与存在的合法性，以维护对新闻传播的垄断，不过值得注意的是，其中也涉

---

[1] （清）徐松辑：《宋会要辑稿》第 165 册，刑法二之七六，北京：中华书局 1957 年影印本，第 6533 页。

[2] （宋）周麟之：《论禁小报》，《海棱集》第 3 卷，见韩国均辑：《海棱丛刻》第四种《海棱集》，民国排印本，第 2 页。

及到一些基本的新闻传播原则，如"逐时虽有朝报，或报或不报，虽报或已过时"[1]的及时性原则，"以虚为实，以无为有"、"以少为多，将无作有"、"妄作朝报"、"撰造无根之言"的真实性原则等，虽然这些论断可能具有故意污名化的嫌疑，但其中所体现的一些基本传播原则，无疑是合理的，必须加以肯定。

三

元代民间的新闻传播活动虽然大量存在，但政治体制不周延，信息传播系统不完善，加之元朝国祚短暂，所以现存的文献典籍中，鲜有元朝的媒介批评资料可供征引。"中国封建社会的新闻事业，到明代发展到了新的阶段，封建官报的发行体制更加完善。渊源于宋代小报的民办报纸获准公开出版，办报成为社会上的一项公开职业，并且出现了使用活字印刷的报纸。"[2]而且，"新闻"、"消息"、"讯息"、"音耗"等词汇，在当时的社会中已是大量地经常地使用。随着新闻传播事业的发展，明代的媒介批评也有了很大的进步。具体表现在由于邸报与生活关系越来越密切，社会作用日益扩展和增强，多次出现主动利用报刊制造舆论进行政治或军事斗争的伪造章奏事件。[3]因此，人们对邸报功能的认识也渐有扩展，臻于深化和全面，从而使得明代媒介批评的视角出现了很有意义的延展和转变。

虽然与其他封建王朝一样，明代的媒介批评主体并不仅限于统治者一隅，但正如马克思所说的那样："统治阶级的思想在每一个时代都是占统治地位的思想。也就是说，一个阶级是社会上占统治地位的物质

---

[1] （清）徐松辑：《宋会要辑稿》第 49 册，仪制七之二六，徽宗崇宁元年正月二十二日臣僚言，北京：中华书局 1957 年影印本，第 1962 页。

[2] 方汉奇主编《中国新闻事业通史》第一卷，北京：中国人民大学出版社，1992 年，第 185 页。

[3] 沈瓒：《近事丛残》，转引自方汉奇主编：《中国新闻事业通史》第一卷，北京：中国人民大学出版社，1992 年，第 138 页。

力量，同时也是社会上占统治地位的精神力量。"[1] 明代统治阶级出于维护统治秩序的需要，从政治角度对媒介的限制和批评在明代的媒介批评序列中，仍然占据着数量上的绝对优势地位。明太祖朱元璋非常重视信息传递工作，他曾特别叮嘱通政司第一任主官说："卿审命令以正百司，达幽微以通庶务。当执奏者勿忌避，当驳正者勿阿随，当敷陈着勿隐蔽，当引见者勿留难。"[2] 对信息传播机关寄予了殷切的希望。明代皇权高度集中，对邸报传发管理非常严格，由于明代邸报长时期大部分是非印刷品，在辗转抄传的过程中，笔迹混杂，很容易增损作伪，这使邸报成为进行政治斗争的有力工具。

于慎行《谷山笔麈》卷十一《筹边》有云：

> 近日都下邸报有留中未下先已发钞者，边塞机宜有未经奏明先有传者，……幸而君上起居，中朝政体，明如悬象，原无可掩。设有造膝附耳之谋，不可使暴于众，居然传播，是何政体。又如外夷情形，边方警急，传闻过当，动摇人心，误事大矣。报房贾儿博锱铢之利，不顾缓急。当事大臣，利害所关，何不力禁。[3]

其批评口吻和理路，与前引宋代周麟之的《论禁小报》几乎毫无二致。这是因为，批评者的阶级地位相同，面临的传播问题相似，所以他们对待媒介的态度也就无多区别。但时代毕竟在前进，面对统治者过度控制报道，信息闭塞的局面，社会上的反对声音越来越洪亮。

明代万历年间曾一度实行过严格的新闻检查，致使新闻传播机构顿时陷于无报道素材的半瘫痪状态，许多习惯于从邸报上获取信息的官员不以为然，颇为不满。南京户科给事中段然大声疾呼道："禁科抄之报，

---

[1]　《马克思恩格斯选集》，第1卷，北京：人民出版社，1995年，第98页。

[2]　《明史》卷七十三，职官二，北京：中华书局，1974年，第1781页。

[3]　《明史资料丛刊》第三辑，南京：江苏人民出版社，1980年，第91页。

不使謄传，一世耳聋，万年长夜。"[1]需要指出的是，段然的这一批评文字，恰被刊于邸报，因而在当时腾播众口，影响广远。作为"中兴英主"的崇祯皇帝，比起他的先辈来更加热心于新闻控制，上台伊始即宣布道："各衙门章奏，未经御览批红，不许报房抄发，泄露机密，一概私揭不许擅行抄传，违者治罪。"[2]这一政策激起了文官集团的严重不满，刑部左给事中左懋第上疏争辩曰：

> 奏疏发部，有必当密者，有不必密者；有可密于事先，而不必密于事后者，有当密于今日而不必于明日者。如事关兵机，方且动于九天，藏于九地，何可不密也？如警报何边，寇扰某地，动静之情，胜败之事，廷臣知之，以便各献刍荛；各要害知之，以便共图备御，何当密也？况邸报之抄传有定，道路之讹言无端，疑揣转甚，张皇孔多。廷臣纵有所闻，未免因而籍口，何可密也？如制边之策，诸臣有密奏，密之可也，边已安矣，仍当使廷臣知其何策以安边。剿寇之谋，诸臣有密奏，密之可也，寇已平矣，所当使廷臣共知其何策以剿寇。此可密于事先，而不必密于事后也。如逮有罪之人，不密，恐其将遁；人已获矣，必昭布其所以逮之故。如诛有罪之人，不密，虑其人将自裁；人已正法矣，则必昭布其所诛之实。此当密于今日而不必密于明日者也。盖人臣事君，原无不可使天下共知之言；而朝廷行事，更无不可使天下共知之事。慎密原为成事，事成便复昭然。所谓理本相成，变而不失其常也。臣今日不言，而使朝廷一时缜密之事，因遁沿为故例，甚至科录史馆皆不能启什袭之藏而笔之，而一时之疑信犹其

---

[1] 《万历邸钞》，第 1619 页，转引自尹韵公《中国明代新闻传播史》，重庆：重庆出版社，1990 年，第 84 页。

[2] 孙承泽：《春明梦余录》卷四九，转引自方汉奇《中国新闻事业通史》第一卷，北京：中国人民大学出版社，1992 年，第 176 页。

小者，后世之信史何所取裁？且谓壅蔽纶綍自臣等封驳之臣始矣。[1]

这篇媒介批评意味浓郁的文字，透露出与此前有所不同的价值取向。左懋第并没有从根本上否定邸报传发内容范围控制的必要，而是就"机密"的边界和范围提出了自己的观点。他认为：所谓机密，情况各有不同，不能一概而论。如果不注意加以区别的话，就有可能造成言路壅蔽；控制传抄内容，本是为了控制社会舆论，但如果过多地限制邸报刊登的内容，反而会引起"讹言无端，疑揣转甚，张皇孔多"，造成社会舆论更大的混乱。左懋第还提出：现在的邸报报道，要对后来的历史和史学负责。应该说，这种看法既合情理，又很中肯。尤其是左懋第的论断逻辑和思路显得很机巧敏锐，既是从根本上维护封建统治秩序作为批评的出发点，又将时、地等因素纳入对传播内容的思考范围，具有很强的说服力量。

无独有偶，同时代另一政府官员祁彪佳，也上疏崇祯皇帝，对这个问题发表看法：

事关军情，犹然茫视，迟慢漏泄，为误不小。仰见我皇上深谋远虑，超越千古，盖有见于不密之害也。然圣谕又不尝以某本不妨抄传、某本不应抄传，令科臣看详否。臣愚以为不应抄传者，几先之秘，临事之谋，制胜出奇，呼吸万变者是；不妨抄传者，强弱之分，顺逆之势，去来之状，胜负之常，疆场情形，一彼一此皆是。且以言乎塘报，则将士上之督抚，督抚上之皇上，敌国之人，尚能得诸侦探，岂辇毂之下，不宜公之睹闻？以言乎章奏，则皇上下之该部，该部下之督抚，疆圉之外，尚必见诸施行，岂阙庭之前，不许共

---

[1] 《天府广记》卷10，第122页，转引自尹韵公《中国明代新闻传播史》，重庆：重庆出版社，1990年，第84—85页。

相昭揭。今各科臣惟漏泄之不是虞，致缄藏之过密，略涉军务，概禁抄传。……自抄传禁而情同射覆，隔若面墙，欲借箸而苦曲折之未谙，欲请缨而悍遥揣之未真。……尔来盗贼纵横，人喜语乱，自抄禁而讹言四起，纷呶万端，……忆己巳敌震都城，臣乡两旬邸报不通，谣传日四、五至。……大凡封疆任重，欺蔽易生，自抄传禁而专阃之驰奏，俱不得扬言于在廷；言路之纠弹，遂不敢凭臆于局外。……伏乞皇上于诸凡塘报、奏章，苟非密切机宜，外廷必不可预闻者，沛发明旨，照常科抄。[1]

祁彪佳的见解与左懋第几乎完全一致，只是在辩驳的思路上有所不同。他是通过列举禁止邸报传播的诸多害处，以打动皇上取消禁令。

大概是因为持反对意见的官员过多，而且禁止邸报传发确实弊端多多，崇祯皇帝只好作出妥协和让步。他在祁彪佳的疏本上批复道："言官留心兵计，自可据悃陈谋，岂必尽借邸报，况前谕兵科详审本章，原非概秘示疑。今后除密切事情外，可照常发抄，以信前旨。至召对，朕自酌行，毋庸陈请也。"[2] 一向独断专行、自我感觉良好的崇祯皇帝，在汹汹舆论面前，不得不退回到最初的出发点上。这初步显示了媒介批评的强大效果。

虽然明代邸报就其性质而言，无疑是统治阶级的忠实喉舌，是一种体制内的媒介，但明代士大夫知识分子的媒介批评仍然出现了有意味的变化：媒介批评的主题很大一部分集中在对新闻检查和控制的否定性评判方面，为媒介存在提供辩护。他们之所以会在媒介批评中为邸报的发展留置了一定的生存空间，是因为与宋代相比，明代士大夫知识分子

---

[1] 《祁彪佳集》第 2 页，转引自尹韵公《中国明代新闻传播史》，重庆：重庆出版社，1990 年，第 85-86 页。

[2] 《祁彪佳集》第 5 页，转引自尹韵公《中国明代新闻传播史》，重庆：重庆出版社，1990 年，第 87 页。

与邸报的关系发生了较大的变化，媒介成为他们社会生活中的一种日常性、不可或缺的因素，没有邸报阅读，他们的政治生活和精神生活就不能保持正常的平衡："读报、评报、藏报和利用旧报资料从事著述，已经成为明代士大夫知识分子的经常性活动，成为他们政治文化生活中的一项重要内容。"[1] 换言之，明代士大夫知识分子已经对媒介形成了一定的依赖关系，他们对邸报功能的认识和批评，也必然地会越出此前通过一味地封杀媒介存在和发展来维护社会秩序的单一视角，而具有更宽阔的视野，显示出媒介批评有意义的转变。

四

中国封建社会的新闻事业，到清代发展到最后阶段，走完了它的最后一段途程。封建官报的发行体制趋于定型。肇始于宋、明两代的民间新闻事业，有了进一步的发展，但同时也受到了官方的束缚，摆脱不了已经僵化的模式，难以抵挡近代化新报的竞争。清朝是皇权高度集中的王朝，统治者对媒介的宣传功能深有体认，如乾隆就曾命令"将该督等前后奏折及批谕廷寄一并钞发，……俾中外臣工共知惩劝。"[2] 十分注意对邸报的控制工作。清代是跨越中国历史分期的一个朝代，清代新闻事业发展的整个历史，包含了中国古代报刊与近代报刊两部分的内容，鸦片战争以前的清代前中期，尚未受到外来侵略，在这个时期，占据中国新闻传播主导地位的是邸报、京报等中国古代报刊；鸦片战争之后，随着列强的入侵，近代化报刊日益成为中国社会新闻传播的主要渠道。因此，与此相匹配的清代媒介批评，也可相应地划分为既有联系又有区别的古代媒介批评和近代媒介批评两个部分。以邸报、京报等古代报刊为批评客体的媒介批评可以称之为古代媒介批评，这与宋、明两朝的媒

---

[1]　方汉奇主编《中国新闻事业通史》第一卷，北京：中国人民大学出版社，1992 年，第 172 页。

[2]　（清）蒋良骐：《东华录》乾隆二十六年五月戊午日上谕，北京：中华书局，1980 年。

介批评在性质上具有更多的相似性。虽然早在 1815 年 8 月 5 日，《察世俗每月统纪传》的出版，就拉开了中国近代化报刊的大幕，但性质上属于古代报刊的邸报、京报等新闻媒体并没有在近代化报刊诞生之后迅即消失，而是与近代化报刊并立共存，一直到清朝覆亡之后，才和读者们永远告别。所以，从存续的时间上看，清代的古代媒介批评也一直延续到清代结束，才最终退出历史舞台，为中国近代媒介批评所彻底取代。

在我国历史上，清代是由少数民族统治汉民族的一个特殊朝代。清王朝是在人民反抗与满汉贵族间的反复斗争中，建立和实施其统治的。有清一代，满清统治者与汉族民众之间的种族仇视、满汉民族之间的文化冲突始终没有得到很好的解决。这种矛盾和冲突也必然会反映到新闻传播领域之中，并具体地表现于对媒介批评主题和内容的集中与关注上来。清代是皇权高度集中的朝代，不仅控制邸报的传发内容，还限制邸报的发行范围。雍正初年就发生过地方官员禁止"胥役市贩"阅读邸报，"倘有犯者，立拿重惩"的事件。统治阶层的媒介批评不仅关注媒介的统治功能，还关注媒介的社会风俗导向作用："此辈一阅邸抄，每多讹传以惑众听。以风俗人心所关。"[1] 力图将媒介限制在一定的范围之内。这一方面说明清代媒介有了很大的发展，与社会生活的关系越来越密切，另一方面也说明统治者对媒介的注意和观察也向更为广阔的道德生活领域延伸，媒介批评的视野更为阔大。

提塘小报在清朝初年公开存在，并没有被当局视为非法，在一般官员的心目中，它被视为以科抄为主要内容的正式官报的一种补充。"提塘小报受到当局的注意和限制，起始于康熙末年。当时曾经以上谕的方式禁止小报的发行，但没有显著效果。直到雍正乾隆两朝一再查处以后，小报才被完全禁止。"[2] 清代统治阶层的主要办法是通过几起残酷的报案，将媒介批评完全异化为面目狰狞的媒介恐怖和文字狱。

[1] 《朱批谕旨》第十七册引雍正五年二月浙江观风俗使王国栋奏。

[2] 方汉奇主编《中国新闻事业通史》第一卷，北京: 中国人民大学出版社，1992 年，第 201 页。

雍正四年五月初五，雍正曾召住在圆明园内的王大臣 10 余人在园内勤政殿侧的四宜堂会面，请他们吃了过节的粽子，逾时而散。对这次活动，提塘报房的小报报道如下："初五日，王大臣等赴圆明园叩节毕，皇上出宫登龙舟，命王大臣等登舟，共数十只，俱作乐，上赐蒲酒，由东海至西海，驾于申时回宫。"[1] 其中的登舟、作乐、赐酒、游园等情节纯属子虚乌有，时间也说得不完全对头，属于严重的新闻失实。雍正当时登基不久，皇室权力斗争激烈，他对小报的报道十分敏感，认为是对手的流言排陷，立即批交兵刑二部详细审讯务究根源。最后以"捏造小抄，刊刻散播，以无为有"[2] 的罪名，将发行小报的何遇恩、邵南山二人判处斩刑。清廷的律令中有不少关于"讹传"的处分办法，以禁止不实报道。乾隆十四年，又发生了江西漕运系统两个低级官员抚州卫千总卢鲁生和南昌卫守备刘时达伪造题奏和御批事件。乾隆为此先后发过 20 几道上谕，多次使用"大恶逆徒，逞其狂悖"、"胆肆讪谤"、"不法已极"等严厉辞句，定性穷追，督促查办，最后主犯被并重置典处死。通过耸人的批评语句配合严厉的处罚，清朝统治者实现了对新闻传播的有效控制。

对提塘报房和民间抄报人所发行的各类报纸，清廷并不一律禁止，只是对他们的传报活动加以约束和限制。但民办报房和它们编印发行的《京报》，在乾隆中期到同治初期这一段平稳发展的时期后，就开始走向没落了。在总结报房京报没落的原因时，人们一般将之归结为主、客观两个方面。主观上的原因，在于官方对这类报纸控制过严，新闻的面太狭，量太少，时效性太差，不能满足读者日益增长的信息方面的需求。客观上的原因，在于近代化新式报纸的出现。近代化报纸的信息量大，新闻的时效性强，兼有新闻、评论、广告和文学作品等多方面的传播元素，可读性较强，因而一出现就成为中国本土报纸的劲敌。在强大的竞争对手面前，京报相形见绌，很难抵挡。这一观点当然是符合实际的平

---

[1] 《清世宗实录》卷四十四，及王先谦：《东华录》雍正四年五月庚子条。
[2] 《清世宗实录》卷四十四，雍正四年五月庚子日谕旨。

实之论，但需要指出的是，媒介批评在中国古代报纸没落的过程中，也部分地起到加速的作用。自从近代化报刊诞生之后，新的批评坐标系也随之出现，中国古代的媒介批评在批评主体、理论资源、批评视角等方面都发生了有意义的转变。邸报、京报作为古代报纸，其原始、落后的一面，很容易被那些熟悉了近代新闻传播的西方人所察觉，他们不断地在新式报刊上撰文对此加以臧否评述，随着新式报刊影响力的扩大，这些批评邸报、京报的文字也迅速扩散、广为人知。如1853年8月，《遐迩贯珍》就曾发文批评道：

> 除系要事，关系官宪，应奏朝廷者，毕竟入于京抄。众所公睹，列后所叙各情间亦得于此。但所叙仅撮其时日及地方，因其铺张各说，原难凭信，且其所载，专指军兴之事，亦未精详，尤属迂阔。故除时地之外，足征不讹者无几。或知其股目几何，盘踞何方，朝廷若何震慑而已。至若西人志向之所起，图谋之所终，并人马之总数，暨各股之或统摄或分雄，京抄俱未之载。[1]

由于只能是对官文书的摘录，只能在官方提供的信息范围内进行报道，并没有自己采集的新闻，所以邸报、京报的新闻报道不仅无法做到精详，缺失应有的细节，而且，对某些极其重大的新闻事件也竟然付之阙如，以近代新闻价值理论的观点看来简直不可思议："英人之在沪者，相聚而谈曰，去岁之荒灾不可谓不大而且远矣……吾辈所不解者，中国之京报所有日行之公事皆列于中，如山东之灾亦属中国之大事，而京报所列并未多见，故中国朝廷并不能详知山东之大灾也。"[2] 特别是近代化报刊在中国出现后，以自身的新闻实践，将近代新闻观念充分展

---

[1] 《遐迩贯珍》第1号，1858年8月，转引自方汉奇主编：《中国新闻事业通史》第一卷，北京：中国人民大学出版社，1992年，第235页引。

[2] 《记英人论去岁灾事》，《申报》，1877年5月2日。

示出来，在显示其优越性的同时，也彰显了中国古代报刊的不足。

尤其值得注意的是，近代化报刊在诞生之始，为了迅速占领中国读者市场，报刊主持者除了在新闻实践中采取各种吸引读者的办法外，还积极发表评论，即利用媒介批评，将近代化报刊与中国邸报、京报进行比较，来争取人们的认同。如《申报》在初创刊时，曾接连发表过《邸报别于新报论》（1872 年 7 月 13 日）、《论中国京报异于外报新报》（1873 年 7 月 18 日）等文章，阐释两者区别："中国之邸报与之各别者，邸报之制但传朝廷之政事，不录闾里之琐闻也，是邸报之作成于上，恶新报之作成于下。邸报可以备史臣之采择，新报不过如太史之陈风，其事虽殊，其理则一，其法虽异，其情则同也。世之阅邸报新报者，当不以予言为河汉也。"[1]这些比较性的阐释，一般不直斥邸报、京报的落后、保守、陈腐，而是说两者各有所长，指出了两种报纸的区别，抓住了要害，论证显得非常巧妙。特别是它所说的近代报刊下情上达的舆论功能，反映出两种报刊的时代差别。这样阐释很能为当时的中国广大读者接受，在凸显《申报》优点、争取读者方面甚为有效。该报创刊不久，发行量就迅速上升，成为上海发行量最大的中文报纸。在近代新闻观念日益深入人心之际，中国邸报与京报被时代遗弃也就成为一种历史的必然。更为重要的是，以近代新闻实践为基础，借助西方新闻理论资源，中国古代媒介批评顺利地实现了话语和视角的转换。

中国古代报纸产生于中国的封建社会时期，是封建地主阶级及其占统治地位的封建自然经济通过新闻手段的反映。伴随着中国古代报纸，中国古代媒介批评也走过了漫长的发展和演变的历程。如同古代报纸作为封建统治阶级的喉舌和御用宣传工具，始终无法摆脱官方的强力控制一样，中国古代媒介批评的话语实践中，虽然也曾经存在为新闻传播争取生存空间的声音，但过于零散、微弱，其主体基本上仍是封建统治阶

---

[1] 《邸报别于新报论》，《申报》，1872 年 7 月 13 日。

级控制而非发展中国古代新闻传播的手段，是官方政治意志和意识形态
的直接表达。批评视角单一，将媒介批评窄化为单纯的政治批评；批评
方法简单，基本上是通过有权力依托的官方批评话语，不分青红皂白地
进行政治判决和定性，与现代媒介批评所具有的丰富性、民主性存在很
大的距离。

清末民初的媒介批评

媒介批评是新闻传播活动的一个重要的组成部分。自有新闻传播及其接受以来，媒介批评也就随之产生而发展，并且构成新闻传播活动整体中的一种动力性和规范性因素，既促进新闻传播，又推动新闻接受。"在社会历史领域内进行活动的，是具有意识的、经过思虑或凭激情行动的、追求某种目的的人；任何事情的发生都不是没有自觉的意图，没有预期的目的的。"[1] 不同时代的社会生活状况各有不同，因此，媒介批评的具体话语情景，总是受到社会生活的制约和影响，是某一个特定历史时代的修辞表达。在中国媒介批评史上，1901 年是具有极不平凡意义的一年，因为它是中国现代媒介批评的起点。

一、清末民初媒介批评发生的时代与社会背景

1. 政治文化背景

历史的长河不会没有浪花，也不可能没有激情。在时间的滔滔奔流中，风雷鼓荡，冰河乍裂，王朝更迭，革故鼎新，有许多年份具有转

---

[1] 《马克思恩格斯选集》第 4 卷，北京：人民出版社，1995 年，第 247 页。

折性或里程碑的意义，对当时和后世产生了关键而重大的影响，使历史因复杂而丰富饱满、因生动而细腻深刻起来，给人留下久久难以抹去的记忆。

在近代中国社会变迁的时序中，1901 年（农历辛丑年）是中国历史上具有关键性意义的一年，这当然不是因为它在自然时序中是 20 世纪的最初一年，而是因为是年的 9 月 7 日，西方诸国强迫清政府签订了丧权辱国的《辛丑条约》，霹雳震动，风云变色，至此中国经历了"自有国家以来未有之奇变"，[1] 外国取得了在中国驻军的权力，东交民巷的大炮日夜注视和监督着紫禁城，无言地述说着条约制度的权威和中国的衰微，曾经辉煌的中华帝国至此完全沦为半殖民地半封建社会，中国来到了一个发展的拐点。"十九世纪与二十世纪交点之一刹那顷，实中国两异性之大动力相博相射，短兵紧接，而新陈代谢之时也。今年以来，伪维新之诏书屡降，科举竟废，捐例竟停，动力微蠢于上，俄人密约，士民集议，日本游学，篆蛹纷来，动力萌蘖于下。故二十世纪之中国，有断不能以长睡终者，此中消息，稍有识者所能参也。"[2] 而伴随着社会形态结构的演替，是社会心理意识的巨大变化，"随着庚子事变的过去，由传统意识所维系的民族心理防线在震荡中的解体便成为 20 世纪初年中国社会的显著变化之一。"[3] 社会机体中顽固陈旧一面瓦解的同时，又促成了新的民族觉醒："北上联军八国众，把我江山又赠送，白鬼西来做警钟，汉人惊破奴才梦。"[4] 欧风美雨，浸淫东来，中华民族在还没有充分心理准备的情况下，被迅速推入一个新奇陌生而迷茫无措

---

[1] 《庚子纪事长札》，中国社会科学院近代史研究所编：《义和团史料》（下），转引自陈旭麓：《近代中国社会的新陈代谢》，上海：上海社会科学院出版社，2006 年，第 197 页。

[2] 梁启超：《本馆第一百册祝辞并论报馆之责任及本馆之经历》，张之华编：《中国新闻事业史文选》，北京：中国人民大学出版社，1999 年，第 44 页。

[3] 陈旭麓：《近代中国社会的新陈代谢》，上海：上海社会科学院出版社，2006 年，第 222 页。

[4] 秋瑾：《宝刀歌》，《秋瑾集》第 82 页，转引自陈旭麓：《近代中国社会的新陈代谢》，上海：上海社会科学院出版社，2006 年，第 224 页。

的世界。如果说从鸦片战争开始，中国就被卷入马克思所说的"历史向世界历史转变"潮流之中，那么，此时的中国确实已成为"世界的中国"了。是沉沦还是崛起，是死亡还是涅槃，成为摆在每一个中国人面前的一道严峻课题。变法自强成为时代强音：变亦变，不变亦变。变而变者，变之权操之在我，可以保国，可以保种；不变而变者，束缚之，驰骤之，变之权让诸他人，命运未可测度。中国人中的一部分先知先觉者在紧迫和忧虑交集、悲怆和恐惧同在的心境中，在扬弃传统文化、吸纳西方文明的同时，踏上了一条设计、实施民族振兴的崎岖而又充满希望的现代化之路。

2. 传媒背景

1901 年在中国新闻传播史上的脱旧入新意义，往往不入新闻史学家的法眼而被轻易放过。其实，正是在这一年，慈禧太后迫于形势，为涂饰人民耳目，下诏表示要推行"新政"；正是在这一年，第一张由外国人主持的报纸《顺天时报》在中国首都北京得以创办；正是在这一年，借助条约的保护和某些便利，中国新闻事业驶入了一条发展的快车道。这一方面表现在报纸的数量迅速扩大，这从国人每年新创报刊数量变化中可见一斑。为资醒目，现将 1900—1905 的 6 年中每年新创报刊数量制表如下：

1900——1905 年间国人新创报刊数量统计表 [1]

年 份	1900	1901	1902	1903	1904	1905
数 量	39	44	51	71	90	103

此表清晰地反映出，1901 年后，中国新闻事业进入了一个迅速生长期。新闻史学界惯常所说的第二次国人办报高潮启动的契机，在1901—1902 年间即已经开启。"报馆林立"成为当时人们描述世相时

[1] 笔者根据史和、姚福申、叶翠娣编《中国近代报刊名录》附录《中国近代中文报刊创刊年表兼索引（1815—1911）编制，福州：福建人民出版社，1991 年。

经常使用的词汇，就充分暴露了新闻事业的快速发展在人们心理上所留下的感觉和印象："报纸于今最有功，能教民智渐开通。眼前报馆如林立，不见'中央'有'大同'。"[1] 兰陵忧患生这首写于 1909 年的"咏报馆"竹枝词，以诗歌的方式生动而形象地再现了其时中国新闻传播事业兴旺发达、争奇斗艳、日新又新的盛况。

　　另一方面也更为关键的是，在中国人所办的报刊中，"现代"性新闻传播因素得以张扬，中国人逐渐开始比较自觉地按照西方现代报刊模式来从事新闻传播，现代新闻观念开始转化为媒介实践。戊戌变法失败，资产阶级改良派康有为、梁启超等人逃亡海外，重整舆论旗鼓。1901 年 1 月 21 日，《清议报》出至第 100 期，因第二天报馆失火，被迫停刊，但梁启超并没有气馁，又于 1902 年 2 月 8 日在日本横滨创办了《新民丛报》半月刊，至 1907 年 11 月 20 日始告停刊，前后历时近六年，该刊虽然新闻性不强，但封面常用套色，卷首时有插图，印刷装帧，栏目设置，"都像一本现代型杂志。"[2]1904 年 6 月 12 日创刊于上海的《时报》更是以锐意进行报刊业务革新而蜚声报坛："那时正当日俄战争初起的时候，全国的人心大震动。……《时报》应此时势而产生，他的内容与办法，也确然能打破上海报界的许多老习惯，能够开辟许多新法门，能够引起许多新兴趣。因此《时报》出世之后，不久就成了中国知识阶级的一个宠儿。"[3] 所谓打破报界的老习惯、开辟许多新法门的本质即是媒介"现代"转型的表现。《申报》在随后 1905 年的改革，使我国报纸样式从章、页演进到版，新闻文字从不用标题到采用大字标题，从编排的书刊式，进化到现代新闻纸式，从整体上带动并完成了中国新闻媒体从近代向现代的转变。

[1] 兰陵忧患生：《京华百二竹枝词·咏报馆》，转引自陈旭麓：《近代中国社会的新陈代谢》，上海：上海社会科学院出版社，2006 年，第 231 页。

[2] 方汉奇：《中国新闻事业通史》第 1 卷，北京：中国人民大学出版社，1992 年，第 651 页。

[3] 戈公振：《中国报学史》（插图整理本）引，上海：上海古籍出版社，2003 年，第 174 页。

3. 新闻学术背景

西方新闻学理论的传入，为中国现代媒介批评提供了直接而有力的理论武器。1903 年，商务印书馆翻译出版了日本学者松本君平著的《新闻学》，标志着西方新闻学理论在中国的传播，已进入了一个新的阶段。该书反映了政党报纸向大众化报纸过渡时期的西方新闻学观点，已开始视报业为商业，视新闻为商品，在介绍和阐述新闻事业与社会的关系时，把人们引入了一个比过去宽广许多的新闻社会学领域。20 世纪初年，中国新闻事业开始进入一个蓬勃发展的新时期，新闻学理论的研究也逐渐成为一种社会实际需要。《新闻学》一书 1899 年由东京博文馆出版后，随即引起了中国新闻界的高度重视，1901 年梁启超即推崇此书道："日本松本君平氏著'新闻学'一书，其颂报馆之功德也，曰：'彼如豫言者，驱国民之运命；彼如大哲学家，教育国民；彼如大圣贤，弹劾国民之罪恶；彼如救世主，察国民之无告痛苦而与以救济之途。'诚哉言乎！"[1]1903 年 8 月 7 日在沪出版的革命派报纸《国民日日报》发刊词，亦引用过书中一些观点来阐述自己的办报思想。"当时人们对《新闻学》感到兴趣的，并不是该书所提供的大量的新闻业务工作经验，而是陈述不多的理论原则。该书所着力宣扬的报纸的作用，即创造近代文明，主宰国家社会；报纸具有无限威力，一切宗教魔锋、君主专制、帝王权术都不足与之较量等，显然是被大大夸大了。但是，正是这并不切合实际的观点，对当时清廷所奉行的新闻专制主义却是有力的批判。它对中国的新闻界、思想界都有着某种启发作用。"[2] 因为在这以前，把报纸看成是皇帝"通民隐"、"达下情"工具的思想还统治着大批当时知识分子的头脑。这种思想，在维新时期固然还有其积极意义，但水无常形，时移势迁，在 20 世纪初年，随着革命形势的高涨，它很快就落后了。《新

---

[1] 梁启超：《本馆第一百册祝辞并论报馆之责任及本馆之经历》，张之华编：《中国新闻事业史文选》，北京：中国人民大学出版社，1999 年版，第 37 页。

[2] 宁树藩：《松本君平与〈新闻学〉》，《宁树藩文集》，汕头：汕头大学出版社，2004 年，第 448 页。

闻学》对于报纸性质、作用的解释，令人耳目一新，对促进人们更新新闻观念，具有极大的积极作用。

虽然一种新闻观念的形成和完善，也离不开媒介批评活动的阐释和指导，媒介批评家对新闻理论体系的建立亦有莫大的贡献，但一般来说，新闻理论更具有基础性意义，是媒介批评开展的前提和先导："不能离开新闻观念来谈论批评观念，任何批评都负载着两层理念——新闻是什么和新闻批评是什么。对新闻活动方式的认识影响着批评家提出批评对象、批评方法、批评标准和批评功能，构成新闻批评观念的主要含义。"[1] 从一定意义上说，媒介批评是新闻理论的应用和演练，新闻观念为媒介批评实践提供理论武器和思维方式，所以，新闻理论的更新决定着媒介批评实践方式和面貌的变化。松本君平的《新闻学》汉译本，是我国出版的第一部新闻学著作，"给人们提供了比较系统的新闻学知识，它把人们引入一个比原来宽广得多的新闻学领地。可以说，这个汉译本《新闻学》的问世，标志着西方新闻学在我国的传播进入一个新的阶段。"[2] 一种新的媒介批评理论武器就此为国人所掌握和运用，中国媒介批评具有了"现代"品质，典型例证就是梁启超媒介批评实践在 1901 年后的巨大转变。

梁启超是资产阶级维新派中最有影响的新闻理论家，也是中国近代报刊事业的奠基者之一，他的新闻理论及其思想极大地促进了中国近现代报刊的发展，深刻地影响了一代报刊从业人员，在中国报刊发展史上占有极为重要的地位。1896 年发表在《时务报》第一册的《论报馆有益于国事》，是梁氏前期新闻思想的代表。在该文中，他把报纸形象地比喻为国君的耳目、臣民的喉舌，无耳目，无喉舌，是曰废疾。"上有所措置不能喻之民，下有所苦患不能告之君，则有喉舌而无喉舌；其

---

[1] 刘建明：《媒介批评通论》，北京：中国人民大学出版社，2001 年，第 4 页。
[2] 宁树藩：《松本君平与〈新闻学〉》，《宁树藩文集》，汕头：汕头大学出版社，2004 年，第 448 页。

有助耳目喉舌之用而起天下之废疾者，则报馆之谓也。"[1] 他曾热情洋溢地赞誉，报馆者国家之耳目也、喉舌也，人群之镜也，文坛之王也，将来之灯也，现在之粮也。"利用报纸作为通情的工具，并非始于梁启超。"[2] 梁启超此一阶段的贡献是把此前维新报人对报刊去塞求通的功能观系统化，并精辟地概括为"耳目喉舌"之用，既通俗易懂，又贴切生动。戊戌变法失败后，梁启超逃亡到日本，他的资产阶级改良思想逐渐接近资产阶级革命思想，他的新闻观念和思想也随之发生了变化。在某些问题上，他改变了原有的观点；更深入地探讨了一些问题；更广泛地涉及了新闻学的许多理论问题。1901 年后，梁启超吸收了资产阶级社会政治学、新闻学中的进步观点，提出了不同于戊戌变法时期的报纸性质职能说。他认为报纸应和政府处于平等地位，还公开承认了报纸的资产阶级政党性质。梁启超新闻思想前后变化的节点是 1901 年，反映了他个人对新闻事业理解的深入，以及那个时代的新闻学者对新闻客观规律的积极探索，同时也反映了中国现代资产阶级新闻思想形成时期的基本内容。毫无疑问，这一演进的轨迹同时也清晰地昭示了中国近代媒介批评向现代媒介批评跃进的发展历程。于是，中国现代媒介批评的诞生至此也就是瓜熟蒂落、水到渠成之事了。

二、孕育期的中国现代媒介批评实践

不尽如人意的媒介存在形态势必招来人们各种各样的评说和议论。具有政治抱负但受到执政当局的摧残打压而流亡海外从事报刊工作的维新改良派报人，以其掌握话语权的优势和熟悉一些现代西方新闻理论的便利而顺势成为中国现代媒介批评的先行者。梁启超是其中的一个杰出代表。

---

[1] 梁启超：《论报馆有益于国事》，张之华：《中国新闻事业史文集》，北京：中国人民大学出版社，1999 年，第 18 页。

[2] 张昆：《传播观念的历史考察》，武汉：武汉大学出版社，1997 年，第 86 页。

梁启超从事报刊活动约 30 年，见证了中国近代报刊事业的起步发展时期，深刻地观察和理解我国报刊界当时存在的各种问题和不足。面对起步较晚、发展环境不容乐观的中国新闻事业，梁启超在其有关论著中，以解读新闻作为范畴支点，对当时的各种报刊及其传播行为进行了精辟的分析，并揭露了当时媒介的诸多不良现象和无行新闻工作人员的蝇营狗苟。在 20 世纪初年，中国早期绝大部分新闻业者虽然多有报刊实践经验，但大多缺乏明确的新闻学科意识，包蕴在他们零散的新闻理论中的媒介批评意识还很微弱。衡量新闻活动及其效果，需要有一个大致的批评标准。作为中国资产阶级改良派新闻思想的集大成者和开拓者，梁启超在媒介批评领域的贡献是他在中国新闻事业史上，第一次系统地、完整地提出了媒介批评的标准，标志着中国现代媒介批评理论开始走上自觉之途。

1901 年 12 月，梁启超在其主编的《清议报》第 100 期发表《本馆第一百册祝辞并论报馆之责任及本馆之经历》的长文，系统性地提出了衡量媒介质量高低好坏的四条标准：“校报章之良否，其率何如？一曰宗旨定而高，二曰思想新而正，三曰材料富而当，四曰报事确而速。若是者良，反是则劣。”[1] 这在新闻传播史上具有重要的思想意义。在众多的中国新闻事业史研究专著和教材中，人们常常把梁启超提出的这四条衡量新闻媒体质量好坏的标准解读为“办好报纸的四条原则”。[2] 这一解读固然有一定道理，但笔者窃以为如此解读并不恰如其分和妥帖到位，因为梁启超自己在文中已很明确地将此四条解释为“校报章之良否，其率何如”，所谓“校”，乃是查对、计点之意，也就是衡量的意思，即他阐述的是衡量新闻媒体好坏的标准。所以，将此四条解释为办好报纸的四大原则，未免有点郢书燕说、牵强附会之嫌了。

---

[1] 梁启超：《本馆第一百册祝辞并论报馆之责任及本馆之经历》，张之华：《中国新闻事业史文选》，北京：中国人民大学出版社，1999 年，第 38 页。

[2] 方汉奇：《中国新闻事业通史》第 1 卷，北京：中国人民大学出版社，1992 年，第 973 页。

衡量媒介质量的第一条标准是"宗旨定而高"。新闻媒体的宗旨是新闻媒体的社会理想和价值取向，它以媒体对稿件的具体选择和处理为手段制约着媒体在选择、表述事实时特定的认识与思维方向，媒体宗旨是构成媒体特点的重要组成部分，梁启超将宗旨设定为衡量媒体总体质量好坏的首要标准，与他对媒介宗旨效能的充分认识有关。他认为媒体"宗旨一定，如项庄舞剑，其意常在沛公，旦旦而聒之，月月而浸润之，大声而呼之，谲谏而逗之，以一报之力而发明一宗旨，何坚不摧，何艰不成！"[1]新闻媒体从本质上说是一种社会公器，"若为报者能以国民最多数之公益为目的，斯可谓真善良之宗旨焉矣！"[2]梁启超认为新闻从业人员不可不以热诚慧眼，抱定一最高宗旨而坚守并努力实践之。

第二条标准是"思想新而正"。梁启超认为，新是新闻传媒存在的优势和本质特征，"报馆之天职，则取万国之新思想以贡于其同胞者也。"[3]如此，方可达到新一国之民，即开风气、牖民智的目标。不过，新并不是新闻媒体在进行内容选择时唯一的条件，因为新闻媒体要领导国民向前迈进，并不是所有新鲜的事实、思想都适合社会特定的需要，内容不仅要具有新质，还要正确。"若夫处今日万芽齐茁之世界，其各种新思想，骸列而不一家，则又当校本国之历史，察国民之原质，审今后之时势，而知以何种思想为最有利而无病，而后以全力鼓吹之，是之谓正。"[4]这里，梁启超触及到了新闻传播的社会价值判断和新闻时宜性问题。

衡量新闻媒体质量第三条标准是"材料富而当"。人们收受媒体，都有得益心理，而且都有以较小成本获取最大收益的心理。所以，媒体作为人们认识世界的武库，最好做到材料的丰厚富瞻，才能与人们收受

---

[1] 梁启超：《本馆第一百册祝辞并论报馆之责任及本馆之经历》，张之华：《中国新闻事业史文选》，北京：中国人民大学出版社，1999 年，第 38 页。

[2] 梁启超：《本馆第一百册祝辞并论报馆之责任及本馆之经历》，张之华：《中国新闻事业史文选》，北京：中国人民大学出版社，1999 年，第 39 页。

[3] 同上。

[4] 同上。

媒体时的最大得益心理相符。丰富并不是芜杂，而是阅读一字就有一字的收益。要做到这一点，新闻媒体就必须对材料进行极为严格的挑选。既要使读者省却无谓的目力，又不使媒体内容因有所挂漏而单调。丰富而精当，确是媒体应该努力的目标。

衡量新闻媒体质量的第四条标准是"报事速而确"。媒介给予人的收益是复合多样的，但在众多的收益中，多数人最为关心的还是对新闻的收受。梁启超指出，新闻媒体必须重视新闻的时效性，在尽可能短的时距内对新闻进行报道，而不可贻误时机，使新闻成为明日黄花。不过，他同时强调，抢新闻还要兼顾到新闻的真实性。因为真实是新闻的生命，如果新闻失实，新闻就异化为谎言或谣言。新闻报道既要迅速，又要真实准确，二者均不可偏废。

梁启超提出的四条媒介衡量标准，囊括了新闻传播的伦理性、思想性、真实性、时效性等诸多因素，合此四端，方成为完全尽善之报。这四条标准，既是对媒体内容的要求，又是对媒体功能的期盼，更是一个具有高度社会责任感的新闻工作者的新闻理想，"基本上概括出了作为一个优秀报纸的重要品质。直到今天，它仍在一定范围内作为衡量报纸良莠之标准。"[1] 批评标准的设定是媒介批评理论建设的重要组成部分。梁启超为什么能够成为牢笼一世的著名报刊活动家？主要原因是与同时代人相比，他具有世界的眼光，有着建立在强烈社会使命感之上的新闻理论建设的自觉意识，并用比较先进系统的新闻理论来指导新闻实践。

孕育期的中国现代媒介批评工作者还有"报界之奇才"黄远生。黄远生在《忏悔录》中所提出的新闻记者素质"四能说"，在我国报纸由以政论为主转变为以新闻报道为主的过渡时代，对新闻传播方向的转换具有很强的指导价值和启示意义。1913 年他在《庸言》上发表的《本报之新生命》一文，以宣言的方式发布一种媒介理想，其中所表达的"吾

---

[1] 张昆：《传播观念的历史考察》，武汉：武汉大学出版社，1997 年，第 88 页。

曹此后将力变其主观的态度而易为客观"[1] 的观点，更被目为中国现代客观报道理论的先声而受到后人的珍视。这一观点的提出乃是对当时弥漫报界之中的逞臆悬谈、腾其口说恶劣风气的反拨，也无疑具有一定的媒介批评性质。

三、孕育期中国现代媒介批评的特点

孕育期的中国现代媒介批评具有明显的过渡性。媒介批评是对媒介活动反思后的结果，"媒介批评和媒介同时面世，都根植于意识同源的互动性。"[2] 中国现代媒介承接近代媒介批评的理论和实践遗产，在引进西方的新闻理论之后而产生。在从近代媒介批评母胎中羽化蜕变的过程中，近代媒介批评的思维方法、思维模式对之有着较强的牵制性。如近代媒介批评中流行的"点评式"批评，就是典型的中国古代文学批评方法。"点评"式批评在孕育期的中国现代媒介批评中多有所见，而且几乎在终其一生的每个发展阶段，或隐或显都有这种批评方式的存在，可见民族文化传统对中国现代媒介批评的影响是多么的强大和顽固！

孕育期的中国现代媒介批评具有明显的初始性。这一历史时段内，不仅媒介批评主体屈指可数，主要由一些与报刊传播活动有直接关系的从业人员偶尔为之，媒介批评主体的规模小，数量少，而且完整独立的媒介批评文本甚为鲜见，媒介批评性质的文字多散见于报刊宗旨、叙例、序文、启事、广告、祝辞中。正是这一历史阶段中的中国媒介批评，存在着浓重的新旧混杂，使得习惯于显明划分历史阶段的新闻史家举棋不定，或者干脆就把它打发到近代新闻传播的疆域中去，或者顶多在正式评述现代传播的发生之前，将其作为预言者挂上一笔。可是这样的处理并不能准确估定它在批评史上的地位，也不能清楚地勾勒现代媒介批评

---

[1] 黄远庸：《远生遗著》（上册），北京：商务印书馆，1984 年增补影印本，第 103 页。

[2] 刘建明：《媒介批评通论》，北京：中国人民大学出版社，2001 年，第 25 页。

发生期的历史状态。透过外在斑驳陆离的色彩，我们应当看到中国媒介批评由近代形态向现代形态过渡的质地。孕育期中国现代媒介批评的进步性是不能否定的。在 1901 年到 1917 年的时间跨度内，中国新闻事业虽然历尽曲折，但其不断壮大发展的基本态势则并无大变，表现在媒介批评领域中，就是运用现代新闻理论进行媒介批评的主体逐渐增多，媒介批评的论域不断扩大，批评的必要性越来越获得社会认同，批评的社会影响也日益扩展。

梁启超的媒介批评活动就很能显示出这一特点。在具体的媒介批评实践中，其批评题旨不断深化。他在 1896 年的《论报馆有益于国事》中，严词抨击当时报刊"记载琐故，采访异闻，非齐东之野语，即秘辛之杂事，闭门而造，信口以谈，无补时艰，徒伤风化"[1] 等诸多弊端，仍未脱近代媒介批评已有的论域。而 1901 年的《本馆第一百册祝辞并论报馆之责任及本馆之经历》中，则触及到媒介体例问题，说明他的批评已经越过了一般对新闻媒体与新闻作品的内容分析和价值判断层次，而进入到探求新闻之所以为新闻的规律性研究界面。1917 年 1 月 12 日梁启超在京师报界公宴席上演说《报界应尽指导社会的天职》，则已是一篇形式上较为完整独立的媒介批评文本。1 月 13 日北京《晨钟报》、天津《大公报》等多家报纸都以新闻报道的方式刊布了这篇演说词的主体内容，同年 3 月 15 日《东方杂志》第 14 卷第 3 号又予以全文发表。胡政之专门还就此发表《读梁任公对京师报界演说感言》小评："梁任公昨在京师报界公宴席上演说，于最近中央报界弱点批评至为正确，而其期望之意，亦至诚挚，读之令人感叹无已！"[2] 涟漪荡漾，从而进一步扩大了这篇媒介批评文本的社会影响。

到了本阶段后期，社会读者中的媒介批评意识明显觉醒。1916 年

---

[1] 梁启超：《论报馆有益于国事》，张之华：《中国新闻事业史文选》，北京：中国人民大学出版社，1999 年，第 19 页。

[2] 王瑾、胡玫编：《胡政之文集》（下），天津：天津人民出版社，2007 年，第 1031 页。

9月8日至11日，《晨钟报》连载性地刊发了署名钟晚成的《敬告各报编辑主笔访员》的来稿，针对当时报界存在的不规范行为提出了新闻须重事实少推测、错误应该更正、意见不同之政论或举动均须登录、评论必须慎重下笔等一系列纠正性观点，不仅论述全面系统，而且很具理论高度和深度，如"事实者，实现之某种行为，某种状态是也。推测者，本此行为及状态推其既往或将来，测其心迹或内幕是也。夫亲见事实而施以推测，有时亦不能无误，若未见事实则其推测易致误也，又奚待言。"[1] 这已非常接近后来徐宝璜、郭步陶等人关于新闻与言论分开的客观报道思想，显示出中国现代媒介批评此时已有了长足的进步，一个媒介批评的春天已经倏然来临。

---

[1] 钟晚成：《敬告各报编辑主笔访员》，《晨钟报》，1916年9月8日。

五四运动时期的媒介批评

以新文化运动为序幕的五四运动时期，是在共和国的名义下，各种政治和文化思潮奔涌竞起，新与旧殊死搏杀、中与西激烈争雄的大变动年代。这是中国历史由旧民主主义革命进入新民主主义革命的伟大转折，中国新闻事业新的历史时期也由此开端，以报刊为主要阵地的新文化运动的发生与发展，是贯穿这个时期新闻传播史的一条主线。五四运动如疾风暴雨一般冲决着封建专制统治，热情呼唤新闻自由。五四运动的爆发和发展，把新文化运动推向了新的阶段，各种报刊如雨后春笋一般竞相出现，短短一年中全国涌现的新思潮报刊多达400余种。沉沉暗夜中的睡狮，伴随着新纪元的晨钟在曙光中觉醒，社会人心、文化思潮急剧裂变。报刊的繁荣，为媒介批评的发展提供了丰厚的土壤和现实可能，新思潮的澎湃怒发为媒介批评提供了理论武器和有效手段。五四运动时期的媒介批评表现出了与此前迥然不同的如青春少年意气风发、昂扬向上的生长风貌和蔑视一切陈规陋俗的战斗勇气。

一、五四运动时期媒介批评的社会文化背景

中国现代媒介批评形成期起始的时代背景，毫无疑问是五四新文化运动。1919 年虽是五四运动的爆发之年，但学术界一般都认为五四新文化运动应该上探到 1915 年，其标志性事件是陈独秀于 1915 年 9月 15 日创办著名的期刊《青年杂志》（一年后改名为《新青年》）。辛亥革命失败后，中国继续陷于黑暗之中，中国的政治思想界出现了令人窒息的沉闷局面，面对有名无实的"民国"和思想领域笼罩着的中世纪般的黑暗，陈独秀等一批激进的民主主义者在彷徨之中，开始从不同的角度总结辛亥革命的历史教训。经过痛苦的反思，他们认识到辛亥革命失败的主要原因是中国广大国民思想上还没有摆脱数千年封建文化思想的桎梏。因此，当前最切要的问题是要进行一场彻底的文化思想启蒙运动。陈独秀创办《新青年》从而拉开了五四新文化运动的大幕，其基本主题是提倡民主，反对封建专制和旧的伦理道德，要求平等自由和个性解放；宣扬科学，反对尊孔复古思想和崇拜偶像，反对迷信，要求以理性和科学判断一切；提倡新文学，反对旧文学，开展文学革命和白话文运动。

1917 年陈独秀就任北京大学文科学长，《新青年》编辑部迁到北京，成立了新的编委会，陈独秀、周树人、周作人、钱玄同、胡适、刘半农、沈尹默等 7 人轮流编辑，刊物变成了以主张思想文化革新的知识分子为依托的同人刊物，由此在北京大学渐渐形成了一个以《新青年》为中心的新文化运动阵营。1918 年后，《新青年》改变了创刊时"批评时政，非其旨也"的编辑宗旨，特辟"随感录"专栏，发表文章针砭时弊。另外如李大钊的《庶民的胜利》《布尔塞维主义的胜利》；鲁迅的《狂人日记》《我之贞烈观》及《随感录》；蔡元培的《劳工神圣》等重要文章，也相继发表。《新青年》的宣传很快在社会上卷起了一阵阵的思想

狂飙，尤其在青年知识分子群体中赢得了普遍响应和共鸣。继《新青年》之后，宣传新思潮的报刊纷纷出版，其中比较著名的有《晨报》《京报》《国民公报》《民国日报》《时事新报》等，特别是五四前后，在青年学生中出现了追求真理、民主、自由、解放的思想热潮，他们纷纷组织各种爱国社团及学生联合会的组织，创办介绍新思想、思潮、知识的报刊，比较著名的有《新潮》月刊、《国民》月刊、《少年中国》月刊、《湘江评论》《天津学生联合会报》《星期评论》《钱江评论》等，极大地改变了原先《新青年》孤军奋战的局面，进一步把席卷全国的以反帝反封建反军阀为主题的"五四"运动推向高潮。

五四新文化运动的精神实质乃是批判精神，"批评"甚至成为当时新办报刊一种共同的发刊旨趣和标榜。《新潮》月刊第 1 期刊登的傅斯年起草的《新潮发刊旨趣书》标举："本志以批评为精神，不取乎'庸德之行，庸言之谨'。若读者以'不能持平'腾诮，则同人更所乐闻。"[1] 陈独秀在《本志宣言》中重申该刊的编辑态度："我们因为要实验我们的主张，森严我们的壁垒，宁欢迎有意识有信仰的反对，不欢迎无意识无信仰的随声附和。但反对的方面没有充分理由说服我们以前，我们理当大胆宣传我们的主张，出于决断的态度；不取乡愿的、紊乱是非的、助长惰性的、阻碍进化的、没有自己立脚地的调和论调；不取虚无的、不着边际的、没有信仰的、没有主张的、超实际的、无结果的绝对怀疑主义。"[2] 周恩来执笔的《〈天津学生联合会报〉发刊旨趣》公布该刊的发刊宗旨之一亦为"对于社会生活同各种学术用哲学的眼光科学解析，公允正确的批评"。[3] 郑振铎和瞿秋白等人于 1919 年 11 月 1 日创办的《新社会》旬刊，在《本报简章》第六条中，明确地将"批评社会缺点"列为该报的主要内容。《新社会》被反动当局查封以后，郑振铎

---

[1] 傅斯年：《新潮发刊旨趣书》，《新潮》第 1 卷第 1 号，1919 年 1 月 1 日。

[2] 新青年同人：《本志宣言》，张之华：《中国新闻事业史文选》，北京：中国人民大学出版社，1999 年，第 364 页。

[3] 周恩来：《〈天津学生联合会报发刊旨趣〉》，张之华：《中国新闻事业史文选》，北京：中国人民大学出版社，1999 年，第 359 页。

又在 1920 年 10 月与罗敦伟、周长宪等几位北大学生，组织了一个批评社，创刊了一个《批评》半月刊，附于上海《民国日报》发行。《民国日报》10 月 20 日为此刊发《本报特别启事》，有这样一段文字："文化运动怎样才能上正轨？怎样重新估定一切价值？自然是要'批评'！势逼处此，批评半月刊不能不出世。本刊对于一切世事如政教，风俗，习惯，新旧学说，新旧出版物，无不下一种正确忠实的批评。"[1] 批评的社会功能被充分发掘和利用。1920 年 12 月 15 日，《评论之评论》创刊，该刊更是对批评功效推崇备至："一切社会底进步，都起于思想底进步，而思想底进步，惟赖'评论'。一切过去的思想进步史，都是'评论'史。没有十六世纪宗教评论，就没有唯一单纯信仰说，更没有宗教改革；没有是拔世界政治评论，就没有人权说，更没有政治革命；没有亚当斯密辈底经济评论，就没有自由竞争说，更没有经济革命。'评论'是打破旧藩篱，创造新生命地唯一锁钥。"[2] "批评"成为五四新文化运动中一个极为响亮的口号。[3] 在这种社会文化氛围中，"批评"本身也成为被批评、审视的对象[4]，批评的本体论顺时应势而生，人们开始探讨批评活动的意义、提出一系列开展批评的原则性问题。这都为中国现代媒介批评破茧而出，正式地自成一格，开辟了比较宽广的道路，提供了丰富的社会文化滋养。

二、中国现代媒介批评形成期的传媒事业和学术背景

五四新文化运动揭幕之前，中国新闻事业有了很大的发展，在上海、天津、汉口、广州等资本主义经济较发达的大城市，以《申报》《新闻报》为代表的一些私营报纸，在企业化、现代化方面有长足的进步。在兵连祸结、跌宕起伏的政局中，为避免遭受政治势力的摧残，私营报业

---

[1] 《本报特别启事》，《民国日报》，10 月 20 日。

[2] 《本志宣言》，《评论之评论》，第一期，1920 年 12 月 1 日。

[3] 同上。

[4] 宋介：《批评之批评》，《晨报副镌》，1925 年 6 月 3 日。

在政治上采取保守主义，评论有如太上感应篇，无明确的观点和主张：
"民国以来之报纸，舍一部分之杂志外，其精神远逊于清末。盖有为之记者，非进而为官，即退而为营业所化。故政治革命迄未成功，国事颓败日益加甚。从国体一方面观，当筹安时代，号称稳健之报纸，多具暧昧之态度，其是否有金钱关系虽不可知，若使无民党报纸之奋不顾身，努力反抗，则在外人眼光中，我国人之默许袁氏为帝，似无疑义。"[1]
受经济利益驱动，一些低级趣味甚至黄色下流的内容频见报端。至若在上海等大都市获得迅速发展的小报，其内容则以鸳鸯蝴蝶之类为主，一些小报打着揭露社会黑暗、指示人生迷途的旗号，大量登载谈论吃喝嫖赌经验和两性生活的文章，品位更是等而下之。"至若征歌选舞，侈谈声色，淫词浪墨，满幅淋漓，或揭个人之黑幕，或肆不经之谈，窃揣其意，亦无非欲迎合一般堕落社会之心理，以广其销路而已。嗟夫，此等报纸，其造孽于社会者，岂可以衡量计哉？"[2]新闻媒体的误入歧途，为媒介批评发展提供了强大而持久的社会需要。

自近代以来，外人凭借各种攫夺过去的政治和经济特权，在中国各地创办了大量的新闻传媒，在很大程度上影响和控制了我国新闻传播事业的发展与生态。《京津泰晤士报》主编彭赖尔曾经如此评论外人在华所办的报纸："外人在华所办的新闻事业，特别是英国报纸，实在是西方很大的一种力量，使中国改造为新的国家，使中国加入世界政治经济的活动中。他们的政策，也有建设的，也有破坏的，与中国的革命运动随起随伏。"[3]这段具有很强的自我粉饰性的文字，也透露了外国新闻媒体在中国从事的并不是单纯的新闻活动。我们不能完全排除外国新闻事业对中国社会的某些推进作用，但也不能否认，很大一部分外国新闻媒体在为本国在华的权益摇旗呐喊，干涉中国主权，积极充当外国对

---

[1] 戈公振：《中国报学史》（插图整理本），上海：上海古籍出版社，2003年，第235页。

[2] 王璋：《为今日报界进一言》（自日本来稿），《东方杂志》，第16卷第5号，1919年5月。

[3] 赵敏恒：《外人在华的新闻事业》，上海：太平洋出版公司，1931年，第446页。

中国进行文化侵略的工具。他们的所作所为，引起了中国人民的强烈反感和愤怒。从鸦片战争爆发后积聚起来而无法排遣的民族屈辱感，使中国人民极易以一种被侵略被压迫的目光观察外国人在华的新闻活动，"经济侵略"、"文化侵略"、"新闻侵略"是五四时期中国报刊上时常出现的主题。其后的五卅运动中，帝国主义者在利用武力镇压的同时，还开动新闻宣传机器，进行造谣和中伤，颠倒黑白，混淆是非，其丑恶行径当然遭到了中国人民的无情痛斥和强烈批判。这是五四新文化运动以后，时代为中国现代媒介批评所带来的新的论域。

与孕育期的中国现代媒介批评相比，形成期的中国现代媒介批评在新闻理论储备方面有了质的飞跃。1918 年 10 月，北京大学新闻学研究会成立，这是中国第一个系统讲授并集体研究新闻学的团体。该会以"研究新闻学理，增长新闻经验，以谋新闻事业之发展"为宗旨，聘请徐宝璜、邵飘萍为导师，系统讲授新闻学理论和新闻采访实务。徐宝璜著的《新闻学》于 1919 年 12 月 10 日，以北京大学新闻学研究会的名义出版，该书的出版标志着我国新闻学的正式诞生，其创始性的新闻理论建设意义，邵飘萍主持的《京报》曾这样评价："《新闻学》以前中国无专门研究新闻之书籍，有之自先生始，虽仅五六万字，以言简赅精当，则无出其右者。在中国新闻学史上，有不可抹灭之价值，无此书，人且不知新闻为学，新闻要学，他无论矣。"[1] 值得一提的是，该书在正式出版之前，先是于 1918 年 9–11 月《东方杂志》第 15 卷第 9–12 期发表；第二次修订稿在同年的《北京大学日刊》连载；第三次修订稿在1919 年《新中国》杂志第 6–8 号上发表。其社会影响因短时间内的多次传播而放大，而理论的先进性更值得称道。徐宝璜在自序中说："本书虽仍不完备，然对于新闻学之重要问题，则皆为有系统之说明；而讨论新闻纸之性质与其任务，及新闻之定义与其价值，自信所言，颇多为

---

[1] 黄天鹏:《黄序》，徐宝璜:《新闻学》，北京:中国人民大学出版社，1994 年，第 14 页。

西方学者所未言及者。"[1]除此之外，1922 年任白涛的《应用新闻学》、邵飘萍 1923 年的《实际应用新闻学》及 1924 年的《新闻学总论》、1926 年周孝庵的《如何编辑新闻》、戈公振 1926 年杀青的《中国报学史》等，都是此前孕育期中国新闻传播中所未见的。邵飘萍曾有经历自述："彼时吾人之活动，特凭一己之经验与理想而已，与世界所谓'新闻学'者，尚未发生何等之关系；有时每觉行之而有所未安焉，乃稍稍从事于学，以与平时之经验理想相商榷。至第二次亡命赴东之日，始贻吾人以绝好机会，得涉猎一二世界新闻学者所著之书，尤喜与平时之经验理想有常相合之处。"[2]西方新闻学理论构成了中国现代媒介批评赖以展开的理论基础，在徐宝璜、邵飘萍等人的理论著作中，甚至很多理论观点的阐释都借助于媒介批评而展开。

三、中国现代媒介批评形成期的表征

中国现代媒介批评形成期的最大表征是这个时候"新闻本位"观念成为人们用来观察和评价新闻媒介的首要指标。从 19 世纪 70 年代起，中国最早介入报刊活动的知识分子，就从政治功能的角度对报纸进行过界定。严复 1897 年 10 月 26 日有云："《国闻报》何为而设也？曰：将以求通焉耳。夫通之道有二：一曰通上下之情；二曰通中外之故。如一国自立之国，则以通下情为要义。塞其下情，则有利而不知兴，有弊而不知去；若是者，国必弱。如各国并立之国，则尤以通外情为要务。昧于外情，则坐井而以为天小，扪籥而以为日圆；若是者，国必危。"[3]天下兴亡匹夫有责的政治情怀，使他们不由自主地将报纸的功能局限在政治层面上，现代报纸得以产生的整个社会经济和政治、文化背景则被忽略了。

---

[1] 徐宝璜：《自序》，《新闻学》，北京：中国人民大学出版社，1994 年，第 10 页。

[2] 邵飘萍：《我国新闻学进步之趋势》，《东方杂志》，第 21 卷 6 号，1924 年 6 月。

[3] 严复：《〈国闻报〉缘起》，张之华：《中国新闻事业史文选》，北京：中国人民大学出版社，1999 年，第 98 页。

中国新闻事业向新闻本位转换的进程早在1913年前后即已经开始，但这并不是自觉的有意识的转变，而是在政治外力的强制之下作出的一种不自觉的被动选择。民国成立以后，军阀混战，政坛走马灯式的你方唱罢我登场，共和制度名存实亡，新闻自由形同乌有。正是为了适应这种异常恶劣而特殊的环境，中国新闻事业加快了向"现代"迈进的速度，开启了从"政论时代"向"新闻时代"的转变。但这种向"现代"新闻纸的转变或者靠拢是以精神退化为代价而实现的。虽然报纸上的新闻很热闹，但反映出来的恰恰是对真正的新闻观念的偏离和扭曲。徐宝璜感喟地说："今日吾国之新闻纸，除一二渐趋革新者外，鲜有能知商业化之意义也。多数不良之报社，其主笔与经理，方蜷伏于小室中，日日摭拾腐败新闻数篇，以充篇幅。"[1] 可谓一针见血。

五四新文化运动前后，中国新闻界的几位大师仿佛是异口同声地强调揭载新闻是报纸的首要功能。徐宝璜站在人类交往的高度强调新闻的重要："吾人因智识进步，交通便利，所注意之事物日益加多，故新闻供给范围亦感扩大，不能以本埠新闻及本国要闻为限，即他国要闻之能引起国人注意者亦应供给之，不能以政治新闻为限，凡宇宙各种现象如教育商业斗杀情死结婚等事，不分精粗，不论巨细，苟为众所注意，均应择要而一一揭载之。"[2] 戈公振则从事物本质的角度论证："报纸之原质，质言之，即新闻公布之谓也。"[3] 邵飘萍直言："报纸之第一任务，在报告读者以最新而又最有兴味，最关系之各种消息，故构成报纸之最要原料厥惟新闻。"[4] 并从世界新闻事业发展趋势的宏观背景上提出新闻本位观念："世界新闻事业之趋势，基于'以新闻（News）

---

[1] 徐宝璜：《新闻事业之将来》，《新闻学》，北京：中国人民大学出版社，1994年，第127页。

[2] 徐宝璜：《新闻纸与社会之需要》，《新闻学》，北京：中国人民大学出版社，1994年，第118页。

[3] 戈公振：《中国报学史》（插图整理本），上海：上海古籍出版社，2003年，第17页。

[4] 邵飘萍：《实际应用新闻学》，《新闻文存》，北京：中国新闻出版社，1987年，第385页。

为本位'之原则，故外交记者之地位有蒸蒸日上之势，虽各国之程度不同，而进步之趋势则一。"[1] 中国新闻学者在五四新文化运动中，倾注了很大的热情来讨论什么是新闻这一好像不是问题的问题，其实暗含着对此前被扭曲了的新闻观念的否定和反拨。

对新闻的重视使徐宝璜、邵飘萍等中国现代新闻理论的开拓者自然地接受了西方新闻学理论中新闻与评论分开的操作性理念，并将之作为观察和评价媒介是否先进的重要标准。"新闻以不加批评为原则。盖外交记者之职务，只在供给消息，若批评则评论记者之事也。故外交记者之报告消息，纯为客观的调查所得之实状，而不以主观的意志左右之。"[2] 新闻当然可以对事态的发展趋势进行预测，但这种预测必须是建立在客观事实的基础之上，是客观事实本身的流露，"万不可未明周围之各种情形而遽加以一定如何之武断。以愚所见，则北京报纸每喜犯武断之病，或有时新闻明明错误，而必设法自护其短，不惜变更事实以求与彼之主观的意见一致，此实至愚之事。"新闻记者应该以报道事实为天职，尊重事实，不可将自己的观点强加于人。新闻与言论不分的写作、编排手法，在此一时期受到了较为集中而猛烈的批判。

中国现代媒介批评形成期的另一表征是独立的媒介批评文本、专栏渐次出现，媒介批评终于有了自己的姓名和家园。《每周评论》是五四时期较早开展媒介批评的刊物。1918 年 12 月 27 日，该刊推出了不定期的媒介批评专栏——"新刊批评"。《新潮》在媒介批评方面也进行了积极尝试。该刊高举"批评精神"的大旗，第 1 号就设置了"评坛"专栏，第 2 号又设置了"书报介绍"，陆续刊载了对《新青年》《每周评论》《国民公报》等刊物评论和介绍性的文字。特别是在第 1 号与第 4 号刊发的罗家伦的《今日中国之新闻界》《今日中国之杂志界》两

---

[1] 邵飘萍:《实际应用新闻学》,《新闻文存》,北京: 中国新闻出版社, 1987 年,
    第 422 页。
[2] 邵飘萍:《实际应用新闻学》,《新闻文存》,北京: 中国新闻出版社, 1987 年,
    第 479 页。

篇分别为 4000 余字、6000 余字的长文，不仅篇幅宏大，而且其批评态度之激烈、观点之犀利、社会反响之热烈，在当时都是极为罕见的。《民国日报》在媒介批评方面也进行了很大努力。1920 年 7 月上旬，邵力子接到读者朱瘦桐的希望在《觉悟》副刊中增设"书报批评"专栏的一封来信，他立即将该信刊出，并写了《专设〈书报批评〉栏的要求》进行呼应。此后在《觉悟》上，媒介批评文本就大量出现。北京《晨报》则先是在"一星期之余力"周刊上刊发了大量的媒介批评文章，后来又创办了"新闻纸问题号"周刊，集中进行媒介批评。1924 年创刊的《现代评论》也刊发了数量不菲的媒介批评文章。"'现代评论派'深受英国自由主义、保守主义及美国民主思潮的影响"，[1] 希望建立自由的政治、立法制度等，他们比较注重从自由与法制的角度，探讨新闻传播中的行为失范问题，王世杰的《对于中国报纸罪言》是此类典型的批评文本。

中国现代媒介批评形成期的第三个表征是具有反对帝国主义新闻侵略为主题的媒介批评开始大量出现。媒介批评具有了战斗属性，成为一种政治斗争的工具，并且这种斗争方式成为中国共产党人一种非常自觉的行为："本报已经屡次引起读者注意到帝国主义报纸对中国的言论是取进攻和自大的形势的。"[2] 这种新型的媒介批评类型在中国共产党和国民党左派所创办的报刊上屡见不鲜，如邵力子 1920 年 11 月 23 日在《民国日报》"评论"刊发的《谣言的由来》，1921 年 1 月 28 日在该报"社论"栏发表的《西人论述中国事情的误谬》等，1924 年 6 月18 日《向导》第 71 期刊发的署名 T．C．的文章《新闻的侵略》，更以其洞隐烛微、深刻独到而为后人所称道。1925 年 6 月 4 日，《热血日报》在五卅运动中创刊，该报设有《舆论之批评》《舆论之裁判》等专栏，连续发表一系列批驳、揭露外报的文章，如《请看外国报纸破坏我们的言论》《该死的日报舆论》《斥文汇报记者》《字林西报的谬论》

[1] 倪邦文：《自由者梦寻》，上海：上海文艺出版社，1997 年，第 3 页。
[2] 魏琴：《英国机关报的狡猾论调》，《向导》周报第 95 期，1924 年 12 月 17 日。

《外报造谣之技穷》《字林报之污蔑中国人》《裁判大陆报的社论》《日本报纸自五卅以来之态度》《我们是受了消息的封锁——帝国主义列强的新闻政策》等。

民国政府时期的媒介批评

中国现代媒介批评的发展期涵盖了整个土地革命战争时期，社会环境和传媒事业、新闻学术环境在这一时期都发生了显著变化。国民党在表面上完成了国家统一，布设了几乎覆盖全国的新闻事业网。在国统区，私营新闻事业呈现相对繁荣的景象，私营报刊数量、规模、设备和业务都有较快的扩张与改进，报业托拉斯冒出苗头。国统区的民主进步人士仍在坚持进行革命文化宣传，1932 年 3 月中国左翼记者联盟成立，出版《集纳批判》周刊。中国共产党进行武装割据，独立地拥有新闻传播事业，中国共产党的媒介批评开始起步。

一、发展期中国现代媒介批评的表征

与形成期比较而言，发展期的中国现代媒介批评园地花枝春满，蝶舞蜂喧，一派万木葱茏、欣欣向荣的景象。具体言之，有如下几个方面的重要表征：

1. 媒介批评主体分布广泛

这一时期由于新闻事业的快速发展，报纸的销行量迅猛攀升，报

纸成为一种日常生活用品，日益深入到社会的各个领域，媒介批评获得
了强大的社会动力。来自不同阶层的人们，站在各自不同的立场和角度，
对媒介进行评头品足。特别是在《立报》迅速崛起的示范下，大众化新
闻思想成为一股潮流，报业经营中的受众本位观念为业界和学界普遍接
受，读者调查成为报业经营中的一种经常性工作。设置读者信箱，解答
读者问题，此前在中国新闻界已经存在，如 1924 年在上海《民国日报》
的综合性副刊《觉悟》上出现的"通信"栏。但是在中国现代媒介批评
的形成期，这种公共性交流领域作为媒介内容板块的制度性建构，尚不
多见，而到了 30 年代，在大众化报业思想的强力推动下，报刊就大量
采用"读者来信"专栏的方式，发表读者意见、希望和编者的答复，以
加强与读者的联系，如邹韬奋在《生活》周刊上开辟的"读者信箱"，
即影响广远。1931 年 5 月 22 日，《大公报》出版"一万号"，增刊 3
大张登载纪念文章，在《读者批评与希望》的标题下，用近 7 个版的篇
幅选登读者的来信约 250 篇，其中有很多属于媒介"批评"的文字。在
中国现代媒介批评的形成期，媒介批评主要由一些有责任心的新闻工作
者或一些有使命感的学者充任。20 世纪 30 年代以后，读者参与意识逐
渐高涨，一般读者作为媒介批评主体而出现，对媒介现象和媒介行为敢
于说"不"，确实是中国现代媒介批评活动走向深入发展的一个新景观。

　　2. 杂文体、时评体的媒介批评蔚为大观

　　在五四时期，杂文在报刊上时有所载，但数量不多。到了 20 世纪
30 年代，在反文化"围剿"中，杂文成为最令人瞩目的文体，很多报
刊如《申报·自由谈》《立报·言林》以及《太白》《涛声》《论语》
《人间世》等，都以刊载杂文为特色。报刊杂文的一纸风行，使媒介批
评在形式上找到了一个合适的栖身之所，也使杂文体媒介批评获得了快
速的发展。鲁迅是中国现代无与伦比的杂文大师，也给我们留下了很多
政论性和形象性统一的杂文体媒介批评文本，像《推背图》《谁的矛盾》
《论"人言可畏"》等，其思想的深刻、艺术的高妙，堪称中国现代媒
介批评文本库中的瑰宝。赵超构也是杂文体媒介批评的重要作者。1934

年任南京《朝报》编辑后，"一个人编国际版一版，每天还要交一篇'言论'。天天夜里七点钟去上班，做到次日凌晨三点才下班。睡到中午，又得爬起来写'言论'稿。"[1] 在任职《朝报》期间，赵超构撰写了《软性新闻之流行》《"奇闻"之社会性》《天地人》《逐臭的人们》《质与文》《看报者言》等大量的时评类媒介批评文本，针对新闻界的种种不良现象与恶劣倾向痛加鞭挞。邹韬奋也是此时活跃的杂文体媒介批评作者，他的《江朱事件》《大报和小报》《编辑先生的逻辑》《可以不必做的文章》配合新闻报道迅速出击，而语调坦率平易，充满感情。另外如曹聚仁的《读报有感》[2]、柯灵的《读报偶笔》等，都是可圈可点、值得称道的时评类媒介批评文本。

3. 学理式、讲章式媒介批评大量出现

学理式、讲章式媒介批评文本的出现极大地提升了中国现代媒介批评的学术品格，媒介批评获得了迈进大学课堂成为一门独立学科的准入证。学理式、讲章式媒介批评的出现是以这一时期中国高等新闻教育的发展为依托的。中国新闻学院（1928）、民治新闻专科学校（1928）、复旦大学新闻系（1929）、燕京大学新闻系（1929，恢复）、济南新闻函授学校（1931）、沪江大学商学院新闻科（1932）、申报新闻大学函授科（1933）、民国大学新闻专修科（1933）、北平新闻专科学校（1933）、上海商学院新闻专修科（1933）相继在这一时段内创办。燕京大学与复旦大学代表了当时我国新闻教育的最高水平，这两个学校都将媒介批评纳入教学课程的设计之中。从 1931 年开始，燕京大学每年举办一次"新闻讨论周"，邀请中外新闻学界名人、平津各主要报纸的负责人、知名学者等参加，他们从不同角度和视点，对新闻学和新闻业务进行总结、探讨、批评。复旦大学在 1928 年以后，还先后聘请马崇淦、黄天鹏、郭步陶、章先梅、樊仲云、夏奇峰等新闻界人士来校兼任教授。"复旦大学新闻学系除了规定的课程外，还有二个讲座：一个是'报学讲座'，

---

[1] 张林岚：《赵超构传》，上海：文汇出版社，1999 年，第 29 页。

[2] 《曹聚仁杂文集》，北京：生活·读书·新知三联书店，1994 年，第 690 页。

敦请国内外学者来校演讲：（一）新闻学的智识，（二）批评报纸的得失，发表改良报纸的意见，（三）与新闻学有关系的智识，（四）关于技术的智识。另一个是特别讲座，是专门学者的短期演讲，和演讲式的指导研究。"[1] 这两个学校创办的《新闻学研究》《新闻学期刊》等刊物中很多媒介批评的专论，就是该校师生教学研究的成果。

二、发展期中国共产党人开展的媒介批评

在这一历史时期，中国共产党拥有了独立的新闻传播事业，在不断总结新闻工作经验，充分释放新闻传播的宣传和组织功能的同时，也围绕党的中心任务，开始对我党新闻传播中的缺点进行反思、探讨和批评，初步形成了颇具特色的媒介批评理论体系。土地革命战争时期中国共产党的媒介批评源于中国共产党的批评与自我批评的传统，是中国共产党革命实践一个不可分割的有机组成部分。中国共产党从诞生之日起就非常重视新闻宣传工作，新闻事业是党的整体事业的一个组成部分，不言而喻，批评与自我批评原则也适用于党的新闻传播工作。将开展媒介批评作为党员对党报的义务，是中国共产党拥有独立的新闻事业以后一以贯之、始终坚持的思想。1928 年，"中央党报的编者"就强调指出："同志们对于中央刊物都有必不可少的两种义务：一种是积极发表对于中央党报之批评的言论；另一种是帮助他的发行，使我们的影响达到群众中去。但是这两种义务，我们很少在同志中看见。"[2] 显然，媒介批评是其中当然的内容，是党员对组织必须履行的一种义务活动。

土地革命战争时期中国共产党的媒介批评是一种颇为特殊的媒介批评，其特殊性主要表现在其批评主体、批评客体的双重受限上，以及由此所带来的批评目的、方法、文体、模式、效果的发生及其路径等诸

---

[1] 黄天鹏：《例言》，黄天鹏编：《新闻学演讲集》，上海：上海现代书局，1931 年，第 1 页。
[2] 《中国共产党新闻工作文件汇编》（下），北京：新华出版社，1980 年，第 33 页。

多方面，都与通常意义上的媒介批评有别。批评主体有着特定的社会身份，像瞿秋白、张闻天、博古、李卓然、李立三等人，以及以"中央党报编者"署名为后人所知的批评主体，他们虽然在党内具体职务、分工不同，社会认识、经验阅历各异，甚至在从事媒介批评实践的时候其个人情绪、心境天地悬殊，不过他们都有一个中国共产党党员的共同身份。那些原本会对媒介批评造成影响的个体自然或经济因素，在他们的媒介批评实践中都相对淡化或退隐了，而其作为党员的社会政治身份，决定了他们的媒介批评具有更多的共性。这种根源于政党组织和纪律约束的行为控制作用在媒介批评领域，不仅表现在批评目的、批评态度的相似，甚至还表现在批评语言、语气、思路等方面也显示出某些惊人的类同。

土地革命战争时期中国共产党的媒介批评的客体是本党管控的党报党刊。中国共产党的党报党刊当然具有一般意义上的报刊属性，承担着一般社会性报刊都必须承担的社会职能，但党报党刊又是党得心应手的宣传工具，是党的耳目与喉舌，在某种程度上是党的代言人和形象大使。党报党刊的这种特殊角色和地位预制了在媒介批评活动中，党报党刊会享受到某种特殊的待遇或关照，即批评主体与批评客体之间的关系超越了一般意义上的批评与被批评的关系，而更具有自我批评的属性，批评主体与批评客体同属于一个阶级阵营，是一种内部批评。1930年5月10日，问友发表的《过去一百期的"红旗"》，典型地体现出土地革命战争时期中国共产党媒介批评的特点："在现在当全国各地都需要办理这样报纸以领导全国各地之正在发展的革命浪潮的时候，我们需要将我们过去的工作给一个总的估计，根据这些过去的经验，来指出我们今后努力的方向，并给与全国各地办理地方党报做一点参考。"[1]与在国统区存在的以国民党报刊以及一般商业性报刊作为认知客体的以否定性为主色调的媒介批评不同，土地革命战争时期中国共产党媒介批评是自我批评和自我帮助式的建设性色调，即其批评语气温和，其批评态度

---

[1] 《中国共产党新闻工作文件汇编》(下)，北京：新华出版社，1980年，第134页。

与人为善。

在土地革命战争时期，李立三、李卓然、凯丰、李富春、李一氓、张闻天、博古、瞿秋白等人都曾撰写过媒介批评文本，其中尤以张闻天、博古、瞿秋白撰写的媒介批评文本最为规范，对问题的分析周详细密，而且他们三人的批评客体恰好各不相同，形成互补，在客体构成上组成了土地革命战争时期中国共产党媒介批评的一个完整序列。《我们应该怎样拥护红军的胜利——评我们对于拥护红军的宣传鼓动工作》是博古 1932 年 5 月 14 日撰写的一篇媒介批评专论，发表在中共中央机关报《红旗周报》上，该文较系统地批评了当时我党在国统区创办的某些报刊所存在着的缺点，如报道量严重不足、报道手段单调、解释不够、报道空洞缺乏针对性、新闻传播无法实现对运动的组织作用等。张闻天是中国共产党早期的著名理论家，《关于我们的报纸》是他 1933 年 12 月 1 日撰写的媒介批评专论，刊登于中国共产党苏区中央局机关报《斗争》第 38 期。全文约 6500 字，是土地革命战争时期中国共产党媒介批评中篇幅最长、批评色彩最为浓郁的批评文本，通篇围绕"我们的报纸在为了党的与苏维埃政府的中心任务而坚决斗争方面，还是非常薄弱的"[1] 进行立论，从报道方式片面、报道方法简单两个方面对《红色中华》《红星》《青年实话》等中央机关报进行批评。瞿秋白 1933 年 8 月 7 日发表在中国共产党苏区中央局机关报《斗争》（油印）第 50 期《关于〈红色中华〉报的意见》一文，是他撰写的一篇媒介批评专论。他看到的《红色中华》报是从第一号起到七十二号（中间缺少十四号到三十几号），基本上能够反映出该报的整体情况。《关于〈红色中华〉报的意见》就是对这一时期内《红色中华》报的总体分析和评价。他在肯定《红色中华》报是一个斗争的机关报，在赞助红军和革命战争的发展方面，总的方向是正确的优点之后，也对该报的缺点和不足进行了全面的分析，从尚未全面履行职责、缺乏具体事实、报道笼统抽象、批评与自我批评匮

---

[1] 《张闻天文集》（一），北京：中共党史资料出版社，1990 年，第 419 页。

乏、编辑没有连续性、社论指导性较弱、通联工作有待改善、通俗性不足等七个方面提出了批评和建议，论题具体集中，论证全面深入。

三、发展期国统区的媒介批评

1. 媒介批评活动成为一种学术常态

从1927年到1936年，新闻教育的发展、政治经济环境的相对稳定，在国统区，由一般知识分子和新闻学者开展的媒介批评，秉承此前的学术传统而获得延续。新闻业界与知识教育界互动热络，很多有丰富新闻实践经验的报界干才登上大学新闻学讲坛。在教育知识界，媒介批评活动成为一种学术常态甚至受到追捧，如一些中学都举办媒介批评讲座活动[1]，这些都使媒介批评的品格和质量有了很大跃升。此前一个时期，学术界对开展媒介批评心存顾忌，相关批评委婉迂曲，如《现代评论》出版一周年纪念增刊，王世杰的媒介批评文章标题为《对于中国报纸罪言》，谨慎之态可掬。而30年代以后，人们充分认识到了媒介批评的社会与文化建设功能："我国的报纸虽有几十年的历史，然而到现在多数报纸的内容腐败如故，新闻记者的麻木如故，这是什么道理呢？主要的原因，就是我国只有'办'报的人和'看'报的人，缺少批判报纸的人和研究报纸的人。所以尽管'办'报几十年，尽管'看'报几十年，而报纸的'办法'和'看法'，依然是老不变更，这样下去，报纸的社会的'交通机关'的职能自然无由施展了。"[2]一向具有强烈忧患意识的中国现代知识分子，自觉地将媒介批评作为一种确证和实现自身使命与价值的学术生存方式。在这种贯注了强烈使命感的学术承担的催生下，媒介批评于是流行起来，一些具有强烈的否定精神的媒介批评文本大多产生在20世纪30年代前后，如《中国新闻事业的危机》《中国报纸的

---

[1] 袁殊《上海报纸之批评》即为在一家中学演讲的文字记录稿，后收入《学校新闻讲话》，上海：上海湖风书局，1932年。

[2] 谢六逸序，管照微编：《新闻学论集》，上海：汉文正楷印书局，1933年。

批评》《封建势力在报纸上》《评上海各日报的编辑法》《上海报纸之批评》《今日中国报界唯一的制（致）命伤》等等，媒介"批评"成为一个习用乃至时髦的语汇，批评的态度直率、大胆、激烈，特别注重从意识形态维护和生成的角度审视媒介的社会角色及其功能，嘲笑、讽刺、反语、戏仿等修辞方式即便在学理性的批评文本中也司空见惯、屡见不鲜，显示出这一时期媒介批评的长足进展。

尤其值得注意的是，媒介批评这时已经作为"集纳学"的一个分支被提了出来。1936 年，袁殊在《集纳学术研究的发端》一文中，开列了新闻学研究的八大任务，作为"集纳"学术研究的纲要，其第四项研究就是："提高新闻批判的任务：（一）如黄色新闻的检讨。（二）如新闻责任与信用的估价。（三）如不当商业广告的检举。（四）如外勤采访竞争问题。（五）如编辑理论与技术的检讨与发挥。（六）如通讯社复杂存在的问题，以及通讯社工作的评价。（七）如小报之存在及其趋势的考察。"[1] 说明当时学术界已经从学科建设的角度，构建媒介批评学的学科方位，媒介批评学的意识已经初步萌芽。虽然这种学科意识还非常微弱，后来也没有得到应有的进一步发展，但其先驱者的意义则是不容低估的。

2. 媒介批评的学术性专著出现

典型代表有《上海报纸改革论》《萧伯纳在上海》等。

《上海报纸改革论》，郭箴一著，复旦大学新闻学会 1931 年印行。郭箴一，女，湖北黄陂人，1931 年夏毕业于复旦大学新闻系，任上海市政府科员，是建国前我国为数不多受过正规新闻本科教育并对新闻学有研究的女性之一。郭箴一曾参加 1935 年初冬成立的抗日救亡组织上海"青年妇女俱乐部"活动，该组织在上海沦陷后，主要成员大部分撤离上海。1938 年 10 月中旬，郭箴一曾与留在上海"孤岛"的许广平、罗稷南、胡曲园、孙冶方、吴大琨等人，以"关于鲁迅思想的研究"为

---

[1] 袁殊：《集纳学术研究的发端》，《袁殊文集》，南京：南京出版社，1992 年，第 117 页。

题举行学术研讨活动，后不久与其丈夫潘芳从重庆转赴延安，在延安中央研究院任职。1942 年延安整风期间，郭箴一、潘芳夫妇和成全（陈传纲）、王里夫妇与王实味一起被错误打成"五人反党集团"，长期蒙冤，受屈落寞，直到 1982 年冤案始得昭雪。

《上海报纸改革论》全书共五章。第一章"绪论"，简要介绍报纸定义、特质与使命。第二章"上海报纸之沿革"，简介上海《申报》《新闻报》等几家大报的历史。第三章"上海报纸之现状"，有十二节内容，分别为引言、今日我国报界之窘状、中国报纸之统治者、中国资本之"奴隶化"、报馆之独占化、报纸对于民众之欺骗、编辑上之缺点、采访上之缺点、新闻记者之缺点、报纸内容之缺点、一般人对于新闻事业之误解、上海报纸近年来之进步等，对报纸在内容、形式等各方面的现存弊端进行展示。第四章"上海报纸应有之改革"，第一节"改革上海报纸应注意之点"，对报纸编辑业务上的"地方主义"、取材问题、大报之小报化倾向、封建主义之表现等，进行剖析。第二节"改革上海报纸之具体计划"，认为报纸"须有公平而爽快之论述与批评"、须有确实而简明之纪载、副刊材料须求有实用而含隽永之意味、画报须有新闻之价值、广告须真实而有益、编法宜求统一、文字务使其大众化。第三节"改革报纸应突破新闻政策之束缚"，提倡新闻教育、组织国家通讯社。第四节"改革报纸应促进新闻事业社会化"。第五章"结论"，分报纸与人生、报纸改革之责任、报纸发展之正鹄、报纸之礼赞等四小节内容。

从框架结构看，该书主体是第三、第四两章。全书共 125 页，三、四两章就占了 86 页篇幅，占 68% 之多。从结构上看，第一、二两章是为第三、四两章的具体展开提供理论准备的。第五章结论，仅具有行文结构上的形式呼应功能，使全书具有一种整体感。该书在樊仲云序后的"上海复旦大学新闻学会丛书"广告中，有"用科学方法探讨新闻学理、以忠实态度批评时下报章、作唯一向导应付现代环境"[1]之语，即可判断出《上海报纸改革论》的媒介批评性质。

《萧伯纳在上海》，1933 年 3 月上海野草书屋出版。毛边道林纸，封面剪贴各报记载，白底红色。1983 年 3 月，四川人民出版社予以再版。新版封面的构图及色彩、封内版式均系仿原版设计，扉页与原版也完全相同，原版中译名不统一的地方和当时的用字习惯一仍其旧，只是将原版版式中体例不统一的地方予以统一，原版中目录与文章标题不相符合的地方，新版以文章标题为准加以修改。在浩瀚的中国现代出版文献中，该书并不引人注目，中国现代文学研究者在梳理鲁迅、瞿秋白生平事迹之时会偶尔及之，但对其应有的传播学意义则不置一词，付之阙如，即便现今专治中国出版史、新闻史者也由于思维的惯性和视角的局囿很少有人提及它。拂去岁月的尘封，这部曾经浸润着鲁迅、瞿秋白这两位中国现代文坛双璧的汗水与心血的著作，实乃中国新闻媒介批评史上的一部专书，在中国新闻媒介批评史上具有开拓性的意义。

1933 年 2 月 17 日，英国著名作家萧伯纳来到上海，其上海之旅尽管只有短短半天，但日文、英文和俄文报纸以及国民党官方御用喉舌对萧氏讲话的种种歪曲，却镜子似地照出了各家媒体的相貌。鲁迅出席宋庆龄为萧伯纳举行的午餐会后回到家中，与寄寓其家的瞿秋白谈起此事："他们痛感中国报刊报道太慢，萧又离去太快，可能转瞬即使这伟大作家来华情况从报刊上消失，为此，最好有人收集当天报刊的捧与骂，冷与热，把各方态度的文章剪辑下来，出成一书，以见同是一人，因立场不同则好坏随之而异地写照一番，对出版事业也可以刺激一下。说到这里，兴趣也起来了，当时就说：我们何不亲手来搞一下？"[2]于是，鲁迅和瞿秋白随即交换了一下意见，把需要的材料当即圈定，由许广平和瞿秋白的夫人杨之华共同剪贴下来，再由鲁迅和瞿秋白安排妥帖，连夜

[1] 郭箴一：《上海报纸改革论》序，上海复旦大学新闻学会，1931 年印行，第 10 页。

[2] 许广平：《鲁迅回忆录》，丁景唐、丁言模：《瞿秋白印象》，上海：学林出版社，1997 年，第 176 页。

编辑，署"乐雯剪贴翻译并编校"。上述的成书经过表明：编辑该书的真正目的是刺激出版事业——进行媒介批评。

全书五部分，第一部分为"Welcome"，收"不顾生命"及"只求幽默"两栏，全是诸家媒体的欢迎或痛骂的文章；第二部分为"呸萧的国际联合战线"，收上海中外各报的社评，并对各家的社评逐一进行批评、分析；第三部分为"政治的凹凸镜"，收瞿秋白撰写的批评性文字一篇，附录日文报上的记载两种；第四部分为"萧伯纳的真话"，收录萧在香港、上海、北平三地所做的片段谈话；第五部分为"萧伯纳及其批评"，收黄河清作《萧伯纳》及德国特甫格作《萧伯纳是丑角》两篇介绍性文章。虽然以新闻媒介上有关报道和评论为骨架，但该书的内容和结构、体例，显示它绝不只是剪报。鲁迅曾经为该书撰写如下一条广告："萧伯纳一到上海，就给了中国一个冲击。定期出版物上几乎都有记载或批评，称赞的也有，嘲骂的也有。编者用了剪刀和笔墨，将这些择要汇集起来，又一一加以解剖和比较，说明了萧是一面平面镜子，而一向在凹凸镜里见得平正的脸相的人物，这一回却露出了他们的歪脸来。是一部未曾有过的书籍。编者乐雯，鲁迅作序。"[1]这篇不为常人所注意的广告其实透露出：鲁迅自己也认定该书的媒介批评性质。

在这篇广告中，鲁迅明确地指出该书：（1）"编者用了剪刀和笔墨，将这些择要汇集起来，又一一加以解剖和比较。"也就是说，"剪报"只是一种辅助手段，该书的重点是"一一加以解剖和比较"，即对新闻媒体上的材料进行批评、分析。（2）"说明了萧是一面平面镜子，而一向在凹凸镜里见得平正的脸相的人物，这一回却露出了他们的歪脸来。"编辑该书的目的是为了暴露某些新闻媒体及其所发表的文字的虚伪性，以揭破他们的真实嘴脸。（3）"是一部未曾有过的书籍。"明示该书体例上具有很大的创新性。鲁迅作出这样评价非常耐人寻味。

从明代开始，中国的士大夫知识分子当中，不少人有抄录邸报的

---

[1] 范用：《爱看书的广告》，北京：生活、读书、新知三联书店，2004年，第11页。

习惯，目的在于了解朝政和积累修史材料。当时抄录邸报一般都是按照时间的先后，经过筛选抄录而成，抄录者只是在抄录的时候做了一些删节、增加摘由（标题）的工作，或加一些补充和说明，目的是方便查阅，没有对邸报内容进行评价的文字。像现在流传下来的《万历邸钞》《天变邸钞》等都属此类。鲁迅自己 1916 年前后在治中国小说史时也有抄录古碑经录的习惯，他对剪报一类的材料甚为熟悉。如果《萧伯纳在上海》属于剪报一类，鲁迅绝不会自许为"是一部未曾有过的书籍"。可见，在鲁迅和瞿秋白的心目中，他们也不是按照过去的剪报体例来操作这本书。鲁迅在广告中的评价应该并非故弄玄虚，只是由于当时并没有出现媒介批评这样的专业术语，故而鲁迅也只能说该书"是一部未曾有过的书籍"，以提醒广大读者注意该书的不同寻常之处。所以，我们评价《萧伯纳在上海》这本书的传播学意义时，只有从媒介批评的视角加以度量，才可能得其真义。否则，要么熟视无睹，予以忽略，要么隔靴搔痒，不着边际。

抗日战争时期的媒介批评

    1937 年至 1945 年间是中华民族全面抗战时期，也是中国媒介批评主流迎合战时需要，以宣传抗战、鼓动民众为目的，以新闻宣传是否具有爱国主义和民族主义内涵，媒介传播内容和形式是否适应、符合抗战建国的最终目标为标准的时期。媒介的救亡批评产生于国家和民族生死存亡的关头，是一种别无选择的选择和被迫无奈的转型。它在崇高目的的指引下，尽到了导引新闻传播为抗战服务的责任，但也失掉了媒介批评原已具备的一些优秀传统和放弃了本应持续耕耘的部分园地。

一、转型期中国现代媒介批评的区域格局

    媒介生存的地域环境对媒介批评具有决定性的影响。实际上，以地域和媒介批评内在性质的差异为基准，这一时段内的中国媒介批评主要可以划分为四大格局，即大后方抗战媒介批评、抗日根据地媒介批评、租界区和沦陷区的媒介批评。这四大区域的媒介批评由于具体环境不同，媒介批评的任务和标准各异，因此其在形态、质量、实际的社会影响力等方面都有很大的区别。租界区新闻事业受到各方面环境的制约，虽然

曾经活跃繁荣一时，但缺乏维持长久生命的要素，特别是太平洋战事爆发以后，日寇全面占领租界，很多报刊和进步优秀的新闻工作者撤离或转入地下，租界区的媒介批评由于主体缺乏而步入凋零，其媒介批评活动虽不能说无有，但数量稀少，论域狭窄，影响力有限。而沦陷区的媒介批评则更是中国媒介批评发展过程中的一股逆流，它是由日伪统治者策划并操纵的一种具有侵略主义和卖国主义双重性质的意识形态。显然，尽管由于政治、军事、经济、文化等方面的原因，抗战时期的中国媒介批评在区域格局上显现出复杂的、前所未有的多样化图景，但不言而喻，真正代表这一时期中国媒介批评发展主流的，只能够是大后方的媒介批评和抗日根据地的媒介批评。

大后方抗战媒介批评也称为国统区媒介批评，是指抗日战争爆发后，在国共两党合作的基础上，由中国爱国进步的媒介批评工作者在武汉、太原、成都、重庆、昆明、桂林等大后方从事的媒介批评工作。由于国共合作抗战局面的形成，共产党在国统区获得了合法的存在，在抗战初期，国统区媒介批评的主体比较多元，在共同的民族敌人面前，各个党派捐弃前嫌，携手抗敌，在媒介批评领域出现了批评标准同一、批评目标一致、批评主体多元的喜人景象。在变化了的形势面前，如何迅速扭转新闻传播滞后的不利局面，发挥"纸弹"的威力，不仅是共产党人和民主进步人士的媒介批评话题，也是国民党文化系统中关注的批评论域。国民党系统的报纸此时也基本上以抗日救国为主调，连一向以反共为目的的《扫荡报》也发表社论说："我们扫荡的矛头指向倭寇。"[1] 由国民党人创办的《战时记者》，刊发了大量的媒介批评文章。1938年3月，中国青年新闻记者学会在武汉成立，并出版《新闻记者》月刊，作为会员交流经验、讨论问题、进行自我教育和批评的阵地。共产党在国统区拥有的《新华日报》《群众周刊》等，以团结抗战的大局为重，对国民党的报刊保持了友好与团结的态度，对国民党报刊一些挑衅性失

---

[1] 方汉奇：《中国新闻事业通史》第 2 卷，北京：中国人民大学出版社，1996 年，第 634 页。

范行为，一般不主动进行批评，即便有以正视听的必要时，也是采取温婉规劝、建议提醒的口气，鲜见剑拔弩张、峻厉森严的气象。但好景不长，国民党当局很快从比较开明开放的合作立场上后退，在统一意志、统一舆论口号的掩护下，厉行严格的新闻统制，以达到限制进而消灭进步报刊的目的，共产党人则洞悉其奸，团结一切可以团结的民主进步力量，结成统一战线，对反共逆流进行了有理有节的坚决回击。在大后方出现了由共产党领导的反对国民党新闻统制体制、争取新闻出版自由的批评言论，这些言论多以在理论上承认新闻检查制度的必要性为前提，而以具体检讨新闻检查制度实施中的缺点、不足和失效为主旨，从实践层面瓦解新闻检查制度存在的合理性，以期达到废除新闻检查制度的目的。至此，媒介批评的政治属性大大得以强化，演变成为激烈的政治斗争甚至阶级斗争的一部分，亦可谓是政治斗争的媒介批评化，或媒介批评的政治斗争化。

抗日根据地的媒介批评是指由中国共产党直接领导的，主要在延安等根据地报刊上开展的媒介批评。抗日战争时期，中国共产党领导的根据地有了很大发展，根据地的新闻事业也随之突飞猛进，茁壮成长。在借鉴苏共党报理论与办报经验，并对资产阶级的新闻理论予以批判的过程中，中国共产党的新闻思想由此得以形成、发展并趋于成熟，并反过来有力地推动了党的新闻事业的发展，使党报成为党在抗日战争中争取千百万群众加入抗日民族统一战线的号角。抗日根据地的媒介批评以1942年延安《解放日报》的改版为标志性事件，围绕着此前《解放日报》还没有成为一张完全纯粹的党报、"没有完成真正的战斗的党的机关报的责任"[1]的诸多缺点而展开的一场由党的最高领导人亲自发动的大规模的媒介批评运动，并在这场运动中形成和确立了坚强的党性原则，作为中国共产党新闻事业的优秀传统而在建国以后得到继承和发扬光大。在中国媒介批评史上，抗日战争时期中国共产党的媒介批评是一种有着

---

[1]　《致读者》，《解放日报》社论，1942 年 4 月 1 日。

全新内涵的批评种类，它反映出一种全新的新闻理念诞生以后，人们对新闻事业与社会关系重新设计，对媒介功能新的认识和期待。在战争的时空环境中所形成的这一媒介批评模式，建国以后作为历史资源，被纳入主流意识形态话语体系，对 20 世纪中国的新闻传播生态产生了极为深远的影响。在事物永续发展的链条中，这种批评模式的产生自有其不可移易的必然性，但其后中国新闻传播政治宣传色彩浓郁，新闻特性不足，却也在很大程度上与这种媒介批评的传统不无一定的关联。

二、根据地的媒介批评

抗日战争时期，中国共产党领导的抗日民主根据地在斗争中不断壮大，抗日民主根据地的新闻事业也因而获得了空前的发展。在延安、各敌后抗日根据地创办了大量报刊，办起了新华通讯社和广播电台，解放区的报刊总数约计达四百种之多。各抗日根据地的新闻事业是党的事业的一部分，是中国共产党领导的一支重要的"笔部队"，在宣传党的纲领路线、鼓舞民心士气等方面发挥了重要作用。中央及各级有关领导对抗日根据地新闻事业的成长倾注了大量的心血，以共产党人为主体进行的媒介批评活动，成为抗日民主根据地新闻事业发展中一种非常重要的建设性力量。

在抗日战争时期，中国共产党继续把开展媒介批评纳入党对报刊领导工作的序列之中，在各种有关报刊宣传的通知、决议之中，时常涵盖开展媒介批评的相关内容。如 1940 年 7 月 20 日，中共中央北方局宣传部关于出版敌占区报纸《中国人》的通知中，将"经常向《中国人》周刊提供改进的意见"[1]列为华北各地党部重要的工作内容之一加以规定。1941 年 6 月 10 日，《中共晋冀豫区党委关于党报——晋冀豫日报的决定》中，亦有"各级党必须经常（至少每月一次）提批评意见，并

---

[1] 《中共中央北方局宣传部关于出版敌占区报纸〈中国人〉的通知》，刘江、鲁兮主编：《太行新闻史料》，太行新闻史学会编印，1994 年 4 月 1 日，第 7 页。

收集各方面对报纸的反映和意见，报告区党委"[1]的规定。很多根据地的党政领导人都曾经就报纸存在的缺点、应如何改进等问题发表真知灼见。如1941年1月1日，杨尚昆同志在华北《新华日报》创办一周年时曾在该报发表文章，诚恳地指出："一年来《新华日报》华北版并不是没有缺陷的。这些缺陷最主要的表现是：一、还未能反映全华北的情形；二、还未能完全尽到'集体组织者'的责任；三、发行范围还不广泛；四、在现在已发行到的地区内有的地方党组织还未能及时纠正过去那种不重视党报的观念，而未能给报纸以应有的帮助。"[2]彭雪枫同志在《拂晓报》创办一周年之际也发表文章，对该报的不足和缺陷给以批评：

> 首先就是报纸本身及其内容和军中指战员以及广大群众的实际生活联系不够，不能够"及时的"报道，不能够"具体的"反映，不能够"诱导的"使大众的政治斗争、文化生活更高度的进展。
>
> 其次在有计划的有组织的发扬群众的创造性、推动群众的积极性，"鼓动"而主要是"组织"他们的"热情"，"适时的"提出"号召"，发起"竞赛"，完成某一时期某一工作的"运动"，还作得极端不够。
>
> 对于与读者的联系、贯通、讨论以至实际上的帮助，提高他们的文化水平与政治水平，用种种方式解决他们的问题，还是做得不够。更不能引起读者，尤其是"作者"们的"写文章"的积极性。虽然我们的稿子老是拥挤不堪。
>
> 至于在技术方面说，除去有必要的一些政治论文以外，一般说来是大文章多，小文章少。两外是编写方面的工整精细、

---

[1] 《中共晋冀豫区党委关于党报——晋冀豫日报的决定》，刘江、鲁兮主编：《太行新闻史料》，太行新闻史学会编印，1994年4月1日，第10页。

[2] 杨尚昆：《阅读党报推销党报应当是每个党员的责任》，刘江、鲁兮主编：《太行新闻史料》，太行新闻史学会编印，1994年4月1日，第28页。

一丝不苟的长处之中伏下了一个大缺点是"慢"。[1]

彭雪枫同志是《拂晓报》的创始人，他如同《拂晓报》的保姆，时刻在关注着该报的成长。他对《拂晓报》的批评，充满着领导者的关爱和温馨。

根据地的媒介批评在 1942 年《解放日报》改版过程中达到高潮。毛泽东新闻思想成为主导根据地媒介批评开展的最有力的理论武器。

抗日战争开始后，一大批知识分子从各地纷纷奔赴抗日民主根据地，其中有一部分人参加了党的新闻宣传工作。"他们之中，也就有人带来了旧社会的一套思想意识和一套新闻学理论。这套思想意识，这套新闻学理论，是很糊涂的，不大老老实实的，甚至是很不老老实实的，也就是不大科学的，甚至很不科学的。如果不加以改造，不加以教育，就会不但无益，而且有害，就无法把党的新闻事业做好。"[2]严重影响了党报的战斗性和指导性，影响了党的政策的宣传和实施。作为中共中央机关报的《解放日报》，不仅在文风上沾染了党八股，而且在版面安排上也受到资产阶级新闻思想的影响颇深。如《解放日报》初期在版面安排上，有一个一国际、二国内、三边区、四本市（延安市）的固定模式，国际新闻报道占绝对优势，而很多有关边区军民有新闻价值的重大活动，因受固定版面安排的束缚，不能上一版头条。这样的编排，就把党的重要活动和边区群众所关心的抗日战况、大生产运动挤到了次要的位置，使报纸在一定程度上脱离了群众。通过媒介批评来实现《解放日报》的改版已势在必行。

《解放日报》的改版其实是延安整风运动的一个组成部分，是在中共中央和毛泽东同志亲自具体领导下进行的。抗日战争时期是毛泽东新闻思想的成熟阶段，这一时期他有许多相关的重要讲话、指示、论文

[1] 彭雪枫：《〈拂晓报〉的产生和壮大及其今后方针》，杨居人执笔：《拂晓报史话》附录，北京：新华出版社，1987 年，第 174 页。
[2] 陆定一：《我们对于新闻学的基本观点》，《解放日报》，1943 年 9 月 1 日。

以及新闻稿件，不仅对当时党的新闻事业起了重要的指导作用，有力地推动了党的新闻事业的发展，而且还长期地成为中国共产党新闻事业的指导思想。完全可以这样说，根据地媒介批评活动是一个毛泽东新闻思想在媒介批评领域中贯彻、推广、普及、应用的过程。《解放日报》创刊不久，毛泽东同志即敏锐地发现了该报在文风方面所存在的问题，他借为《鲁忠才长征记》一文加按语的方式间接地表达了他对该报的批评："现在必须把那些'下笔千言、离题万里'的作风扫掉。高克林同志的这篇报告是在一个晚上开了一个三人的调查会之后写出的。他的调查会开得很好。我们需要的是这类东西，而不是那些千篇一律的'夸夸其谈'，而不是那些党八股。" 1942 年 2 月 8 日，他在中共中央宣传部召集的一次干部会议上，作了著名的《反对党八股》的讲话，到会者有任弼时、王稼祥、何凯丰等，及党内外高级干部与从事文化、研究、新闻工作的干部八百余人。1942 年 3 月 16 日，中宣部又发出了《为改造党报的通知》，通知要求"各地方党部应当对自己的报纸加以极大注意，尤应根据毛泽东同志整顿三风的号召，来检查和改造报纸。"[1]正式吹响了以《解放日报》改版为中心内容的媒介批评活动的嘹亮号角。各地都掀起了反对"新闻八股"的媒介批评运动。如 1942 年 4 月 13 日，华北新华社、华北新华日报即联合召开座谈会，三审"新闻八股"，根据党八股乃主观主义与宗派主义的表现形式的界定，首先展览了新闻八股的八大形式及其"罪状"，然后又总结了新闻内容方面的主要缺点：新闻范围过于狭窄，材料仅限于几个单元，往往法令、公报占去很大篇幅，工作计划布置多于事实行动的报道。而在新闻报道上，又往往局限于直观片面，没有事实发生的前因、后果、经过、及发生这事件的环境条件，以及对前途的估计。有时新闻要素不够具备，甚至道听途说，以假当真，致使新闻丧失真实性。

　　思想的转变无法靠行政命令来完成，要使根据地的报纸实现向完

---

[1]　《中宣部为改造党报的通知》，《中国共产党新闻工作文件汇编》（上册），
　　北京：新华出版社，1980 年，第 126 页。

全党报的转变，必须正本清源，树立与之相应的新闻观念。从 1942 年
4 月 1 日开始，《解放日报》在将近半年多的时间内相继发表了《致读者》
《把我们的报纸办得更好些》《报纸和新的文风》《纪念九一记者节》《党
与党报》《给党报的记者和通讯员》等多篇具有媒介批评意义的社论和
文章。在检讨批评报纸缺点的同时，对资产阶级"同人办报"、"无冕
之王"等新闻观念进行批判。首先从厘清"集体"内涵、为"党报"正
名的角度，来展开对"同人办报"理念的清算：党报是全党的报纸，这
个"集体"不是指报馆同人，而是指全党。如果这个集体仅仅是指在报
馆中工作的几个人，那么，"在这个报纸上，报馆同人可以自己依照自
己的好恶、兴趣，来选择稿件，依照自己的意见来写社论、专论；总而
言之，一切依照报馆同人或工作人员个人办事，不必顾及党的意志，一
切依照自己的高兴不高兴办事，不必顾及党的影响。办报办到这样，那
就一定党性不强，一定闹独立性，出乱子，对于党的事业，不但无益而
且有害。"[1] 树立全党办报思想是克服和战胜同人办报理念的重要方法：
"我们要努力来进一步提高报纸的质。要办到这件事，一定要全党来努
力，万万不可以只有少数人努力，万万不可以回到改版以前那种'记者
办报'的情况中去。"[2] 其次从"无冕之王"的想象状态与实际情况严
重脱节的现实，揭示所谓的"无冕之王"的虚假性和可笑性："其实，
在一般资本主义社会中，所谓'无冕之王'，却毫无尊严可言，当剥削
者认为他还有用的时候，就雇佣他，一旦用不着了，就挥之使去，这就
迫得'无冕之王'不得不替剥削者服务。'无冕之王'好像是很自由的，
其实，他的自由绝对不能超出他的雇佣者所容许的范围，是受到严格的
限制的。"[3] 在这种鞭辟入里、入骨三分的分析面前，部分人头脑中"无
冕之王"的自慰式陶醉，犹如七彩的肥皂泡一样，瞬间破灭。

----

[1]　《党与党报》，《解放日报》，1942 年 9 月 22 日。

[2]　《本报创刊一千期》，《解放日报》，1942 年 2 月 16 日。

[3]　《给党报的记者和通讯员》，《解放日报》，1942 年 11 月 17 日。

三、大后方的媒介批评

大后方的媒介批评在当时更具有全国性的意义。

抗战初期，争取抗战胜利成为压倒一切的全民族共同的任务。为了以自己的方式介入抗日战争的时代风云，不同党派的媒介批评工作者几乎一致地以报纸能否发挥"纸弹"威力为批评鹄的。鼓动记者"入伍"，投身抗战洪流，是抗战初始阶段大后方新闻界最为热烈的话题。战时新闻传播的需要为媒介批评提供了话题和批评的正当性。作为中国青年新闻记者学会的负责人，范长江首先从新闻记者素质的角度涉及这一问题："中国新闻事业，在平时大家并不觉得有急不可待的缺点，要大刀阔斧地来改革。因为大家看看新闻，读读评论，并不易感到自己紧迫地关联民族社会根本共同利害的地方。然而，当战争紧张到全民族生死存亡的时候，新闻工作的影响就显著了。一个电报，一篇通讯，一篇评论，都即刻要深切影响读者，影响读者对于战争的态度，影响前方军心，影响后方民气。"[1] 战时新闻传播对记者健全人格提出了更高要求。范长江号召尽速清除长期弥漫在新闻界的"流氓主义"和"庸俗主义"[2] 两种不良作风。

抗日战争以前，面对日寇的节节进逼，国民党对外妥协退让，对内采取严厉的新闻统制，隐瞒事实真相，以图消弭日益高涨的抗战呼声。抗日战争是在国民党缺乏充分准备的情况下爆发的，新闻界一时无法从容应对，显出某种手足无措的混乱。战前的媒介生态被彻底打破，大批报纸停办、内迁，高度集中在武汉、重庆等几个少数城市，媒介布局与抗战需要严重脱节，因此，这一时期的媒介批评主要集中在战时媒介重

---

[1] 范长江：《建立新闻记者的正确作风》，《范长江新闻文集》，北京：新华出版社，2001年，第794页。

[2] 范长江：《战时新闻工作的真义》，《范长江新闻文集》，北京：新华出版社，2001年，第802页。

新布局这一问题上。特别是到了 1938 年之后，这一问题的严重性日形凸显，引起越来越多的新闻工作者的忧虑和讨论。陈子玉分析道："一个最严重的问题，即是由于失地的缘故，使国内新闻纸成了一种集结的形态。现时国内最有力量的舆论，多半是在武汉一地，其他如长沙，广州，重庆等处，也集中了许多大小报纸。由于这情形所产生的新闻纸的地理上分配问题，便成为战时新闻事业的一层困难。"[1] 较早注意到了由于战争而造成的媒介生态失衡问题，提醒新闻界和政府采取相应措施进行补救。

胡愈之《抗战新阶段中新闻记者的任务》将这一问题的讨论进一步导向深入。他提出新闻传播有三个方面亟需改进：第一，配合着全面抗战，应该进行全面的新闻采访和新闻供给。"过去我们新闻采访偏重于战地，新闻供给只限于后方，以后应当特别注意于游击区沦陷区的新闻采访和消息供给。因战局的扩大，全国主要交通线的被割截，各战区的新闻联系，沦陷区与内地的新闻联系，将成为非常必要。"第二，造就大量军事新闻干部，加强军队中的新闻工作："过去我们的军队没有新闻工作，而各报所派遣的随军记者，在军队中居于客卿的地位，很少与士兵在生活上战斗上取得密切的联系。"第三，改善国际新闻偏弱的倾向。因沿江沿海地带以及主要的国际交通线的暂时沦于敌手，"内地逐渐恢复闭关时代的原状，不易明了国际的情况。同时我国各地军队民众英勇抗敌的事实，也不易向国外传达。但是为争取抗战的最后胜利，明了国际政治动态与宣传国内抗战真相，这两件事都是非常必要的。"[2] 胡愈之认为只有做好了这三个方面的工作，才是尽了新闻记者在这一时期应尽的职责。

检讨新闻报道业务中的缺陷，构成了抗战时期中国媒介批评的一

---

[1] 陈子玉：《战时新闻纸的几个重要问题》，《新闻记者》，第 1 卷，第 3 期，1938 年 6 月 1 日。

[2] 胡愈之：《抗战新阶段中新闻记者的任务》，《胡愈之文集》第 4 卷，北京：生活·读书·新知三联书店，1996 年，第 42 页。

大亮点，夏衍较早地发现了报刊宣传中的"公式主义"问题："抗战已经进入到一个新的阶段了，但是我们的抗战宣传，却还被遗留在一个旧的阶段里。写文章，老是'自从卢沟桥事变以来'起，'最后胜利一定是我们的'止。"[1] 提出反对"抗战八股"的口号，一时获得众多响应，如何克服抗战八股，提高宣传效果，成为新闻传播界关注的一个焦点话题。特别是战争消息报道中讳言失利，使人们无法了解战争的真实状况而引起了人们的不满："我们以为报道方面还不够忠实。摊开过去一年的报纸来看，所有报道战况的消息，尽是战无不胜，攻无不克的战绩，但实在战况如何？读者们自然知道，除了少数战地通讯中真能暴露事实外，其余的战讯，可以说是向读者们拉了许多谎。这个，我们新闻工作者十分自咎良心。"[2] 人们开始思考如何在保守军事秘密与真实报道之间取得平衡这一现实问题。

抗战时期的媒介批评不仅有众多专题文章发表，而且有媒介批评专著问世。1938 年 5 月由新闻研究社刊行、任白涛著的《抗战期间的新闻宣传》，是抗战时期中国现代媒介批评的重要收获。该书由"开头的话"、第一章"战争与宣传"、第二章"抗战期间的新闻宣传"以及"结尾的话"四个部分组成，共 102 页，约 3 万余字，主体是第二章"抗战期间的新闻宣传"，有三大部分内容：首先要反败北主义、战时新闻宣传的要谛、抗战时期所必须的新闻报道，篇幅约占全书的 80%。在"开头的话"中作者交代写作动机："在平时，我们对于报纸上的错误，大可一笑置之，但在战时——尤其是在对抗外敌侵略的民族解放的战时——因为对于一切事物，都应像战场抗敌的机关枪手的动作一样，要用极爽利的方式来一个新的清算和估定，而对于有关抗战时宣传者很大的报纸，更不可随便忽过。即战时的报纸，在宣传上，一有疏忽之处，那在战地的将士和后方的民众，都要感到利害的影响，决不仅是报纸的

---

[1] 夏衍：《卖膏药的必须休息——论新阶段的宣传工作》，《救亡日报》，1939 年 3 月 11 日。

[2] 鹏：《让我们自己来检讨一下》，《战时记者》第 2 期，1938 年 10 月 1 日。

编辑取材的技术上的错误问题。"[1] 该书采用实例解剖的媒介批评方式，乃是出于如下考虑："要想就理论上、技术上申说抗战时期的新闻宣传的妥当方法，必须指出什么是不妥当的方法；换言之，能够说出什么是不妥当的新闻宣传的方法，自然会有妥当的新闻宣传的方法来做陪衬。这样说来，检讨也是不可少的。当然在这本小册上，要想检讨过去和现在的新闻宣传上的毛病是决乎检讨不完的；只有把极关重要的事例举出数则来检讨，来分析，来说明，也大可以包括住其余的一切了。"[2] 这种批评理路学术色彩浓郁。可惜，在抗战后半期这种学理性批评逐渐为杂文体媒介批评取代而走向式微了。

[1] 任白涛：《抗战期间的新闻宣传》，新闻研究社刊行，1938 年 5 月，第 3 页。
[2] 任白涛：《抗战期间的新闻宣传》，新闻研究社刊行，1938 年 5 月，第 4 页。

解放战争时期的媒介批评

在 1945 年 9 月至 1946 年 6 月全面内战爆发之前的短暂"和平"期，国共两党其实已经在新闻传播领域展开了激烈的交锋。消解对方阵营媒介的合法性，就成为这一特殊时期打击对手的重要方式，媒介批评的政治斗争功能得到了极大凸显和尽情释放。在国统区，传统的学理性媒介批评虽然仍有延续，但命若游丝，并随着国民党新闻事业在大陆的土崩瓦解而急速走向终结。在解放区，人民新闻事业获得跳跃式发展。在即将到来的全国解放的新形势面前，它以极大的自信，自行开展了一场影响深远并在建国后获得了充分合法性的反"客里空"式的媒介批评运动。

一、走向异化的媒介批评

1. "较场口事件"引发的媒介批评大战

中国抗战胜利后报界最激烈的一场争斗，就是围绕较场口事件的不同报道而引发的媒介批评。其争论时间之长、卷入争论的报刊数量之多，都是中国现代媒介批评史上绝无仅有的。只是这场争论仅具有媒介批评之形而无媒介批评之实，是政治斗争强力介入后导致媒介批评的异化。

1946年1月31日政治协商会议闭幕，2月10日，重庆各界革命进步人士聚集较场口，举行庆祝政协成功大会。大批国民党特务突然冲进会场，进行了破坏捣乱，致使庆祝大会中途流产，李公朴、郭沫若、马寅初等60多名参加会议的各界群众被殴打致伤或失踪，制造了震动全国的"较场口事件"。

《中央日报》1946年2月11日第3版发表中央社的消息：《庆祝政协会成功大会，会场发生纷扰，公推刘野樵为总主席，主席团发言引起殴打，主席台刘野樵李公朴等受伤》，严重歪曲事实，以混淆视听。《和平日报》《民主日报》《益世报》《新蜀报》等亦随声附和。11日下午，《新华日报》《新民报》《民主报》等9家报社于下午召开记者会议，一方面设法通过消息、评论报道事实真相；另一方面发表了由到会的石西民、浦熙修等42名记者签名发出的《致中央社的公开信》，指出中央社对较场口事件的报道颇有失实之处，忠告该社应以真实为原则，不可指暴为善，颠倒黑白。

2月12日，《新华日报》又发表社论《恳切的忠告》，谴责中央社、中央日报等新闻单位对较场口事件颠倒是非的报道。中央社倒打一耙，就此发表了致《新华日报》函，反而要求《新华日报》"平心检讨，幡然改正"。2月14日，重庆《新华日报》发表《给中央社之公开复信》，揭露中央社夫子自道，要求该社"痛加反省"。

较场口事件发生后两个多月内，《新华日报》《中央日报》各就此发表新闻、通讯、评论、读者来信等各类稿件100余篇，你说我报道失实，我说你歪曲真相，你来我往，各不相让。《新华日报》在批评进攻过程中，抓住多数人代表舆论、多数人意见往往意味着公正这一论证逻辑，利用对方属于少数人这一事实，从而将《中央日报》置于"不公正"的地位："贵社所报道者'乃记者在场所目睹'，不知此处所称'记者'仅指贵社外勤记者，抑包括陪都各报多数外勤记者而言？若为后者，则陪都各报社外勤记者王菲北、邵嘉陵、高集、浦熙修、潘性征、严岳南等四十二人，已根据当时目击事实指出贵社报道与事实不符之点。贵社外勤记者与陪都各报社外勤记者相较，究为少数。若谓少数人记载为公正，多数人记载反不公正，则吾人诚不知贵社置'公正'于何地矣？"[1] 中央社则利用客观报道理论自我辩护："暴徒事先是否早已有计划，此非与闻其事者，无从得知。同人责任在报道，凡非见诸事实者，皆不愿妄加推断。"[2] 以目击为借口，将所见与真相简单链接，强词夺理，以图蒙混广大读者。

这场特殊的媒介批评与当时的政治环境相关。中央社在发表消息之前，已领受了陈立夫发出的"民众对民众"和"共产党分子捣乱"的报道口径，据此捏造事实，把肇事的凶犯反说成受害者；并由国民党中宣部立即通知重庆各报，强行规定："共产党在较场口捣乱的事，由中央社统一发消息，各报不得自行报道。"[3] 但在当时国民党假和平、真内战、假民主、真独裁的面目还没有充分暴露，很多人都不愿怀疑这是国民党有关当局所为的情况下，《新华日报》从维护新闻真实性职业原则的角度，揭露对方张冠李戴、移花接木后面的险恶居心，达到既暴露事实真相，教育群众，又不至于导致双方关系彻底破裂的双重目的，斗争艺术可谓高明。

2. 夏衍的媒介批评

夏衍不仅是中国现代文学史上著名剧作家，而且是一位杰出的新闻工作者和杂文作家。从抗日战争开始到全国解放，他先后从事了12年的新闻工作，撰写了大量杂文体的媒介批评文本。他的杂文体媒介批评文本，继承了30年代鲁迅杂文的某些风格，嬉笑怒骂，皆成文章，笔墨传神，耐人品味，具有极强的战斗属性，是抗日战争和解放战争时期我党杂文体媒介批评的主要代表者。

---

[1] 《给中央社之公开复信》，《新华日报》，1946 年 2 月 14 日。

[2] 《答王菲北等询问，较场口事件，双方俱有受伤，即为互殴之明证》，《中央日报》，1946 年 2 月 13 日。

[3] 廖永祥：《新华日报史新编》，：重庆重庆出版社，1998 年，第 242 页。

《战报公式举例》从中央社所发战报的越来越公式化，推断这些消息只是战场上失败的掩饰之举，也说明这种造谣多么的心劳日拙。《破绽与奇闻》从广州行辕下令"关于沙面事件的新闻，一律由中央社统一发稿"同时还用长途电话命令香港各方，"配合新闻通告香港国民党方面控制的各报"，揭露国民党企图控制新闻传播，掩盖事实真相，但一只手掩不尽天下人的嘴巴，"香港终于也还有'控制'不了的新闻机关，于是，从新闻夹缝里露出了破绽，创造了奇闻。"《奇文共赏》以中央社所发战报为案例进行分析："这一条消息之妙，妙在'文通而理不通'。讲文章，的确做到了以败为胜的能事了，'解围'，'完成胜利会师'，'搜索扫荡城郊'，'县城周围四十里内散匪已肃清'，这样不等于说打了一个大胜仗吗？但再看下去，就有点不对劲了，'解围'了之后为什么又要'转至有利位置'？这是只要稍稍花脑筋想一想就可以知道前面讲的一段话完全是自欺欺人的废话了。"[1] 抓住其文字中前后无法自圆其说的矛盾，予以尽情的嘲讽，中央社的新闻传播效果就在这种嘲讽之中被消解得无影无形了。

夏衍写作中非常注重语言锤炼，常常在有限的篇幅里，一针见血地把道理说得清楚明白。如他在《新华日报》上所开设的《司马牛杂感》专栏，就以短小精悍而为人称道。这类杂文，与一般杂文不同，它短到只有几字或几十、百把字，多为一段一段的评语体，每段只有两、三行，颇利于随感随发。其中部分内容属于媒介批评之作，专门对《中央日报》《和平日报》等反动报纸发表的关于侮蔑共产党和人民军队的电讯，就其矛盾百出的反动实质，让其自己打自己的嘴巴，丑相毕露。它的妙处，就在于三言两语之中，能点化出如千钧之重的大道理来，是当时最受文化界欢迎的媒介批评武器。例如："学生打报馆，我想结果将说明纯粹出于一种误会——报馆误会他们是学生。"[2] 连标点在内只有 31 个字符，

[1] 夏衍：《奇文共赏》，《夏衍全集》（11），杭州：浙江文艺出版社，2005 年，第 192 页。

[2] 《杂感》，《新华日报》，1945 年 5 月 6 日。

尤其是"误会"一词的使用，如神来之笔，充分利用了语词意义表达的张力，将国民党当局摧残民主而又不敢承认的虚弱本质、企图嫁祸于人的丑恶嘴脸展示无遗。夏衍在其媒介批评中，大量使用反语，明褒实贬，反话正说，皮里阳秋，造成十分强烈而又辛辣的讽刺艺术效果。

二、国统区的学理性媒介批评

抗战胜利后，国统区的学理性媒介批评在1946后仍能维持继续存在，《中央日报》于1946年6月24日创办了《报学》双周刊，马星野主编，至1948年4月18日止，共出44期。1948年8月改出单独发行的《报学杂志》半月刊，出至1949年1月16日第10期停刊。这是国统区主要的媒介批评阵地，《报学》双周刊和《报学杂志》半月刊除都设有固定的"报坛清议"媒介批评栏目外，还时常刊发对媒介现状进行介绍评述性的文章，很多文章也具有媒介批评性质。

此一时期初始阶段国统区的媒介批评相对来说论域还比较开阔，涉及了事关新闻传播发展的很多问题。如在经济萧条、物力维艰的情况下，媒介如何摆脱困境的探讨，尽管由于大环境的限制，他们所开出的药方无法做到对症下药，多数流于空谈，但其关注社会现实问题的热情还是值得肯定。再如战后京沪报纸，在采访上激烈竞争，尤其是对于政局进展之报道，不厌其详。于是一些社会人士，批评他们报道得太琐屑，对于新闻价值的判断不够准确。然而就比较的眼光看来，这种琐屑的报道，也是新闻事业进步的表现。《进步的象征》作者认为："在八年漫长的抗战岁月里，以及在抗战以前的一段长时间我们采访是不自由的。好容易战争胜利了，新闻检查解除了，政府的开明态度，读者对于新闻之强烈要求，使报纸充满着生机。尤其是新上采访战场的青年记者们，他们有的是进取精神，斗争精神，吃苦精神，他们可以钉住一位新闻人物不放松，可以把一顶帽子，一根手杖，描写得又详又细，他们并不是浪费时间，浪费电费或浪费篇幅，他们是表现其无限的生趣，无限的责任心，无限的向上力。"把琐屑的报道得太详细，把重要的报道得太不合比例，固然使读者感到厌倦。但作者请求人们对此给些宽容："不要把'死苍蝇''死猫儿'等话嘲笑他们，他们在尽劳尽瘁地为读者服务，在改进中国新闻事业。这些年青的新闻斗士，你可以善意批评他，不能恶意嘲笑他，你可以当面指摘他，不可以背地奚落他。"[1] 这已经深入到了媒介批评的本体论问题，是很有见地和价值的，直到目前还具有一定的理论启发意义。

新闻伦理问题在战后一度凸显。《报学杂志》刊发了多篇批评文章，《论黄色广告》《新闻伦理化问题》《社会新闻的取材与表现》等，对黄色新闻再度泛滥问题进行详细剖析。特别是该刊第五次座谈会的主题即为《如何处理犯罪新闻》，围绕如下问题展开：一、报纸应否报道犯罪新闻？二、犯罪新闻对于社会有什么影响？三、如何净化犯罪新闻？出席讨论的有警界、法界、教育界、学界、新闻业界等各界人士，商讨新闻净化这一具有社会普遍意义的问题。他们提出假如能从净化犯罪新闻，逐渐扩充到各类新闻的净化，而完成全部新闻的伦理化，那末这个新闻伦理化运动将成为我国现代报业进步的象征，对于社会将是一个大的贡献。他们主张新闻报道仅仅做到迅速、翔实还不算完善，还必须考虑到新闻的社会影响以及报纸的社会使命。符合伦理应该是与迅速、翔实并列的衡量新闻传播的第三个要求："它的实现，有待于报纸自身的觉悟，检讨，与努力。虽然报纸是一种'人为的制度'，人为的制度从未有与哲学理论完全相合的，但报业是逐渐向服务社会的伦理标准发展，乃属必然的趋势。"[2] 从新闻发展的历史趋势论述新闻伦理化，充满了时代使命感和社会责任感。

关于新闻自由问题，国统区的众多学者倾注了很大热情。在联合国即将召开日内瓦大会讨论国际新闻自由公约前夕，中国参会代表程沧波明确表示："各新闻自由公约，及新闻会议通过的方案，为了中国利

---

[1] 《进步的象征》，《中央日报·报学》，第 6 期，1946 年 8 月 19 日。

[2] 戴仲坚：《新闻伦理化问题》，《报学杂志》第 1 卷第 6 期，1948 年 11 月 16 日。

益和报界利益，没有什么不可以接受。"[1] 在《我国应否参加国际新闻自由公约？》（《报学杂志》第三次座谈会讨论主题）中，主张加入国际新闻自由公约成为压倒性的主流声音。马星野的《出版自由论》，对"出版自由如何保障"进行了学理上的论证，虽然坚持新闻自由不可漫无涯际，但强调要依法办事，并且主张政府要朝着开放言论自由的方向上努力。这些批评话语在当时的时代背景下，无疑有着某种进步和积极意义。

1948 年 6 月之前，国统区的媒介批评还比较活跃，富有朝气。《报学》双周刊创办时，该刊版面上媒介批评的文章较多，有时一期刊发两到三篇媒介批评性质的文章，从中能够看出当时国民党新闻宣传阵线的一些业界人员，对国民党的新闻事业还抱有憧憬和念想，希望通过媒介批评来掌控新闻传媒的行进趋向，为国民党的统治尽一份力量。《报学杂志》设置了"座谈会"栏目，时常邀集社会各界人士举行专题座谈，集中对某一新闻界的热点问题进行剖析，集思广益，寻找解决问题的出路。如 1948 年 9 月举行的《我国应否参加国际新闻自由公约？》座谈，10 月举行的《如何处理犯罪新闻》座谈，11 月举行的《报纸下乡问题》座谈，都有一定的社会反响。但桑榆暮景，昙花一现，进入 1948 年以后，由于国统区物价飞涨，国统区新闻事业迅速衰落，媒介批评阵地亦随之大幅萎缩，国民党阵营的大部分新闻工作者很快对国民党统治的前途由失望而绝望，渐渐丧失了开展媒介批评的热情和动力。降至 1949 年初，在一片灰暗、惨淡的政治经济形势下，国统区原来由具有西方新闻理论背景的学者和业界人士进行的学理性媒介批评，也就如西山残阳，倏忽匿影，风吹落叶，余片无存，不久即成了广陵绝响，走到了其生命的终点。

---

[1] 《我国应否参加国际新闻自由公约？》，《报学杂志》第 1 卷第 2 期，1948年 9 月 16 日。

三、反"客里空"运动式的媒介批评

反"客里空"运动是中国第三次国内革命战争时期，在解放区新闻工作者队伍中进行的一场大规模的以维护新闻真实性为目的的群众运动。从一定角度看，这场运动也是一场特殊的媒介批评运动。反"客里空"运动的最初动机在理论上无疑具有积极意义，但其组织和开展的具体方式却有值得商榷之处，这也是它的特殊性之所在。尤其是在建国后，反"客里空"运动由于获得了历史的合法性，人们很少对其科学性提出质疑，更不从媒介批评话语形态的角度进行思考，以致这种媒介批评形式的缺陷长期以来一直被遮蔽而不为人知。

1947 年春，党在晋绥解放区了解土地改革运动的情况时，发现报纸曾刊登过一些不真实的新闻，使群众对报纸产生了一定程度的不信任心理。于是，1947 年 6 月 15 日，《晋绥日报》第四版节载了苏联作家科涅楚克所写的剧本《前线》中有关"客里空"的章节，并加编者按语："希望我们的读者、记者、通讯员、编者都能很好地读一读。读过之后，会使我们的眼睛更明亮起来，将会发现我们这里有许多客里空式的新闻通讯，我们将不但发现不少的客里空，而且有比客里空更坏的人。我们的编者作者应该更加警惕，并勇敢地严格检讨与揭露自己不正确的采访编写的思想作风，更希望我们每一个读者都起来认真负责大胆的揭发客里空和比客里空更坏的新闻通讯及其作者，在我们新闻阵营中，肃清客里空。"[1]晋绥的反"客里空"运动由此开始。显然，运动的目的是通过批评与自我批评，反对弄虚作假，坚持实事求是，捍卫新闻真实性原则。这本无可厚非，但将此提高到揭露"比客里空更坏的人"的高度，渲染了某种紧张气氛，使反"客里空"从一开始就成为非单纯的媒介批评。

1947 年 6 月 25 日至 27 日，《晋绥日报》向读者公开进行自我批评，

---

[1] 阮迪民、杨效农：《晋绥日报简史》，重庆：重庆出版社，1992 年，第 32 页。

在《不真实新闻与客里空之揭露》的标题下，连续编发读者的反映和报社的调查材料。同时，公开检查土地改革前期宣传中的失实报道，分析导致报道失实的原因。以这样的形式揭露自己记者的问题，当时全国解放区的报社还没有一家。新华社晋绥分社记者将《晋绥日报》反"客里空"的情况发到新华总社。1947 年 8 月 28 日和 9 月 1 日，新华总社先后发表评论《锻炼我们的立场和作风——学习〈晋绥日报〉检查工作》和社论《学习晋绥日报的自我批评》，号召各解放区的新闻单位及个人，开展一个普遍的学习运动。11 月 9 日，中宣部发出指示说："由晋绥发动的反客里空运动，是土改中的一个重要收获。中央已号召应将此种自我批评的精神应用到各种工作中去，使我们的工作，都能有带有根本性质的某种改变。"[1] 从此，反"客里空"运动由晋绥推广到整个的解放区，并且由一般业务技术问题的检查，进入到检查新闻从业人员的家庭出身、立场与作风问题，和当时的整党运动结合起来。

　　反"客里空"是在晋绥土改整党"左"的情况下进行的，把新闻写作的"客里空"现象一概提高到地主阶级立场上，无限上纲。把可能是技术、方法等新闻业务的问题等同于政治立场问题，引导或迫使新闻工作者从所谓的思想与灵魂深处寻找根源，势必使一些人说违心的假话以获得检查过关，如此，反"客里空"运动在一定程度上也就走向与这场运动开展初衷的反面，以致不少揭露"客里空"的文章也产生了"客里空"，因此伤害了不少新闻工作者。由于夸大"客里空"的存在，对晋绥抗日时期的许多工作一概否定，这样就对抗日战争时期工作包括新闻报道工作有否定一切的倾向。通过反"客里空"中的"左"倾错误，反过来又助长了土改整党工作中"左"的错误，《晋绥日报》的自我批评，发展为对晋绥抗日根据地工作成果的自我否定，媒介批评不期然地演变为一种政治批判。

　　《晋绥日报》连续发表的《不真实新闻与"客里空"之揭露》专

---

[1]　《中宣部对反客里空运动的指示》，《中国共产党新闻工作文件汇编》（上），
　　　北京：新华出版社，1980 年，第 180 页。

栏的全文以及有关土改整党的不少错误报道，都由晋绥总分社发往新华总社，总社和陕北广播电台向全国广播，各解放区报纸均连续转载，造成了全局性的影响："此类宣传，在过去几个月中虽然不是普遍的，但是相当多的，以致能够造成一种空气，使人们误认为似乎这是正确的领导的思想。甚至因为陕北广播电台播发了某些不正确新闻，使人们误认为这是被中央认可的意见。"[1] 虽然这些错误持续时间并不长，1947年底，中央发现晋绥土改中"左"的错误并迅速予以纠正，反"客里空"运动也就停止下来。媒介批评客体是新闻传播活动，它对实际生活的干预本来是间接的，但反"客里空"运动却对党的中心工作造成了巨大干扰，个中原因确实值得后人玩味和深思。

媒介批评作为一种反思性的理论活动，若与政治工作直接挂钩，将其纳入体制化、制度化的管理模式，看似是对媒介批评活动给予政治上和组织上的支持，是对媒介批评的高度重视，而其实无异于否定了媒介批评的独立存在。中共中央当时要求"各中央局、中央分局及其宣传部，新华总社、各地总分社及各地报纸的工作同志们，加以检讨，发扬成绩，纠正错误。"[2] 检讨的结果后来不得而知。以群众运动方式进行媒介批评，是否违背了媒介批评活动的学理本性？是否会走向开展媒介批评初衷的反面？是否会导致媒介批评的异化？应该说，媒介批评中新闻传播的领导部门该如何介入？范围该如何划定？这是一个看似简单，实则复杂，关涉到社会政治体制安排的重大问题，也似乎是一个直到今天还没有完全解决的课题。

---

[1] 《中共中央关于纠正土地改革宣传中左倾错误的指示》，《中国共产党新闻工作文件汇编》（上），北京：新华出版社，1980年，第182页。

[2] 《中共中央关于纠正土地改革宣传中左倾错误的指示》，《中国共产党新闻工作文件汇编》（上），北京：新华出版社，1980年，第183页。

第二部分

中国媒介批评的编辑学视角

视角是观察事物的角度，每一种具有解释力的理论都是从某一个视角对事物的观察和认识。任何一种理论的解释力都是有限的，该理论在为人们展示事物某一个层面或某一维度时，又常常遮蔽了其它的层面和维度，使我们对事物的认识总是带有某种不可克服的局限。但这并不表明理论视角的无用和低能，相反，借助各种理论的指引和分析方法的运用，人们又总可能达到对事物某一层面或某些内容的理解。一个文本不应拒绝多角度的阅读和阐释，大众传媒在现代社会中扮演了多重角色，传媒批评需要通过自觉的理论话语的角度转换，才可以逼近对大众传媒活动内在本质的把握和认识。视角的转换是批评繁荣的象征，也是学术健康的标志。媒介批评是对大众传媒得失、利弊、优劣、长短的指陈和分析，是对传媒系统及其各个具体要素的运作和状态的或感性或理性的观念性评价，是一种精神向另一种精神的垂询、诘问、辩难和反驳，并在这种主体与主体之间的生动交流中生成新的媒介观念和传播意义。在媒介社会已成为无可回避的现实语境下，媒介批评作为一种不容忽视的社会建构性实践，成为一座飞架于传媒业界、传媒学界、社会公众之间的理性桥梁，以观念的碰撞激荡、吐纳交流的方式规定和塑造着新闻事业发展的内在理路与外在风貌。大众传媒的发展历史，在一定意义上同时也就是媒介批评的活动历史，是媒介批评活动具体展开与运作的形象画卷。在中国现代新闻传播事业发展的过程中，编辑学视角的媒介批评实践在推动中国新闻媒体形态更替与演进方面，发挥了重要的观念制衡与方向导引的作用。

一、对报纸栏目分类编排的批评

19 世纪 70 年代，中国境内出现了近代意义的中文报纸，但西方那种版面对开、分栏编排的西化版面形式，并未为中国人所接受，当时的中文报纸采用的是国人熟悉的"东化"账本或书册形式。1898 年 5 月《时务日报》曾打破报纸版面账本式或书册式的传统模式，"版面就像现在的四开小报，每版上下分四栏，又将报上新闻分为电报、各国新闻、外埠新闻、本埠新闻四大类；各大类又分别标以国名、城市、区域加以分类。这种版面分栏、新闻分类的编辑方法奠定了现代报纸版面设计的基础。"[1] 1904 年 6 月 12 日创刊的《时报》，在报纸版面编排上有突破性的飞跃，报纸分为一、二、三、四版，两面印刷，"本报编排，务求秩序。如论说、谕旨、电报及紧要新闻，皆有一定之位置，使读者开卷即见，不劳探索。其纪载本国新闻以地别之；外国新闻，以国别之。"[2] 当时的各大报纷纷效仿《时报》的编排举措，迎来了我国报纸版面技术革新的一个高潮。但总体而言，中国报纸在 20 世纪 20 年代以前，在栏目设置和分类方面，还很粗糙原始，新闻栏目设置根据地域而不是根据新闻性质来分类，在新闻价值理论引进以后，在一些先进的知识界人士眼里，尤其是在一些熟悉美国报纸版式的人看来，这种编排尤其显得不合时宜了。

---

[1]　姚福申：《中国编辑史》，上海：复旦大学出版社，1990 年，第 269 页。
[2]　《时报发刊例》，张之华：《中国新闻事业史文选》，北京：中国人民大学出版社，1999 年，第 134 页。

各报的编辑，便是为封建观念所支配，充满着地方主义的，这是最原始的幼稚的编辑法，而上海的一般新闻记者以此自夸的。譬如就《申报》说罢，一则杭州的新闻，可以同时见于三张报纸，杭州的访员发一个专电，这是应该列入专电栏的，在第一张；倘若同时，那访员写了一篇通信，那便是国内新闻，在第二张；又如本埠关于此新闻事件有了行动或消息，那么应列入第三张本埠新闻栏，报馆的编辑，只图自己省事，却不知道读者因为如此要化多少时间！倘若这样以地方观念一分类，便可以算是编辑，这样的编辑，我想排字工人亦优为之，然而上海的报纸却多的是这样编辑先生！——没有思想，没有常识，不知道事情的大小重要，什么事到了手，便是这样一分类。[1]

这种来自知识界的批评，在当时具有很大的声势，郑振铎在《评上海各日报的编辑法》中，接过东生的话头，对报纸栏目设置方面的弊端予以进一步的抨击：

这种分工的办法，乃是"最原始最幼稚的编辑法"，如东生君所评的。最可笑的是，"一则杭州的新闻，可以同时见于三张报纸，杭州的访员，发一个专电，这是应该列入专电栏的，在第一张；倘若同时，那访员写了一篇通信，那便是国内新闻，在第二张；又如本埠关于此新闻事件有了行动或消息，那么应列入第三张本埠新闻栏。"我们要知道一件事实的详细情形，非翻遍了三张报纸不可。又如安徽屯溪的被匪洗劫事，专电中，间或有之，各省各埠新闻中也是有的，

[1] 东生：《封建势力在报纸上》，管照微：《新闻学论集》，上海汉文正楷印书局，1933年，第242页。

而本埠新闻中却更满载着屯溪同乡的许多消息及他们筹谋救济的情形。我们如果对于此事关心一点，便非仔仔细细地从专电的第一个字看到本埠新闻的第末一个字的不可。不然，便准保你要失去很重要的消息。读者的时间真是太不值得看重了！第四张是没有什么关系的，其中原是不大有时间性的东西，或带学术性质，或给读者消遣之用，其另外排列为一张是在于情理之中的。[1]

报纸栏目设置向来有英国式和美国式的分别。我国早期的报纸，大多模仿英国式，即采用分版制，将新闻分门别类排在固定的版面上；20年代以后，美国式的综合编辑法传入我国，这种方法是各类新闻混合编排，以是否有吸引力来决定新闻的版位。比较而言，综合编辑法具有更多的优势，能够避免上述矛盾。英国式的编排法就被作为落后的编辑方法备受批评和责难。"其实，这些理由是不充分的，因为在当时，分类新闻依然是编辑喜欢用、读者习惯读的一种编排方式，况且，作为对综合编辑法的一种补充，作为一种编辑方法的存在，完全是合理的，我们没有理由只提倡一种编辑方法。"[2]从新闻史的观点来看，此为平实中允的科学之论。邵飘萍当时就曾对此作出了类似论断："再论各国之情形，则美国式之势力，固非常盛大，然英国式亦未为各国新闻界所弃。有一种新闻纸而兼用两式之长者，有朝刊用英国式而晚刊用美国式者。要之各有所宜，尤各有所长也。"[3]并认为英、美报纸栏目编排不同，是由于贩卖方式不同而造成的。比较而言，美国式的综合编辑法有着新闻价值理论支撑的内涵，被作为先进的编辑法看待在当时也是非常自然之事。如果不对英国式的编辑法进行批评，那么美国式的综合编辑法就

---

[1] 郑振铎：《评上海各日报的编辑法》，管照微：《新闻学论集》，上海汉文正楷印书局，1933年，第251页。

[2] 单波：《20世纪中国新闻学与传播学·应用新闻学卷》，上海：复旦大学出版社，2001年，第152页。

[3] 邵飘萍：《新闻学总论》，京报馆印行，1924年，第147页。

无法确立存在的合法性。

> 中国报纸之编制，往往取法于丛书式，其对于新闻之轻重，尚未有顾及者。譬如各地新闻，往往以地名为总目，无论其新闻之重要与否，悉归类之，地点之重要者，则以电报邮信两法区别，譬如北平天津为全国政治之要点，故于北平及天津总目以下加以专电两字，其实极小城中发生一事，有较北平天津专电中所载之政治新闻为尤要者。乃以我国新闻编制太死，以致不能尽量表现之，阅报者日常之见闻，自以上海北平天津为商业兴盛政治集中之点。以致养成其爱大城之心，对于本地发展，遂变单薄，故中国小城之不能发展，并当归咎新闻编制之不善也。[1]

正是通过对英国式编辑法的不断批评，其缺陷越来越被更多的人所认识，在后来的编辑实践中加以规避，而美国式的综合编辑法也在中国报界扎下根来，这应是中国新闻业在编辑方面走向进步和成熟的一个标志。

二、对编辑部内部分工制度的批评

戈公振曾经指出编辑法的重要性："报纸材料少，固不足以厌读者之望；有材料而不善编辑，如锦衣夜行，在报馆尤为极大之损失。"[2]在我国早期编辑部内，实行主笔负责制，各栏编辑各司其职，互不通气。这种分工把守的编辑制度，常常造成一张报纸在新闻刊载上的矛盾和重复，从而遭到有识之士的讪笑。"我国报纸所载之新闻，苟以充篇幅而

---

[1] 汪英宾：《中国报业应有之觉悟》，黄天鹏：《新闻学论文集》，上海：光华书局，1930 年，第 29 页。

[2] 戈公振：《中国报学史》，上海：商务印书馆，1928 年，第 218 页。

已，叙一事也，常首尾不具，前后矛盾，同一事也，而一日散见二三处，重见二三处，无系统，无组织，浮词满纸，不得要领。其故前者由于访员不研究纪事之法，以抄录为范围，后者由于编辑不为读者着想，以省事为要诀。累累数十页之报纸，而精采黯然，此极可惜之事也。"[1] 这一分析极为到位，点到了问题要害。

> 吾国报纸，采地方主义，而不以新闻之重要与否，为刊登先后之标准。稿件发表于本埠，则入于"本埠新闻栏"，新闻之不属"本埠"，不问也，事实之如何，不顾也。如张宗昌南下一事，京电"张宗昌江（三日）南下"，本埠则惟"张尚滞留京津"。不将令读者莫名其妙乎？此种记载，欧美报纸绝无之，而华报则日有数起！矛盾若此，何异自披其颊？揆厥原由，则因本外埠编辑各守门户，不为一度之接洽而起！故以稿件发送之地为本外埠之分，而不以新闻发生所在地为别，其结果（一）不关"本埠"者，亦登于"本埠"；"二"，同一事件，本外埠所报告者每不一致；（三）费读者找寻之时间；（四）外埠已登过者，隔若干时日后，"递解回籍"于本埠新闻。[2]

这样的一些矛盾确实可笑，若不加以指正，则会一误再误。邵力子则借着一条具体新闻在报纸同一天内截然不同的两种记载，对这种编辑法的弊端加以嘲笑：

> 不统一，真是有害；但统一和混一，确是大有分别。老实不客气说，我们新闻界的编辑室，现在也只能做到"混一"两个字，不能算有真正的统一。在本埠新闻里登载着王正廷

---

[1] 戈公振：《中国报学史》，上海：商务印书馆，1928 年，第 218 页。

[2] 周孝庵：《中国最近之新闻事业》，《东方杂志》，第 22 卷第 9 号，1925 年 5 月 10 日。

由沪归甬，而同天又登载王正廷到北京见黎元洪谈中东铁路
问题的路透电；这样的笑话，其意义决不是很平常的。各报
馆都有总编辑，各编辑也都分司专责，有的报馆，总经理还
用他过人的精力监督着编辑部；然而不免要闹这样的笑话。
这真可见混一和统一是大不相同的了。[1]

当时北京政府一直在吵吵嚷嚷喊着要武力统一全国，报纸上"统一"
出现的频率很高，报人耳熟能详。将这个具有特殊语境意义的"统一"
词汇，借来批评报纸的混乱而不统一，让人在会心一笑中领悟更多的意
义，可谓戏而不谑，恰到好处。

要打破新闻编排中的地方主义倾向，首先要确立编辑部的中心地
位。邵飘萍在分析西方报纸编辑部的结构后指出："编辑部者，则为一
社之司令部机关，如外交（外勤）、调查、校对、制版，皆系其附属而
辅佐其进行。盖外交为供给新的材料者；调查为储蓄旧的材料者；写真
则供给所见之材料者以补益所闻；校对则防有误排而校正误字；电报、
电话则接收各处报告之消息。皆以使编辑部，制成新闻纸之便利而已。"[2]
著名编辑郭步陶根据经验，对编辑中心制的编辑与其他各部门人员的关
系进行了比较详细具体的规划和设计："至于访员方面的，编辑者也要
随时指导，随时督促。例如政潮汹涌时，便教访员对于政潮特加注意；
军事紧急时，便支配特别访员，到前方观战。推之以至教育，经济，社
会等等，凡有临时发生的特别事件，编辑者都应该立时派遣专员，从各
方面搜救详尽的访稿，不能够随便说一句没有稿子，便算卸去编辑者的
责任。因为紧要时候的访稿，全靠编辑者的指挥的得法，和特派专员访
问的努力。"[3]20 世纪 20 年代以后，综合编辑法成为一种代表报纸版
面编辑的发展方向，但这种具有很大优越性的编辑制度并没有得到普遍

---

[1] 邵力子：《言论界的统一和混一》，上海《民国日报》，1923 年 4 月 12 日。
[2] 邵飘萍：《新闻学总论》，北京：京报馆印行，1924 年，第 52 页。
[3] 郭步陶：《编辑与评论》，上海：商务印书馆，1938 年，第 6 页。

认同。"打破旧编辑制度，合全报材料而汇编的。这个编法，是最近数年来的趋势，也是大声呼喊报界革命的一种新主张。不过现在有势力的报纸，还没有完全向着这路上走去。"[1] 原因何在呢？

原来，报纸主持人自有一番不得已的苦衷。从编者角度来看，各报馆旧有人才，大半是分门别类，以次请定的。担任那一类新闻的人，只能就他那一类新闻中，责成他办事。要是教他越了范围，去管道别一种新闻的事；或教他把自己范围以内的事分出，让与别人去管，恐怕就有些不耐烦了。而且管新闻的人，或者于电报情形，不尽熟悉，管外埠新闻的人，或者未必对于本埠情形完全明白，发起稿来，或至多所掣肘。又担任各类新闻职务的人，平时工作，因为稿件到来先后不同的关系，各人来去时间的迟早，也隐隐中各有限制。若打破旧有制度，而仍由现在一班编者去做，势必群起反对。从读者角度看，看报的人，各阶层都有，有学问的人、对于科学有研究的人，自然欢迎这样革新的编法。因为看起报来，对于各个问题的研究，容易参酌，寻觅一件重要事情的统系，容易得手。但寻常经商过日的普通人，或年岁较老的前辈先生们，平时看惯了从前报纸的格式，脑筋中常常以为本埠新闻在第几版，外埠新闻在第几版。一旦本埠发生了重大事情，他们一定按着老规矩，一接到报纸，先要把本埠的一版找来看看，再说别的。"要是用革新的混合方法来编，那就没有本埠外埠等的限制。他们找起新闻，便觉有许多不便。所以从一般看报的人设想，也不一定完全欢迎这宗编法。"[2] 这又是办报的人有所顾虑而不敢轻于改革的一种原因。

三、对媒介体例的批评

所谓媒介的体例，是指媒介的体式，是新闻媒体以及新闻报道在内容组织、结构方式上所表现出来的独特形式，它是新闻媒体以及新闻

---

[1]　郭步陶：《编辑与评论》，上海：商务印书馆，1938 年，第 72 页。

[2]　郭步陶：《编辑与评论》，上海：商务印书馆，1938 年，第 74 页。

报道存在的依据。体例属于媒介的形式，对作品意向的表达具有重要的意义，脱离了形式的思想意向，就无法构成新闻的主题，否定了形式，新闻就不复存在。媒介批评应重视媒体的个性追求和新闻作品内容与形式的统一，提倡完美的形式和意向暗示的协调性。在媒介批评实践中关注新闻体例，标志着新闻自我和独立意识的觉醒。

在中国近代报纸诞生之初，中国近代媒体并没有完全形成属于自己的传播体例，不仅报刊不分，而且媒介的外观形式也一如中国传统书册，报刊上的文体虽然遵循新闻要迅速、准确反映现实的特殊需要而不断进行改革，但"文体的变革是缓慢的，探索是不自觉的，因为读者和办报人并没有变革的自觉要求。"[1] 所以，早期人们并没有明确意识到新闻体例问题。降至 19 世纪 70 年代，以"有闻必录"为内涵的新闻采写体例在新闻实践中逐渐流行，成为当时新闻界的一种普遍性观念。如1876 年 4 月 18 日，《申报》在一则报道杨乃武与小白菜案件的新闻稿内有云："以上皆浙人告于苏友者。在苏友固不妄言，而浙人系目睹耳闻与否，本馆实未便臆测。姑就所述而录之，以符新闻体例而已。"[2] 这里的"新闻体例"，就是所谓的"有闻必录"。80 年代之后，此一说法凝聚为"有闻必录"这个专用术语。

民国成立后至五四新文化运动之前，是"有闻必录"流行最盛的时代，当时中国社会和新闻学界虽然也隐隐认识到该术语中所存在着的对新闻真实性的潜在威胁，但由于缺少合适的理论武器，无法对其展开比较有力的清算。社会只能对报界发出新闻报道时要顾及到新闻真实的规劝，不可一味以有闻必录作为借口，并要求如果发现新闻失实，应即行更正予以救济的建议："报纸为物须作史观。既不可以有闻必录之旨任意登载，亦不可回护己说致背事实。夫更正前报，岂惟不背事实，亦所以彰美德。常情往往以更正之事有失报纸信用，实则不然。盖吾人心

---

[1] 李良荣：《中国报纸文体发展概要》，福州：福建人民出版社，2002 年，第 1 页。

[2] 宁树藩：《"有闻必录"考》，《宁树藩文集》，汕头：汕头大学出版社，2004 年，第 451 页。

理，必常见其不惜更正方始知其爱护事实，则其信用该报且将益深。即或偶有失实，亦直断其为访闻之误，决不谓其出之虚构。"[1] 但这种苦口婆心的劝告难为沉疴在身的报纸所接受，故批评效果不彰。直到五四新文化运动之后，徐宝璜、邵飘萍、林仲易等人才对"有闻必录"进行了比较彻底的批判。"有闻必录"论具有了贬义色彩，往往与不负责任、新闻失实联系起来，在 20 世纪 30 年代后逐渐退出了历史舞台。

随着社会的发展，特别是戊戌变法时期救亡图存的社会需要，使中国知识分子开始对由西方传过来的近代报刊的启蒙作用刮目相看，继而掀起了中国资产阶级第一次办报高潮。而后在新闻实践经验不断积累的情况下，人们对媒体的认识和探讨也由外向内逐渐深入。1896 年 10 月，谭嗣同首先在《时务报》上发表了《报章文体说》，高度赞颂了当时出现的报章文体。但他这种对报章文体的推崇是以肯定报刊的社会功能，以此确立报刊在社会生活结构和意识形态当中的地位为主要论述中心的，并没有对报章文体的真正内涵进行界定和解说。

在中国新闻传播史上，开对媒介体例进行批评先河的是梁启超。1901 年，他在文章中缕述中国近 30 年来各报刊发展概况时，常论及报刊体例完美与否，如"唯上海、香港、广州三处号称最盛。而其体例，无一足取"，"惟前者天津之国闻报，近日上海之中外日报、同文沪报、苏报，体段稍完。""《知新报》僻在贫岛，灵光岿然者凡四年有余，出报至一百三十余册，旬报之持久者以此为最。然其文字体例，尚不及时务报。""去冬今春以来，日本留学生有'译书汇编'；'国民报'、'开智录'等之作。'译书汇编'至今尚存。能输入文明思想，为吾国放一大光明，良可珍诵，然实不过丛书之体，不可谓报。"[2] 这都说明梁启超已经清醒地看到新闻传播自身的特性，力图用新闻的眼光来评价新闻媒体及其活动，初步具有了新闻批评的学科意识，使得媒介批评具

---

[1] 钟晚成：《敬告各报编辑主笔访员》，《晨钟报》，1916 年 9 月 8 日。

[2] 梁启超：《本馆第一百册祝辞并论报馆之责任及本馆之经历》，张之华：《中国新闻事业史文选》，北京：中国人民大学出版社，1999 年，第 41 页。

有了更为浓郁的专业色彩。从王韬到谭嗣同，再到梁启超，我国媒介批评专业化的历史发展逻辑，越来越清晰可见，说明随着时代的演进，尽管社会能够提供的环境并不乐观，但人们的新闻自立意识仍然在顽强而不断地生长和增强。

对媒介体例的强调，说明梁启超已经超越了一般对新闻媒体与新闻作品的内容分析和价值判断层次，而进入到探求新闻之所以为新闻的规律性研究界面，其批评中的某些论断具有超越时空的价值。谢六逸1935年曾经论及："梁启超氏曾说：'近年以来，陈陈相接，惟上海、香港、广州三处号称最盛（报馆），而其体例，无一足取。每一展读，大抵沪滨冠盖、瀛眷南来、祝融肆虐、图窃不成、惊散鸳鸯、甘为情死等字。填塞纸面，千篇一律……梁氏对于我国报纸的体例问题，可谓概乎言之。到了今天，他的批评仍可适用，我们在今天，岂不是依然看见'大刀千柄，霍霍生光'的新闻记事么？依然看见'大火中跳出模特儿'的新闻记事么？讲到这里，我觉得纯正的报章文学，在我国是最需要的了。"[1]谢氏的说法切中肯綮，可谓的评。正是在人们不断寻找"报之为报"的内在逻辑和本质根据的过程中，中国新闻媒体才逐渐走上现代化的发展之路。

四、对新闻标题的批评

新闻标题属于编辑学的范畴。在一般编辑部内，给新闻添加标题多由编辑捉刀。"题目如编辑得法，应为新闻之结晶，以少数简明之字，叙述其中重要之事实，使阅者读之，即可知全世界大事之纲要，虽不读新闻，亦无不可。"[2]但新闻制题并非易事，用极精炼简洁的字句概括新闻，必精于此道者方能为之，所以，"在为数不多，发行有限的我国

---

[1]　谢六逸：《什么是报章文学》，《谢六逸文集》，北京：商务印书馆，1995年，第316页。

[2]　徐宝璜：《新闻学》，北京：中国人民大学出版社，1994年，第72页。

现代新闻学著作中，关于新闻标题的意义、作用以及制作方法等，多有论述。"[1] 如徐宝璜在《新闻学大意》中，其第四章即为"新闻之造题"，可见他对新闻标题的重视程度。其后邵飘萍、黄天鹏、陈铭德、谢六逸、周孝庵等人，都对新闻标题的功用以及如何制作有精当的研究。

中文报纸刚刚创办时，可能是受到邸报系目条陈、不立首末的影响，很多新闻根本没有标题。早期中国报人的标题意识比较淡漠，新闻标题制作质量不高，甚至出现"间有报纸，因新闻不足，多加题以塞篇幅"[2] 令人啼笑皆非的现象。较早对新闻标题进行批评的是邵飘萍："理想的大标题，最好能将新闻之全体笼罩，最忌者为我国上海报纸所最喜用之《某事昨闻》或《某案续讯》，读者一见即倦，因此种标题最易，新闻记者可毫不假思索，亦不必将新闻内容咀嚼，即随便写一个（昨闻）（续讯）也。"[3] 对标题制作的淡漠来源于对标题功用的缺乏认识，更与早期我国报业竞争不甚激烈的环境多有关系。"提倡快读，引起注意，及宣传新闻，为现代报纸的标题所特有的三大功能，同时也是它所具的三重意义，由于其意义的重大，它成为新闻记事的重要元素，经营新闻事业者，利用它引诱读者，推广销路，发挥功能。每一个编辑，彼此聚精会神，各不相让的，用出奇制胜的方法来竞争。"[4] 标题的发展是报业竞争的产物，没有竞争，编辑就没有呕心沥血、苦心孤诣去制作标题的内在动力。

对标题艺术进行相对集中批评的是《时事新报》的编辑周孝庵。长期的编辑实践使他对标题有着较为全面深刻的认识："标题为编辑上极重要之艺术，须将记事之活动性，全部表现，令读者一见即领其意味，

---

[1] 章霁：《新闻标题论述》（辑录），《新闻研究资料》总第 12 辑，北京：展望出版社，1982 年，第 8 页。

[2] 徐宝璜：《新闻学大意》，《徐宝璜新闻学论集》，北京：北京大学出版社，2008 年，第 27 页。

[3] 邵飘萍：《实际应用新闻学》，《新闻文存》，北京：中国新闻出版社，1987 年，第 477 页。

[4] 谢六逸：《新闻标题研究》，《谢六逸文集》，北京：商务印书馆，1995 年，第 324 页。

故秀美而生气勃勃之标题，实为新闻之骨髓，足以助长读者之兴味，而津津不倦。自他方面言之，有好新闻而无好标题，既不足以发人兴趣，而新闻之价值亦为之抹煞不少。"[1] 他以警察厅长被刺新闻为例，罗列几个不同的标题进行比较式的分析：

> 如数年前徐国樑被刺一事，为一则极足轰动社会之新闻，宜有极能鼓动情感或引人注意之大号标题，而各报不曰"徐国樑昨晚遇刺"，"徐警察厅长之横祸"，即曰"徐国樑厅长祸临不测"。在三个标题中，第二第三太长而未将被刺表出，不得为上乘；当然以第一个较为醒目，惜无小题目，致被刺后生死，仍须由读者于新闻中求之。然苟易以大号之"徐国樑忽遭暗杀"，旁加较小号之"方出浴堂突中二弹，广西路口肉搏惨状，凶手李大生已拘押，徐入医院危在旦夕"等标题，则新闻神髓，跃然纸上，读者行且趣味津津，以一读为快！盖此项含有刺激性之标题，极易激发人之情感也。美新闻家吉弗逊有言："新闻之标题，犹商品之包装；新闻不患无人阅，患无秀美之标题；商品不患无销路，患无时式之包装，"其艺术之重要若此！[2]

他与邵飘萍有相同的主张，对"昨讯式"标题亦大加批判：

> 标题所最忌者，在守旧不变，在不将事实要点揭出。各报通病往往一事件之末，加以"昨讯"，"昨闻"，"近讯"，"要讯"，"近纪"等字样，致读者虽阅标题，尚不明真相——读毕新闻，始得了然。以最近撤兵一事言：如"翔昆撤兵近

[1] 周孝庵：《中国最近之新闻事业》，《东方杂志》第22卷第9号，1925年5月10日。
[2] 同上。

闻"，"奉军撤防之昨讯"之标题，读者能不阅新闻而知其
事实乎？耗费光阴，莫甚于此；一事件如此，以报纸全体计之，
则所耗读者光阴，岂不惊人？但苟易以"翔昆军队全撤"，"第
一军已撤四旅"，则事实了然，忙迫之读者可无庸再细阅新
闻矣！[1]

除此之外，他认为当时吾国报界在标题方面还有两个司空见惯的
毛病："（一）为标题之不整齐。吾人常发见有并列之小标题，或为六
字排成，或为五字，'标题美'既失，即不雅观。（二）为带有批评语
气之标题，如'警佐不应草菅人命'，'医生岂能索诈'等等，均宜避
免。"[2] 既触及到新闻版面的美学功能，又从标题是新闻的一部分、新
闻不应与评论混同的角度出发，主张标题只表达事实，以保持新闻报道
的客观公正。"题目非发表意见者也。于新闻题目之中，发表意见，虽
非绝对不可行，然用之宜有限度，切不可以此而妨害其真正之目的也。"[3]
潘公弼也主张新闻为记事体，新闻标题也应该为记事性质，而不应具有
评论倾向："标题之性质，既为记述的，故当与记事同一公平，尤不可
用批评的语句，因批评另有专栏也。"[4] 要求编辑在制作标题时要严守
新闻与评论的分际，不可僭越。若是从新闻专业主义角度看来，这种观
点对推动新闻标题制作艺术的提高，显然是有很大积极意义的。潘公弼
还从修辞的角度对报纸上某些标题词语重复的毛病进行批评："标题之
用语，当避重复，无论在一记事中，标题不可重复。即此记事标题，与
彼记事标题亦不可重复，且非仅语句应然，亦要善为变化。如遇同一人物，

---

[1] 周孝庵：《中国最近之新闻事业》，《东方杂志》第 22 卷第 9 号，1925 年 5
月 10 日。

[2] 同上。

[3] 徐宝璜：《新闻学大意》，《徐宝璜新闻学论集》，北京：北京大学出版社，
2008 年版，第 27 页。

[4] 潘公弼：《新闻编辑法》，黄天鹏编：《新闻学名论集》，上海联合书店，1930 年，
第 134 页。

同一事件，乃至同一行动，必须三番五次书写之际，尤须慎选意同字殊之标题，以表出之。"[1]这一批评乃经验之谈，实足为年轻编辑所师法。

　　媒介批评与文化语境、时代特征，有着密不可分的关联性。理想的媒介批评是批评主体通过批评与评骘对象/文本间、文本作者间，建立一种平等、坦诚、理性而富有深度的对话关系。尽管媒介批评话语与新闻传播的理论话语有着不可分割的关联性，但媒介批评并不完全依附于理论。批评的自足自为使批评从来都是次生性话语中灵动、鲜活的部分。在这种灵动与鲜活的批评话语中，蕴涵着甚为丰富的社会景观、时代风貌、意识形态症候和文化遗存。解读该时期的批评实践，将有助于通过对媒介批评话语的历史展示，把中国新闻史研究相应地引入到一个不同于既往的崭新视域，使原来新闻史叙述范式中很多被遗漏的生动细节得到复原和呈现。这样，中国新闻传播演进的另一历史逻辑将得到重新链接和揭示。

---

[1] 潘公弼：《新闻编辑法》，黄天鹏编：《新闻学名论集》，上海联合书店，1930年版，第134、134页。

中国媒介批评的科学性视角

　　新闻报道讲究新奇，但对新奇的追求必须在科学精神的烛照和规约之下，不能扭曲或异化为猎奇。科学精神是一种理性思维的世界观和方法论，它不仅仅是科学家在从事科学工作时所要遵循的一种行为规范，而是具有普遍的社会意义。真实是新闻的生命，真实性原则具体表现为新闻工作者在传播活动中具备实事求是的科学精神，对所报道事实的表述、分析、提炼、概括上，都要有充分的事实根据，要经得起科学的分析和实践的检验。新闻媒体和新闻工作者每时每刻都应保持冷静分析的头脑，不能以争轰动性而牺牲科学性，必须从传播科学思想、科学精神，给受众的思想意识带来积极影响的角度来报道新闻。在纷然杂陈、众声喧哗的中国现代媒介批评的场域之中，源自科学性视角的媒介批评曾对新闻传播中张扬伪科学、宣传封建迷信等等与科学精神背道而驰的行为，发出金声玉振、铿锵有力的批判声音，对中国现代新闻传播事业的健康发展发挥了积极的建构作用。

一、对报刊传播迷信观念的批评

社会教育，有赖报章，"现代的报纸，就是人生的地理教科书，人生的历史教科书，社会教科书等等。"[1]鸦片战争之后，西方的学术文化开始重新传入中国。在西学东渐的过程中，报刊作用甚巨，西方近代科学文化的很多方面都是由报刊中介而入华土。如19世纪后期的《万国公报》就介绍过大量的自然科学知识。虽然这些自然科学知识还包裹着一层宗教外衣，"将一切事物，归功天主，盖其本意也。惟所言万物蕃变之故，多奇凿可听。"[2]对开拓国人眼界确实大有裨益。但中国自古神怪、迷信观念盛行，在新闻报道领域也多有表现。特别是中国近代报刊创办之初，对新闻报道多采"有闻必录"原则："凡有奇闻要事，耳目所周者罔不毕录。"[3]致使一些搜神志怪之事不时见诸报端，流风所染，遗毒社会非轻。从科学视角对新闻报道中张扬封建迷信、神怪灵异的现象进行抨击，也就成为媒介批评领域中一个重要的内容。特别是进入20世纪之后，中国知识界渐有觉悟，科学观念日盛，新闻界也常常以真实报道、不欺不妄为号召。如1902年《大公报》创刊伊始，即郑重申明："本馆以开风气牖民智为主义。凡偏缪，愤戾，琐碎，猥杂，惑世，诬民，异端，曲说等，一概不录。"[4]强调新闻报道的真、确、实、正。但观念的变革非一朝一夕之功，现代中国的早期，社会上整体科学观念薄弱，报纸上违反科学、张扬迷信的新闻报道仍然不绝如缕，媒介批评的科学视角也日渐凸显，引人注目。

---

[1] 谢六逸：《新闻教育的重要及其设施》，《谢六逸文集》，北京：商务印书馆，1995年，第272页。

[2] 梁启超：《西学书目表》附卷《读西学书法》第15页，转引自：王林：《西学与变法——〈万国公报〉研究》，济南：齐鲁书社，2004年，第60页。

[3] 《本馆告白》，《申报》，1872年5月15日。

[4] 《本馆特白》，《大公报》，1902年6月17日。

具有悠久历史、文化传统的中国民间信仰中包含着众多的迷信成份。近代以降，风气渐开，一些民间信仰开始受到越来越多的质疑，但大多数民众甚至各级地方官员仍然安习固常，坚守着已经延续了几千年的传统信仰，新闻媒体上常见所谓"毒蛇大王"之类的报道即是一种。《大公报》曾经对此提出批评：

> 夫以毒蛇为大王，此理果足凭否？倘曰足凭，予从此缄口不复谈论此事，如果不足凭，我辈新闻纸之主持笔政者，遇此等事只可视为无足轻重之列，置之不登可也。即日有闻必录为新闻纸之体例，登之亦属宜然，惟似须于叙事之外加以按语，以为愚民之棒喝，以符乎开民智之宗旨，乃可不负我新闻纸之职分。若人云亦云，无所发明，有何贵乎有新闻纸，又何以称为新闻纸能开民智，或有谓以毒蛇大王载在本栏祀典者，然我辈议论朝政之新闻纸，岂亦无所辩论，一如愚民之随声附和乎？我辈之争不足贻笑，深恐以素有名誉之新闻纸，一旦于漫不经意之中而伤损其名誉为可惜耳。[1]

在20世纪初年，"有闻必录"报道原则在新闻传播领域还很有市场，但新闻界已经隐约觉察到其弊端和危害，只是当时尚无更有力、更先进的新闻理论武器传入，因此，《大公报》对毒蛇大王之类新闻报道的批评只能围绕着"新闻纸之职分"来展开，商兑、建议的温和口气，无法形成理直气壮、义正词严的驳论，这种媒介批评的力度和效果都受到很大影响。

五四前后，斗转星移，中国的时代和文化、思想环境发生了巨大转换，中国出国留学生成倍增加，西方的科学技术由归国留学生大量输入，中国国内思想上要求有新的科学方法论的愿望，有了现实的坚强基

---

[1] 《说新闻纸之职分》，《大公报》，1903 年 9 月 17 日。

础。陈独秀 1915 年在《敬告青年》一文中，极力推崇欧洲文艺复兴运动以来科学观念的巨大功绩道，"近代欧洲之所以优越他族者，科学之兴，其功不在人权说下，若舟车之有两轮焉。今且日新月异，举凡一事之兴，一物之细，罔不诉之科学法则，以定其得失从违；其效将使人间之思想云为，一遵理性，而迷信斩焉，而无知妄作之风息焉。"[1] 在他及其同道的大力倡导下，"赛先生"此后迅速成为人们观察新闻传播进步与否的一个重要指标，倡扬科学成为报刊的一时风尚。鲁迅就曾对《新潮》杂志在科学知识传播方面给以鼓励和建议式的评价：

> 《新潮》每本里面有一二篇纯粹科学文，也是好的。但我的意见，以为不要太多；而且最好是无论如何总要对于中国的老病刺他几针，譬如说天文忽然骂阴历，讲生理终于打医生之类。现在的老先生听人说"地球椭圆"，"元素七十七种"，是不反对的了。《新潮》里装满了这些文章，他们或者还暗地里高兴。（他们有许多很鼓吹少年专讲科学，不要议论，《新潮》三期通信内有史志元先生的信，似乎也上了他们的当。）现在偏要发议论，而且讲科学，讲科学而仍发议论，庶几乎他们依然不得安稳，我们也可告无罪于天下了。总而言之，从三皇五帝时代的眼光看来，讲科学和发议论都是蛇，无非前者是青梢蛇，后者是蝮蛇罢了；一朝有了棍子，就都要打死的。既然如此，自然还是毒重的好。——但蛇自己不肯被打，也自然不消说得。[2]

但中国近现代报刊编辑中旧式文人为数不少，报刊社会新闻中多有荒诞不经、谈狐说鬼之类掺杂其间，这些篝灯读之举为谈助的内容，

[1] 陈独秀：《敬告青年》，《独秀文存》，合肥：安徽人民出版社，1987 年，第 9 页。
[2] 鲁迅：《对于〈新潮〉一部分的意见》，《鲁迅全集》第 7 卷，北京：人民文学出版社，1981 年，第 225 页。

在五四新文化运动之后，越来越受到了人们更为猛烈、尖锐的讨伐。

新闻史学大师戈公振先生曾经概括地批评当时报刊科学观念匮乏令人扼腕，对社会的科学进步和发展不但无所助益，反而多有阻滞的现象："从科学方面观，可谓最无贡献。因科学之不发达，而迷信遂益难打破。乩坛可以问政，建醮可以弭兵，野蛮时代之把戏，居然能在二十世纪之新舞台上与人争长短，不可嗤哉？甚至'天皇圣明'，'天命所归'之文字，竟能在报纸上发表，此真足悲愤者也。"[1]1917年秋，上海中华书局陆费逵、俞复等人开设"圣德坛"，组织"上海灵学会"，并从1918年1月起出版《灵学杂志》，公开宣扬"鬼神之说不张，国家之命遂促"。这些倒行逆施不仅受到了进步文化工作者理论上的批驳，而且也在媒介批评领域受到了狙击。

> "上海之鬼市"，我未看到过一次；上海的鬼报，我却时常看见。这里所说鬼报，并不是指那报纸是鬼所办的，也不是说那报纸是办给鬼看的。我只觉得在此科学昌明的世界，报纸不尽破除迷信的责任，而反时时"谈神说鬼"，一煽迷信之焰，于是"鬼话"连篇，使愚夫愚妇读之，森森然觉字里行间布满"鬼气"，名为"鬼报"，或者正合于"纪实"的道理。[2]

五四新文化运动的大旗之一就是科学观念的阐扬。经过新文化运动的洗礼，科学的观念在中国大地上广为传播，深入人心，但旧的社会观念并不甘愿就此退出历史舞台，它们还要挣扎，还不时以各种各样的方式借尸还魂，向进步观念反扑。从媒介社会责任的角度对报刊传播的内容提出批评，使媒介批评具有了推进社会进步的建设性品质。

---

[1] 戈公振：《中国报学史》（插图整理本），上海：上海古籍出版社，2003年，第235页。

[2] 邵力子：《上海之鬼报》，上海《民国日报》，1924年6月29日。

二、对报刊故意张扬反常现象的批评

1924 年 7 月 10 日，上海最老的两张报纸，忽同样登出一段关于驱蚊的笔记。笔记的一段是记小鬼驱蚊：武进一个吕状元未第时，在朱姓家教读，夜不畏蚊。一夕，朱戚某氏宿吕榻，鬼叱为穷教官而去之；又一段是记画圈驱蚊；什么张天师的女儿，嫁到一个人家做媳妇，夏日在墙壁上画一圈，如碗大，蚊蚋尽自投其中，次晨日出，伊以袖轻拂之，又纷然散去。一稿两投的问题，自然还是小事。而笔记里面所述的两段轶事，都足以增长国人的迷信观念，却偏能同时博得两位大主笔的青睐，则令人嗟叹不已："此种传说，不但荒谬，而且陈腐，在旧时笔记小说里，不知可以翻得多少，何劳民国十三年的读报者重行录寄，而又何劳大主笔先生为之发排呢？迷信已误尽中国人了！关于蚊蝇的文字，能够从科学上发挥最好，次之从文艺上亦尽有舒写的余地；我愿投稿人和大主笔今日都从大处着想，勿专作'姑妄言之妄听之'的想头吧！"[1]这样材料出现在以教育社会、开启民智自期的新闻纸上，只能说明编辑社会责任感的堕沉和扭曲。

反常是新闻的构成要素。社会新闻中有部分是报道社会和自然界中异常现象的新闻，对这些异常现象进行报道是新闻纸的份内之事，但中国现代一些报纸在报道这类新闻时，使用一些张皇其辞、似是而非的语言，不仅未达到传递科学知识、增益见闻的目的，反而造成读者思想和认识上的进一步混乱。著名新闻学者、编辑周孝庵从"精编主义"的角度，对报纸上的一些具有违反科学常识、宣扬迷信倾向的新闻文本进行个案解剖与分析，对一般编辑如何处理这样的新闻具有示范性意义。上海某家大报曾经登载有这样两则新闻：

---

[1] 邵力子：《驱蚊的笔记》，上海《民国日报》，1924 年 7 月 18 日。

谣传将有鬼敲门

阴历五月十一二三等日

闸北方面，近来忽有一种不可思议之谣言，谓夏历五月十一，十二，十三，等日，入晚后，各处将有鬼敲门，届时须紧闭家门，不可外出，如闻外面有人叫唤，亦不可开门答应，否则必将病毙云云。数日来家传户晓，一般胆小者，顿现恐慌之状态，有不少妇女辈，已预备在该数日中，于晚前买就应用物件，实行开门拒鬼，不再外出。并闻此项谣传，南市等处，亦有发现云。

霹雳一声石狮粉碎

一时又有谣言：天明每闻狮吼

前日午后一时，天气酷热，将浦东陆家宅后面居民俞某住屋顶上长约尺许之石狮子一只击碎，一时观者毕集。据该处乡民云，该石狮子已历多年，近来每至天未明时，恒闻得该石狮吼声，大有跃跃欲活之势，故遭雷击云云。一般迷信者奔走相告，咸惊疑不定。

周孝庵在引述这两条新闻后，加以评述道："盖近世科学昌明，迷信鬼神之说，渐无立足之余地，报纸应郑重记载，破除迷信，而不可摭拾捕风捉影之谈，大登特登。须知编辑员一时之疏忽，足以贻社会无穷之恶影响，此其一；报纸上所登载者，应为正确之事，今明知其为谣言而登载之，殊与此原则有背，此其二。故以上第一条，绝对不必刊登，第二条则只须刊登石狮触电之事实，'据该乡民云……'以下之一段，殊属可笑，故亦应割弃。否则，该处居民更将'奔走相告，惊疑不定'矣。"[1]

---

[1] 周孝庵：《新闻学上之精编主义》，黄天鹏：《新闻学刊全集》，上海：光新书局，1930年，第47页。

副刊编辑缺乏常识，至可诧怪。怪胎闹鬼之事，时见记载；最无根据的剑客侠士的消息，也常有详尽的报告。此外，中医的神效，西人的怪事，以及前清笔记中所常有的神怪记载，也无不应有尽有。如 1929 年 4 月 23 日上海《新闻报》即载有《广东新会发现田鱼宝》的消息：

> 新会为粤中五大名县之一，亦山明水秀之乡，所产甜橙，著名遐迩，顷接该地友人来书言，县城之沙堤桥河中，于四月八日发现田鱼宝一颗，缘是地向为渔夫捕鱼区域，有渔夫名钟濂者，亦属老顾客，是日钟于垂网时，忽见千万鱼虾，群集一处，钟如水兜捕之，鱼虾纷纷远蹿。俄顷又聚，钟甚以为异，乃搜捞其地，得一石，重可十斤，涤去泥污，石色淡青，鳞甲斑斑，绝类金鱼。即怀之归，越日，为某骨董家以二十五元易去。事为县教育局得悉，断定是石为宝物，应归公家保存。现正在交涉中。稽考县志，载沙堤桥，某名士曾题之曰紫水渔舟，引为新会八景之一。相传河桥底恒有石像鱼名"田鱼宝"者出现。嗣遭渔夫识破盗去。鱼虾遂渐减少云云。则是石殆为田鱼宝无疑矣。亟录之，以待识者考证。[1]

更为荒谬与可笑的是，这些违反科学常识的志异式报道却偏偏要涂抹上一层科学的外衣，以达到自欺欺人的阅读效果。郑振铎在《评上海各日报的编辑法》一文中，引述了上面这条消息后，加以批评道："稍有常识的人便知道这种消息是无意识的，不足登载的，然而《快活林》的记者却居然将它登载了，还要'亟录之，以待识者考证'！"[2] 一般人都可以理解的事情，报纸编辑却装模作样摆出一副不理解的好奇神态，真是此地无银三百两，其心可议，那只有被嘲笑讥讽的资格了。

---

[1] 《广东新会发现田鱼宝》，上海《新闻报》，1929 年 4 月 23 日。

[2] 郑振铎：《评上海各日报的编辑法》，《文学周报》，第 8 卷第 13 期，1929 年 4 月 23 日。

中国现代伟大的社会病理学家、思想家鲁迅先生，一眼洞穿了这些报刊在科学旗帜下贩卖反科学内容的无聊而可笑的把戏，在《中国的科学资料——新闻记者先生所供给的》一文中，鲁迅不动声色地将几个类似的新闻标题以及报纸的评断置放一处，没有一句评点，却尽情地嘲笑和暴露了其反科学的本质。

> 毒蛇化鳖——"特治之以备生物学家之研究焉。"
> 乡妇产蛇——"特识之以供生理学家之参考焉。"
> 冤鬼索命——"特记之以俟灵魂学家之见教焉。"[1]

标题的类似与整饬，产生了额外的框架结构性意义，这种模式框架结构使得批评文本不仅形象具体，简洁生动，而且意蕴深邃，富有意义生成的空间和张力，通过给其添加一个"中国的科学资料——新闻记者先生所供给的"这样一个标题，仿佛在不经意之间，就使其共同的反科学本质特征得到淋漓尽致地展示和揭露，表面的幽默调侃却产生内在的无比辛辣的讽刺效果，使媒介批评具有了极强的战斗性和艺术性力量。

三、对报刊反科学传播背后社会深层原因的追索

1934年5月14日的《大美晚报》刊登了一则新闻《玄武湖怪人》说：

> 为增游人兴趣起见，不惜巨资。特举办五洲动物园。于去冬托友由南洋群岛及云桂等处各地购办奇异动物甚夥。益增该园风光不少。兹将动物中之特别者分志于次。计三种怪人。（一）小头。姓徐。绰号徐小头。海州产。身长三尺。头小如拳。问其年已卅六岁矣。（二）大头汉。姓唐。绰号大头。又名来发。

---

[1] 鲁迅：《中国的科学资料——新闻记者先生所供给的》，《鲁迅全集》第8卷，北京：人民文学出版社，1981年，第391页。

浙之绍兴产。头大如八斗。状似寿星。其实年方十二岁。（三）半截美人。年二十四岁。扬州产。面发如平常美妇无异。惟无腿。仅有肉足趾两个。此所以成为半截美人。[1]

医学出身的鲁迅，对此当然洞若观火，了然于心。他把这段剪报寄给了《论语》编辑陶亢德，并以"中头"之名附注按语如下："此篇通讯中之所谓'三种怪人'，两个明明是畸形，即绍兴之所谓'胎里疾'；'大头汉'则是病人，其病是脑水肿。而乃置之动物园，且说是'动物中之特别者'，真是十分特别，令人惨然。"[2] 戏仿地使用"特别"一词，一针见血地揭露了该新闻报道扭曲人性的反人类性质。鲁迅之所以将此寄给陶亢德，乃是因为《论语》从第 4 期起，专门增辟了一个栏目《古香斋》，刊载当时各地记述复古迷信等荒谬事件的新闻和文字。其实这些表面荒诞不经之事，背后的道理并不深奥难懂，只是这些媒体为了销行计，故意神乎其神、张皇其词罢了。

鲁迅的学生、著名副刊编辑家孙伏园对雄鸡生蛋类的志异式新闻结尾，一般要冠上"特志之以供科学家之研究"一句，更是著文痛批道："这句话的意思并不是真要请科学家去研究，不过是志异式新闻的一种结尾语，仿佛是'须至志异式新闻者！'何以见得呢？因为在远没有科学家的古代，这种志异式的文字也早已有了，内容完全与现在的志异式新闻一样，只是结尾没有一句'特志之以供科学家之研究'；现在既有了科学家，作者明知这些怪事与科学相冲突，特此反照一笔罢了。"[3] 人类有好奇的心理，那愚鲁的固能一听见谣言而深信不疑，并且连自身也不期然而然地卷入传播谣言的漩涡，作为热心传播谣言的分子。就是那聪明人，也因为好奇的缘故，决不愿意将这谣言细心考虑或调查一番，

[1] 《玄武湖怪人》，上海《大美晚报》，1934 年 5 月 14 日。

[2] 鲁迅：《〈玄武湖怪人〉按语》，《鲁迅全集》第 8 卷，北京：人民文学出版社 1981 年，第 366 页。

[3] 伏庐（孙伏园）：《特志之以供科学界之研究》，北京《晨报》，1922 年 8 月 6 日。

使之化为平淡无奇，以为一经揭穿便索然寡味，反不如姑妄言之、姑妄听之更有意思了。

为什么中国报纸上会出现这些志异式新闻？孙伏园从历史的角度予以分析道：中国初有报纸之时，人们都还没有养成看报纸的习惯，加以那时的申报，所谓言论也不过是劝人戒吸鸦片等一类。谁喜欢听这种干燥无味的说教？于是志异式的新闻便应运而生了。的确有许多人，因为要看"雄鸡生蛋"的缘故，无意中看到了世界大势，因而逐渐超脱"雄鸡生蛋"这一级，变成报纸之正式的读者了。而在报纸的编辑者这一方面，既用"雄鸡生蛋"将读者引诱上了正轨，同时也应将这卑陋的药饵式的工具抛弃到九霄云外。但现在能够抛弃这卑陋手段的报纸，实在是很少很少，并且变本加厉，形成了一个"特志之以供科学家之研究"的模式化结尾。

> 在他们的意思，以为世界上有科学家，是专备研究"雄鸡生蛋"、"母猪三足"等等用的。其实科学家如果要来研究你们这些古怪玩意儿，世界上早就没有科学家了。神飞先生在《遊三贝子花园杂感》中有一句话说得真刻："你们都回去，把四脚猪看明白了，再来看三脚猪。"不错，如果把普遍的学问都研究好了，喜欢看看这些古怪东西，也并不是一定不许他们。不过待一明白了四脚猪，对于三脚猪便决不会看得上眼，那时早已知道这只是特殊的事情，一种生理上的残废罢了。报纸上常有"特志之以供科学家之研究"这句话，果不当他是刻板的结尾语，却是确有这个意思的，那便越显得这个民族内没有真的科学家。[1]

那么，所谓的"特志之以供科学家之研究"，孙伏园戏谑地说：

---

[1] 伏庐（孙伏园）：《特志之以供科学界之研究》，北京《晨报》，1922年8月6日。

最好是改作"特志之以供野蛮民族学者之研究"或"特志之以供疯狂心理学者之研究",更为恰切! 一语道破所谓"科学"的反科学本质。

大众传媒以文本的形式为受众接受。表面上看,传媒的文本只是一个自足的系统,其实,大众传媒不只是文本,它还是一个与外部世界的政治、经济、文化等体制结成多角关系的社会机构。传媒的信息服务功能不可否认,但这种服务不能妨碍媒介所有者意识形态的表达需要。"报纸若在少数资本家的独占之下,所谓言论自由,便将无所用之,资本家决不许有与其利益相反的议论;在这里,或者废除评论,完全成为一种商业机关,表示其所谓中正公平的态度,否则,或竟发挥其反动的言论,藉著独占的劳力而左右一切。"[1] 很多看似平常的新闻现象,其背后往往隐藏着不为人所察知的意识形态。新闻传播在报道封建迷信、反科学内容的时候,往往还隐藏着转移人们视线、消弭人们对现实社会不满情绪的"安全阀"作用。20 世纪 60 年代,欧洲大众传媒的批判学派曾经在讨论文化工业命题的时候对此予以揭露和批判。难能可贵的是,早在 20 世纪 30 年代,中国部分知识分子在开展媒介批评和社会文化批评之时,就已经触及到了这一问题,并且发出了与欧洲批判学派殊途同归的声音。谢六逸曾经不满地指责报纸不敢直面社会的黑暗:"看报纸的人的头脑浸润在战争、奸杀、盗窃、娼寮、酒食、冠盖往来、买办暴富里面。一切受苦受难之声音,是永远和中国的阅报者绝缘的。"[2] 鲁迅先生更是一针见血地指出这不过是一种"帮闲法"而已,帮忙、帮凶和帮闲,有时候并没有多少质的分别。张扬封建迷信、伪科学的新闻报道,往往抓住新奇、反常的某一点大做文章,仿佛趣味横生,至少也无伤大雅。其实,在某种意义上,与帮凶无异。因为将这些海式有趣的内容填塞读者的大脑,只会使严肃的内容减少力量:"开心是自然也开心

---

[1] 樊仲云:《中国新闻事业的危机》,李锦华、李仲诚:《新闻言论集》,广州:新启明印务有限公司,1932 年,第 311 页。

[2] 谢六逸:《新闻教育的重要及其设施》,《谢六逸文集》,北京:商务印书馆,1995 年,第 277 页。

的。但是，人世却也要完结在这些欢迎开心的开心的人们之中的罢。"[1]
而这正是这些帮闲性报刊的可耻、可恶与可怕之处。对新闻传媒及其传
播现象作出这样的认知和解读，确实给人耳目一新、入骨见髓之感，有
助于揭穿传媒仅仅是提供信息服务的社会公器的神话，与后来的意识形
态分析颇有异曲同工之妙。

从近代报刊诞生以来，科学与封建迷信、伪科学的较量始终是中
国新闻传播发展史上的一条基本线索。两者的交锋不仅表现在报刊传播
内容上，也表现在媒介批评领域。五四前后以《新青年》为代表的进步
报刊对灵学会为代表封建迷信与伪科学势力的声讨和批判是其中的一个
高潮。20世纪70年代末至90年代末长达20年的围绕人体特异功能、
风水文化的拉锯式持久战，是又一次高潮。这充分说明中国社会和中国
文化中科学精神的匮乏，也证明虽然已经进入21世纪，但在中国社会
中科学教育和科学启蒙仍然还是一项十分需要、格外重要的战略性任务。
大众传媒承担着传播知识、启迪民智的作用，媒体在报道新闻时必须秉
持客观、认真、负责的精神，高举理性、科学的大旗，旗帜鲜明地反对
一切形形色色的迷信和伪科学。科学只有在与迷信的斗争中才能建立自
己的尊崇地位，而科学与迷信的斗争在各个意识形态领域和理论里广泛
存在，媒介批评亦概莫能外！

---

[1] 鲁迅：《帮闲法发隐》，《鲁迅全集》第5卷，北京：人民文学出版社1981年，
第273页。

中国媒介批评的美学视角

　　人类按照美的规律来建造生活。作为一种人类实践活动，新闻传播也同样体现着人类的审美追求，也要遵循美的规律。新闻传播要求作者用尽可能少的篇幅，去传达尽可能丰富的内容，要做到篇幅简短，内容精炼，语言简朴，版面和谐，结构有序。中国人在19世纪末，随着近代革命的推进和西方文化的传入，曾积极接受西方传统美学和近代美学的成果。王国维首开中国现代美学研究的端绪，在20世纪初年就撰写了《古雅之在美学上之位置》的美学专题论文。其后，蔡元培又从康德美学思想出发，大力提倡美育。在蔡元培等人的积极影响下，20世纪二、三十年代，在古老的中华大地上形成了空前的美学热。中国现代美学发轫不久，很快波及了中国现代媒介批评领域，出现了一批具有美学分析视角的媒介批评文本，从而推动了中国新闻传播事业从原始粗放走向精致高级的过程。

一

　　观念是行动的先导。在以往的新闻史研究中，人们追索中国新闻传播的道路为什么如此而不如彼的各种原因时，目光更多地聚焦在社会的政治、经济、文化、技术等显在因素方面，而对于潜隐其后的媒介观念性活动则远远关注不够，尤其是对媒介批评在新闻的生产和传播中所起的特殊作用，以及这种作用是如何悄然规制和改变着传媒生态等相关问题关注不够。事实上，在中国新闻传播事业向现代化途程迈进的过程中，以观念性生产方式运作的媒介批评始终在场，并以自己独特的方式显示着力量及其存在，对新闻传播的发展方向起着引导或纠正的作用。中国现代媒介批评是一个纷然杂陈、众声喧哗的场域，这源于传媒在现代社会中的强大影响力，每一个社会力量都企图影响和操控传媒达到自己的目的，于是就有了对传媒的评头论足，由于每个批评主体的地位、立场、倾向、目的、学养各不相同，熟悉和擅长的解析工具与话语表达方式亦互有差异，因而造就了中国现代媒介批评在理论视角上的千姿百态。在中国现代媒介批评的诸种视角中，源自美学视角的媒介批评导引着中国新闻传播事业一步步挥别原始简陋、粗放无序，走向丰富多彩、精致规律。

美，一个诱人的字眼，它以其无法抗拒的魅力迫使人们不懈地追求它，甚至不惜献身。新闻传播事业是社会发展到一定阶段的产物。早期的新闻传播事业不仅规模狭小，时效性不足，而且也未完全形成独立的新闻表现形式。这是通讯事业不发达、新闻传播受到局限的结果。早期报纸的受众，阅读报纸仅仅是获取一定的信息而已，自然还谈不到用审美的眼光去看待、评价新闻。随着科学技术的不断发展和人类社会的进步，人们的交际越来越多，信息传播的方式也越来越多，报刊的大量涌现，使得新闻媒体之间的竞争也越来越激烈，新闻事实的真实准确、报道快捷固然是吸引受众的一个决定性原因，而新闻作品能够给人以审美的愉悦也是一个不可忽视的重要因素。哪一家媒体能够把自己的新闻作品打造得更精更好，哪一家媒体就能满足受众的需要，形成一个固定的受众群，这家媒体就能适合市场的需要获得发展。于是，新闻美的问题因为新闻事业发展到一定阶段而现实地出现。

中国近代新闻事业自 19 世纪初叶诞生以后，很长一段时间处于缓慢发展的阶段，直到 19 世纪末戊戌变法维新时期，才形成了第一次国人办报高潮。在第一次办报高潮中，中国的报刊工作者基本上都是政治思想家、政治活动家，他们对新闻事业的思考还主要集中在如何挖掘和实现新闻媒体的政治启蒙功能上，从审美的角度观察和设计新闻传播还处于不自觉的萌芽阶段。20 世纪初叶，第二次国人办报高潮涌起，随着人们对新闻社会作用的理解趋于全面、深刻，特别是一些具有西方新闻理论背景的新闻工作者，开始自觉地以西方国家的新闻事业为参照系，运用西方资产阶级新闻理论为解析工具，对国内新闻传播的不足和缺陷进行批评，于是，新闻美的问题逐渐进入媒介批评的领域。

美的世界丰富多彩，千姿百态，美的表现固然五彩缤纷，琳琅满目，但齐整、对称、秩序、节奏等形式问题，则是美的一些最基本、最寻常的内容构成。在中国现代媒介批评中，新闻传播的体例、版面编排、栏目划分、标题制作等形式问题，最具有美学的意义。这是因为人类所感知的世界，始终是一个有形的世界，为人们首先所感知和认识的美，常常是一种形式的美。新闻的形式和内容一体两面，新闻形式直接制约着传播的社会效果，关注新闻传播的社会效果终究会归结到新闻表现形式的优化。新闻信息的承载形式往往为接收新闻的人们最先感知，媒介批评优先集中在新闻传播的形式表现等问题上，乃势有必然。

二

中国现代媒介批评首先从新闻是否具有属于自己的形式——媒介体例展开。所谓媒介的体例，是指媒介的体式，是新闻媒体以及新闻报道在内容组织、结构方式上所表现出来的独特形式，它是新闻媒体以及新闻报道存在的依据。体例属于媒介的形式，对作品意向的表达具有重要的意义，脱离了形式的思想意向，就无法构成新闻的主题，否定了形式，新闻就不复存在。媒介批评应重视媒体的个性追求和新闻作品内容与形式的统一，提倡完美的形式和意向暗示的协调性。在媒介批评实践中关注新闻体例，标志着新闻自我意识的觉醒，是新闻传播走向独立和自觉的开始，也是新闻传播审美意识的表现。

在中国近代报纸诞生之初，中国近代媒体并没有完全形成属于自己的传播体例，不仅报刊不分，而且媒介的外观形式也一如中国传统书册，报刊上的文体虽然遵循新闻要迅速、准确反映现实的特殊需要而不断进行改革，但"文体的变革是缓慢的，探索是不自觉的，因为读者和办报人并没有变革的自觉要求。"[1] 所以，早期人们并没有明确意识到新闻体例问题。随着社会的发展，特别是戊戌变法时期救亡图存的社会需要，使中国知识分子开始对由西方传过来的近代报刊的启蒙作用刮目相看，继而掀起了中国资产阶级第一次办报高潮。而后在新闻实践经验不断积累的情况下，人们对媒体的认识和探讨也由外向内逐渐深入。1896 年 10 月，谭嗣同首先在《时务报》上发表了《报章文体说》，高度赞颂了当时出现的报章文体。但他这种对报章文体的推崇是以肯定报刊的社会功能，以此确立报刊在社会生活结构和意识形态当中的地位为主要论述中心的，并没有对报章文体的真正内涵进行界定和解说。

在中国新闻传播史上，梁启超在 1901 年首开媒介体例的批评先河。他在缕述中国近 30 年的各报刊时，常论及报刊体例完美与否，如"唯上海、香港、广州三处号称最盛。而其体例，无一足取"，"惟前者天津之国闻报，近日上海之中外日报、同文沪报、苏报，体段稍完。""《知新报》僻在贫岛，灵光岿然者凡四年有余，出报至一百三十余册，旬报之持久者以此为最。然其文字体例，尚不及时务报。""去冬今春以来，日本留学生有'译书汇编'；'国民报'、'开智录'等之作。'译书汇编'至今尚存。能输入文明思想，为吾国放一大光明，良可珍诵，然实不过丛书之体，不可谓报。"[2] 这都说明梁启超已经清醒地看到新闻

[1] 李良荣：《中国报纸文体发展概要》，福州：福建人民出版社，2002 年，第 1 页。

[2] 梁启超：《本馆第一百册祝辞并论报馆之责任及本馆之经历》，张之华：《中国新闻事业史文选》，北京：中国人民大学出版社，1999 年，第 41 页。

传播自身的特性，力图用新闻的眼光来评价新闻媒体及其活动，初步具有了新闻批评的学科意识，使得媒介批评具有了更为浓郁的专业色彩。从王韬到谭嗣同，再到梁启超，我国媒介批评专业化的历史发展逻辑，越来越清晰可见，说明随着时代的演进，尽管社会能够提供的环境并不乐观，但人们的新闻自立意识仍然在顽强而不断地生长和增强。

对媒介体例的强调，说明梁启超已经超越了一般对新闻媒体与新闻作品的内容分析和价值判断层次，而进入到探求新闻之所以为新闻的规律性研究界面。谢六逸1935年还论道："梁启超氏曾说：'近年以来，陈陈相接，惟上海、香港、广州三处号称最盛（报馆），而其体例，无一足取。每一展读，大抵沪滨冠盖、瀛眷南来、祝融肆虐、图窃不成、惊散鸳鸯、甘为情死等字。填塞纸面，千篇一律……梁氏对于我国报纸的体例问题，可谓概乎言之。到了今天，他的批评仍可适用，我们在今天，岂不是依然看见'大刀千柄，霍霍生光'的新闻记事么？依然看见'大火中跳出模特儿'的新闻记事么？讲到这里，我觉得纯正的报章文学，在我国是最需要的了。"[1]谢氏的说法切中肯綮，也从另一面表明梁启超的媒介批评已经进入到新闻传播内容与形式有机统一的审美层次，其论断具有超越时空的价值。

三

报纸版面是一门创意性很强的艺术，对报纸版面进行规划设计最能体现新闻编辑工作者的美学追求，版面设计作为报纸版面的一种外观表现形式，必须为报纸内容的传达服务，为传播效果优化服务。1904年发刊的《时报》，是一家在业务方面锐意改革的大型日报。此前中国报刊都采用书本式，《时报》打破成例，首创今天对开报纸、分为四版、两面印刷的现代型版式。梁启超撰写的《〈时报〉发刊例》中，蕴涵着

---

[1] 谢六逸：《什么是报章文学》，陈江、陈庚初编：《谢六逸文集》，北京：商务印书馆，1995年，第316页。

丰厚的对报纸进行整体设计的美学思想，尤其在内容编排方面表现突出：

> 本报编排，务求秩序。如论说、谕旨、电报及紧要新闻，皆有一定之位置，使读者开卷即见，不劳探索。其纪载本国新闻以地别之；外国新闻，以国别之。
>
> 本报编排，务求显醒。故一号、二号、三号、四号、五号、六号字模及各种圈点符号，俱行置备。其最要紧之事则用大字，次者中字，寻常新闻用小字。用大字者，所以醒目也；用小字者，求内容之丰富也。论说批评中之主眼，新闻中之标题，皆加圈点以为识别，凡以省读者之目力而已。[1]

这涉及到版面"秩序"的美学问题，而且这种美学上的考虑是为了实现报纸版面设计的"定读性"功能。正是这种自觉的美学追求，使得"《时报》出世之后不久，就成了中国知识阶级的一个宠儿"，[2] 并引起《申报》《新闻报》的仿行，使报界面目一新。

降至"五四"时期，美学在中国传播更为迅猛广泛，并渗透、波及到其他很多社会文化领域，人们一方面在批评中国报纸"满纸糊涂，失去新闻之本旨、报纸之资格者，固比比皆是也"[3] 的现状，另一方面从改良报纸本身出发，进一步明确提出了"编辑上审美的整理之必要"问题，从服务于报纸之间的竞争考虑编辑审美的工具性价值及功能：

> 试思阅报者之情状如何，大抵皆于百忙余暇，偶一寓目，同业印出之报纸几何，则汗牛充栋矣，吾之报纸若无特色以唤起阅者之兴趣，以竞胜于同业，则必受自然之淘汰。然则

---

[1] 梁启超：《〈时报〉发刊例》，张之华：《中国新闻事业史文选》，北京：中国人民大学出版社，1999 年，第 134 页。

[2] 转引自戈公振：《中国报学史》，北京：中国新闻出版社，1985 年，第 118 页。

[3] 王璋：《为今日报界进一言》（自日本来稿），《东方杂志》第 16 卷第 5 号，1919 年 5 月 15 日。

必如何方可使阅者注意，而不忍释手乎？评论要正大适当，记事要精敏翔实，文艺杂件，要名贵出色，此尽人皆知也。然虽有此良好之材料，苟排列印刷，有失整齐，复缺少补助文字不足之标识图画等事，则决不能使阅者满足，而良材几等于废物，此审美的编辑。所以为至要也。[1]

如何做到"审美的编辑"？作者提出建议：（1）善用铅字的字体字号，书法务期优美，点画必须清晰，曲尽刻画，疏密适度，巨细分明；（2）专设图影制版部及图影储藏室。凡名人名物名地，即其他有兴趣有关系之图画摄影，无不竭力搜集，随时随地，映得新鲜照片，于极短时间，制为悦目怡心之图像，达于阅者之前；（3）助文符号须明了而统一。应由报界公会，准诸通国之所习，即新文学之所需，将辅助文字诸符号，讨论统一，先为说明，报告社会，然后一致采用。余若报目、题额、栏线、骑缝诸事，亦宜加以考究整理，以求得美观。

任白涛则是从培养读者"定读性"的角度出发，来批评当时的报纸"排列及组版，芜杂陋劣"[2]的状况，他指出："所有一切应载之材料及揭载之场所，务应用艺术上之原理及人类之心理立一定之形式，守一定之方位。"[3]如此，报纸版面设计才能服务于读者阅读的需要。同时，任白涛又深刻地指出，报纸版面的美学追求不能脱离内容的需要："惟兹所云之捕捉的功夫者，非指件件之文稿，乃统合报纸之全部促进读者嗜欲之功夫也。如插入美丽之绘画，指定种种之活字等，皆为此计。虽然，绘画不宜太多，太多则秩序凌乱，反足令人生厌。大字不可滥用，

---

[1] 王璋：《为今日报界进一言》（自日本来稿），《东方杂志》第16卷第5号，1919年5月15日。

[2] 任白涛：《应用新闻学》，上海亚东图书馆，1937年，第155页，上海书店《民国丛书》第一编第45册。

[3] 任白涛：《应用新闻学》，上海亚东图书馆，1937年，第156页，上海书店《民国丛书》第一编第45册。

滥用则纸面驳杂，易淆视线。"[1] 报纸的美感表现在版面上，必须是一种整体之美，所以，他特别强调"为大组（大样）时，宜注意纸面之调和。其原则有二。一曰对照，一曰均齐。"[2] 只有版面上的传播元素互相配合，才能造成真正的美感。

　　从实用性的新闻编辑方法升华为具有美感意蕴的编辑艺术，既是报纸编辑实践长期发展累积的产物，又是媒介竞争的必然结果。在中国报刊实务研究方面，编辑学是起步较早而且成果相对丰硕的一个领域。20世纪20年代初叶即有编辑学的论著问世，但当时还只是从"技巧"的层次上去审视编辑问题。到了20年代末，随着编辑理论的发展，特别是学界和业界从"编辑法"的角度不断对报纸进行学理性批评，人们对报纸编辑问题的思考开始超越形而下的技术层面而跃升到形而上的艺术层面，认为新闻编辑不只是进行消息文字的处理，"而且要对于全篇幅上的排式和设置，有一种相当的活泼的更调，使读者映到眼帘里，觉得新颖悦目，否则，一条条像陈列什么物品似的，挤在纸张上，一翻开便对读者给予一种厌恶的印象，形式上已经给予一种恶感，连带要影响到新闻内质里面来。所以编辑的艺术，已经成为一种报纸的前提了。"[3] 将版面美学设计定位为决定报纸存在前提的高度进行分析，这对于后来中国报纸编辑学理论内涵的丰富和扩展无疑具有重要的引领意义。

四

　　新闻标题属于编辑学的范畴。但新闻标题制作看似简单，其实并非易事，用极精炼简洁的字句概括新闻，必精于此道者方能为之。早期中国报人的标题意识淡漠，新闻标题制作质量不高，甚至出现"间有报

[1]　任白涛：《应用新闻学》，上海亚东图书馆，1937年，第156页，上海书店《民国丛书》第一编第45册。

[2]　任白涛：《应用新闻学》，上海亚东图书馆，1937年，第160页，上海书店《民国丛书》第一编第45册。

[3]　傅红蓼：《编辑的艺术》，管照微编，《新闻学论集》，上海：汉文正楷印书局，1933年印行，第175页。

纸，因新闻不足，多加题以塞篇幅"[1]令人啼笑皆非的现象。较早对新闻标题进行批评的是邵飘萍："理想的大标题，最好能将新闻之全体笼罩，最忌者为我国上海报纸所最喜用之'某事昨闻'或'某案续讯'，读者一见即倦，因此种标题最易，新闻记者可毫不假思索，亦不必将新闻内容咀嚼，即随便写一个（昨闻）（续讯）也。"[2]不过，邵飘萍此时还没有从美学的角度来批评新闻标题。标题的发展是报业竞争的产物，对标题制作的淡漠来源于对标题功用的缺乏认识，更与早期我国报业竞争不甚激烈的环境多有关系。没有竞争，编辑就没有呕心沥血、苦心孤诣去制作标题的内在动力。

对标题艺术进行相对集中批评的是《时事新报》的编辑周孝庵。长期的编辑实践使他对标题有着较为全面深刻的认识，并从美的角度提出标题的制作要求："标题为编辑上极重要之艺术，须将记事之活动性，全部表现，令读者一见即领其意味，故秀美而生气勃勃之标题，实为新闻之骨髓，足以助长读者之兴味，而津津不倦。自他方面言之，有好新闻而无好标题，既不足以发人兴趣，而新闻之价值亦为之抹煞不少。"[3]他以警察厅长被刺新闻为例，罗列几个不同的标题进行比较式的分析：

> 如数年前徐国樑被刺一事，为一则极足轰动社会之新闻，宜有极能鼓动情感或引人注意之大号标题，而各报不曰"徐国樑昨晚遇刺"，"徐警察厅长之横祸"，即曰"徐国樑厅长祸临不测"。在三个标题中，第二第三太长而未将被刺表出，不得为上乘；当然以第一个较为醒目，惜无小题目，致被刺后生死，仍须由读者于新闻中求之。然苟易以大号之"徐国

[1] 徐宝璜：《新闻学大意》，《徐宝璜新闻学论集》，北京：北京大学出版社，2008年，第27页。

[2] 邵飘萍：《实际应用新闻学》，《新闻文存》，北京：中国新闻出版社，1987年，第477页。

[3] 周孝庵：《中国最近之新闻事业》，《东方杂志》第22卷第9号，1925年5月10日。

櫟忽遭暗杀"，旁加较小号之"方出浴堂突中二弹，广西路口肉搏惨状，凶手李大生已拘押，徐入医院危在旦夕"等标题，则新闻神髓，跃然纸上，读者行且趣味津津，以一读为快！盖此项含有刺激性之标题，极易激发人之情感也。美新闻家吉弗逊有言："新闻之标题，犹商品之包装；新闻不患无人阅，患无秀美之标题；商品不患无销路，患无时式之包装，"其艺术之重要若此！[1]

他与邵飘萍有相同的主张，对"昨讯式"标题亦大加批判：

标题所最忌者，在守旧不变，在不将事实要点揭出。各报通病往往一事件之末，加以"昨讯"，"昨闻"，"近讯"，"要讯"，"近纪"等字样，致读者虽阅标题，尚不明真相——读毕新闻，始得了然。以最近撤兵一事言：如"翔昆撤兵近闻"，"奉军撤防之昨讯"之标题，读者能不阅新闻而知其事实乎？耗费光阴，莫甚于此；一事件如此，以报纸全体计之，则所耗读者光阴，岂不惊人？但苟易以"翔昆军队全撤"，"第一军已撤四旅"，则事实了然，忙迫之读者可无庸再细阅新闻矣！[2]

周孝庵认为当时吾国报界在标题制作方面有两个通病："（一）为标题之不整齐。吾人常发见有并列之小标题，或为六字排成，或为五字，'标题美'既失，即不雅观。（二）为带有批评语气之标题，如'警佐不应草菅人命'，'医生岂能索诈'等等，均宜避免。"[3]标题齐整确

---

[1] 周孝庵：《中国最近之新闻事业》，《东方杂志》第22卷第9号，1925年5月10日。

[2] 同上。

[3] 同上。

实是构成版面审美价值的重要部分，周孝庵的批评既触及到新闻版面的
美学功能，又从标题是新闻的一部分、新闻不应与评论混同的角度出发，
主张标题只表达事实，以保持新闻报道的客观公正。"题目非发表意见
者也。于新闻题目之中，发表意见，虽非绝对不可行，然用之宜有限度，
切不可以此而妨害其真正之目的也。"[1] 若是从新闻专业主义角度看来，
这种观点对推动新闻标题制作艺术的提高，显然是有很大积极意义的。

<h2 style="text-align:center">五</h2>

广告是媒介不可或缺的重要传播元素，但中国早期报纸的广告设
计不具有艺术含量，徐宝璜从提高报纸广告传播效果的角度提出了广告
艺术化的观点。"广告今日已成为专门之技术，故报馆宜延聘对于广告
学有研究者以担任之。绘画宜精美滑稽，始引人入胜；说明宜简练明了，
使阅者易晓；配置宜巧妙，便于刺目。如登广告者之说明与绘图，而俱
不美，报馆宜要求有予增改之权，如此不特予广告直接利益，而报亦增
色匪浅也。"[2] 广告是报纸的有机组成部分，广告传播的艺术化对报纸
整体艺术水准的提高有着巨大的助益。只有那些"措辞既巧妙动人，配
置复优美夺目"[3] 者，方能使广告传播达到预期的效果。

邵飘萍也很关心报纸的"艺术"含量问题，但作为一个有报业经
营实践经验的报人，他对这一问题的考察则要全面、系统得多，他认为
报纸的每一部分都有"艺术"性问题，即都可以在审美的层次上着眼：
"盖欲新闻纸之完美无缺，非仅读书能文者所可胜任而愉快，其中实含
多量艺术的要素，亦新闻事业之一特质也。"[4] 他认为随着时代的进步，

---

[1] 徐宝璜：《新闻学大意》，《徐宝璜新闻学论集》，北京：北京大学出版社，
    2008 年，第 27 页。

[2] 徐宝璜：《新闻学概论》（上），肖东发、邓绍根编：《徐宝璜新闻学论集》，
    北京：北京大学出版社，2008 年，第 138 页。

[3] 徐宝璜：《新闻学概论》（上），肖东发、邓绍根编：《徐宝璜新闻学论集》，
    北京：北京大学出版社，2008 年，第 148 页。

[4] 邵飘萍：《新闻学总论》，京报馆印行，1924 年，第 22 页。

新闻事业的艺术性将会逐渐得到显现和受到重视，在邵飘萍的观念中，所谓艺术的要素者，不仅指有趣味之记事，或研究文艺之小说、诗歌及写真图画等等而已。"凡制作原稿、选择材料、大小标题、排印地位以至一新闻社中各部之联络、工场之设备，皆不离乎艺术的性质。"[1] 他以官报和普通新闻纸进行对比来说明："官报之内容，非无新闻之原料，而其制作之方法，陈陈相因，满纸腐气，使人未阅毕而昏昏欲睡，既莫辨其何项为可注意，更无丝毫引人兴味之处。同一文字与纸墨机器，何以官报之可厌如此？无他，缺乏艺术的要素故尔。"[2] 如新闻作品的结构形式和版面安排等，就充满了美学因素，具有很强的艺术性：

> 某一段叙述在前，某一段配置在后？叙述某种重大秘密问题，应透露达于如何之程度？某类事应用某类之文词？如文言白话，庄重诙谐，莫不各有所适，如何可以引人入胜，使读者披阅不倦，印入脑筋而不能忘？仅此原稿未入新闻社以前之第一步，试问已运用多少艺术的要素？至于编辑部对于原稿之修饰，第一事如大小标题之适否，即立见艺术之竞争，盖同是一项新闻，而各社之标题不一，大足以影响新闻之价值。此外，如斟酌纸面字数行数之多寡，长短形式，地位先后，莫不需要艺术的趣味，使读者披阅新闻纸时，觉得事事跳跃于纸上。而上之所述，犹不过其一端耳。[3]

新闻传播的每一个环节，确实都可以按照美的规律来审视和实践。张竞生在 20 世纪 20 年代更明确提出了建构"美的新闻纸"的命题：

> 夫新闻纸所载社会纪事，与政治军事等，全在主笔有史才，

---

[1] 邵飘萍：《新闻学总论》，京报馆印行，1924 年，第 22—23 页。
[2] 邵飘萍：《新闻学总论》，京报馆印行，1924 年，第 23 页。
[3] 同上。

把他做成有系统起来，而又加以艺术的妙笔，使社会枯燥的事情，一变而为极兴趣的材料。例如军事至悲惨也，但遇司马迁则楚汉之争，鸿门之会，叙起来又是何等生动。今日新闻界常把至有趣的事情，用了一种极枯燥的"电报式"写出来，仅使人觉得无味。例如死囚（常有极重要的人物在内）的纪载，仅会抄官厅一纸通告了事。其在外国则将死囚在监生活及往刑场时状态与其心理，详详细细登载出来，使人觉得津津有味。因为"极刑"乃人生至重大的事而为社会之变态者，人人皆有注意之必要与喜看之趋向。你看到如今尚脍炙人口者，为金圣叹临刑时的"花生米和豆腐干合食有火腿味"的滑稽与张巡的"南八男儿死耳，不可为不义屈"的壮语。今则被刑者虽有雄壮慷慨的表示，因无社会为之记，则亦等于腐鼠烂猫而已，可不哀哉！[1]

在张竞生看来，"美的新闻纸"不仅仅是对报纸版面的形式要求，而且还是对新闻写作能否生动形象、引人入胜的表现手段要求。每一条新闻都能写得感人，读之使人觉得津津有味，在版面编排上又得法合体，如此，才会诞生一张具有审美质感的新闻纸。

美是具体的，美的事物以其具体的形象和构成吸引着人们的注意。美的追求是人类精神不断提升的标志。毋庸讳言，在中国现代媒介批评史上，美学分析视角批评文本不仅后起于政治、伦理等批评文本的出现，而且在数量上也不多见，论述展开也不系统，有很多问题只是浅尝辄止，并未形成大规模的、有深度的美学批评潮流。这是因为真正"美的新闻纸"的建构，既需要来自社会大众的强烈需求，又需要批评工作者具有

---

[1] 张竞生：《美的新闻纸》，黄天鹏：《新闻学刊全集》，上海：光新书局，1930年，第216页。

较高的美学素养，"苟非具有艺术的天才与素养者，安足以语此哉！"[1]
而在中国现代的媒介批评工作者队伍中，具有一定美学素养的人才，还
很缺乏。这无疑阻滞了中国现代新闻传播事业的发展和水平的提升，也
缩限了媒介批评美学分析视角的生成规模。也正因为如此，从历史的角
度看，上述先驱者的媒介批评足迹，如林中响箭，如空谷足音，实在弥
足珍贵。

---

[1] 邵飘萍：《新闻学总论》，京报馆印行，1924 年，第 26 页。

中国媒介批评的伦理学视角

　　人是宇宙的精华，万物的灵长，道德生活则是人类的骄傲。中国传统文化是以伦理为本位的文化，道德生活几乎是社会生活的全部，人们习惯于以道德的视角来观察和审视社会生活现象。新闻传播是一种具有广泛社会性的行为，从伦理道德角度对媒介进行评判构成了中国现代媒介批评中的重要内容："编辑对于一条新闻，应同时考虑到四点：（一）新闻价值（趣味是其中之一）；（二）法律；（三）社会风化；（四）道德。"[1]报纸虽然也要营利，但其最主要的使命还是在推动社会文化。"因此，伦理的判断是在选择新闻时所必不可少的，这就等于白米在煮饭前需加以淘滤一样。"[2]举凡与社会上风俗人心道德有密切关系的，人们往往都要报纸担负其一部分的责任。但由于各种因素的影响，中国现代新闻传播活动中污浊、黄色、低俗等不健康成分始终未绝，成为其时媒介批评的主要客体。

---

[1]　周孝庵：《报纸的实益主义》，管照微编：《新闻学论集》，上海：汉文正楷印书局，1933 年 10 月，第 178 页。

[2]　谢小鲁：《新闻与广告之伦理观》，《报展》，1936 年 1 月，第 98 页。

一、对新闻内容道德失范行为的批评

媒介与社会风气之间的正相关性，一直是中国新闻工作者构思新闻职能的支点。王韬很早就明确赋予了报刊的社会教化功能："乡里小民不知法律，子诟其父，妇谇其姑，甚或骨肉乖离，友朋相诈，诪张为幻，寡廉鲜耻。而新报得据所闻，传语遐迩，俾其知所愧悔，似亦胜于间胥之觥挞矣。"[1]1902 年，英敛之在《大公报序》中将报纸宗旨定位于开风气，牖民智，"故本报断不敢存自是之心刚愎自用，亦不敢取流俗之悦颠倒是非，总期有益于国是民依，有裨于人心学术。其他乖缪偏激之言非所取焉，猥邪琐屑之事在所摈焉。"[2]也是将报道内容与社会风俗联系起来进行思考。中国现代新闻学的开山者徐宝璜在《新闻学》中将提倡道德列为新闻纸职务之一，极力主张新闻纸应立在社会之前，引导社会入于正当的途径。他谴责有些新闻媒体心口不一，实际表现与口头标榜判若云泥：

> 吾国报纸，虽无不以提倡道德自命，然查其新闻，常不确实，读其论说，常欠平允，往往使是非不明，致善者灰心而恶者张胆。更观其广告，则诲淫之药品，冶游之指南，亦登之而无所忌讳。甚至为迎合社会心理以推广销路起见，于副张中或附印小报，登载"花国新闻"，香艳诗词，导淫小说，及某某之艳史等案件。且有广收妓寨之广告并登妓女之照片，为其招徕生意者。是不惟不提倡道德，反暗示阅者以不道德之事。既损本身之价值，亦失阅者之信任，因阅者将渐视其

[1]　王韬：《论各省会城宜设新报馆》，张之华：《中国新闻事业史文选》，北京：中国人民大学出版社，1999 年，第 15 页。

[2]　英敛之：《大公报序》，《大公报》第 1 号，1902 年 6 月 17 日。

为一种消闲品耳。此于记者之道德，亦大有关系。因迎合社会，乃贱者之所为，与敲诈同为不德也。[1]

新闻的实际内容是传播社会效果的直接根源，评价媒介的标准当然只能是根据其传播的实际内容，而不是看它的旗帜。挂羊头卖狗肉在新闻界不是绝无仅有的现象。虚伪不仅让人憎恶，也反映出新闻媒体自己都不敢理直气壮、坦然面对。对这样的传播内容，只要将其实际内容与口头标榜置放一处，其表里不一的丑态就暴露无疑，就可以收获较好的媒介批评效果。

偷、盗、杀、绑、奸、淫、诈、毒等类新闻，本是社会的产物，从新闻媒体的反映职能来看，登载固无不可，但是有些新闻媒体登载此类新闻时以夸大、扭曲、畸形的心态去描摹，非但没有警示意义，反而具有教唆性质，新闻在某种意义上就变成了罪恶的工具。"在目前，各大城市的报纸，对于盗匪奸杀以及社会变态事件，大都不惜篇幅，长篇报道。往往写得淋漓尽致，如见其事，如见其人，然而给予读者的印象，却是太可怕了，而且还刊出那新闻里的凶手与尸体的不清不楚的照片，令人更觉可怕。笔者认为大可不必在这些地方'锦上添花'。"[2]以读者为起点开展批评，追求新闻传播健康有益的社会效果，是中国现代媒介批评的重要特色。"一个读者给上海美华晚报一封信中说：我打开报纸，觉得十分悲哀，因为似乎以大字刊载的多注意于黄色的强奸、情杀等新闻，尤其晚报更是常患这毛病。——要知道这种新闻的记载，便是新闻界的向后退。而甚至有时情杀等案写成特写，有如性史，那更是不堪之事了。我仅代表一部分真正的读者在这里向新闻界提出严重的抗议！"[3]读者意识是媒介批评主体自觉意识的一个重要组成部分，从读者阅读感

---

[1] 徐宝璜：《新闻学》，北京：中国人民大学出版社，1994年，第8页。

[2] 茅锦泉：《净化罪恶新闻》，《中央日报·报学》第32期，1947年11月3日。

[3] 茅锦泉：《一年来中国的新闻业》，《中央日报·报学》第16期，1947年1月6日。

受出发，流露出对社会文化建设的关怀，也增加了媒介批评的力度。因为批评客体可以不理会批评主体，但不可以不理会读者。新闻教育学家谢六逸就认为新闻纸在道德方面，应宣扬善良的人生，培养读者对于社会认识的正确性，应做到善良观念的启发与反省，向上意志的养成：

> 在大都市中，每日制造出无数的变态的罪恶，编辑者当明白自身的职责是宣扬善良，并非是暴露罪恶，读者看了之后所发生的影响若何，必须注意。但是大多数的编者，不惜将报纸的标题降至零度，为了迎合低级趣味，极力的描摹刻划，欺骗夸张，报纸的功用，变成罪恶的课本，非但不能去奸除凶，反而使为非者得到参考，此种反常的标题，是不合于伦理的。[1]

小报因为走娱乐消遣的办报路线，特别追逐犯罪新闻，满纸腥、性之气，曾被人鄙夷地称为"文化粪便"的制造者。有些大报颇为眼红小报的读者群，邯郸学步，模仿小报的风格，刻意迎合一部分小市民的低级趣味，使大报走上了小报化的道路，丢掉了大报严肃的品格，败坏了报纸的社会形象。

> 上海的有些介乎大报和小报之间的报章，那社会新闻，几乎大半是官司已经吃到公安局或工部局去了的案件。但有一点坏习气，是偏要加上些描写，对于女性，尤喜欢加上些描写；这种案件，是不会有名公巨卿在内的，因此也更不妨加上些描写。案中的男人的年纪和相貌，是大抵写得老实的，一遇到女人，可就要发挥才藻了，不是"徐娘半老，风韵犹存"，就是"豆蔻年华，玲珑可爱"。一个女孩儿跑掉了，自奔或被诱还不可知，才子就断定道，"小姑独宿，不惯无

---

[1] 谢六逸：《新闻标题研究》，《谢六逸文集》，北京：商务印书馆，1995年，第325页。

郎"，你怎么知道？一个村妇再醮了两回，原是穷乡僻壤的常事，一到才子的笔下，就又赐以大字的题目道，"奇淫不减武则天"，这程度你又怎么知道？这些轻薄句子，加之村姑，大约是并无什么影响的，她不识字，她的关系人也未必看报。但对于一个智识者，尤其是对于一个出到社会上了的女性，却足够使她受伤，更不必说故意张扬，特别渲染的文字了。然而中国的习惯，这些句子是摇笔即来，不假思索的，这时不但不会想到这也是玩弄着女性，并且也不会想到自己乃是人民的喉舌。[1]

著名电影演员阮玲玉就是死在这些无良报纸的记载之下的，说这些媒体谋杀了她，一点都不过分！从社会良善风俗的维护角度，新闻工作者提出了"新闻伦理化"的对策。对有些人坚持刊载腥、性、凶等新闻的理由进行理论上的批驳。当时有些媒体坚持大量报道煽情性的社会新闻，其理由有三：（一）报纸刊载黄色新闻，在营业上是有利的；（二）读者公众有权利要求报纸刊载他们所喜欢的新闻；（三）新闻报道只须符合事实，就算尽了责任。这三个理由表面上振振有辞，其实不过是用来掩盖其对金钱追逐的真实面目罢了。有新闻学者逐条批驳：

> 就第一点来说，报纸固是一种商业，但却不是一种纯粹谋利的商业，因报纸与社会的关连和影响很密切，报纸对社会就负有一种义务，它的活动不但不许含有危害社会的成分，且进而要求它对社会作建设性的积极贡献。不择手段以达到增加营业利益的目的，这不是优良报纸的经营政策。就第二点来说，读者固然是报纸争取的对象，读者的意向与兴趣是报纸编辑人所必需考虑，但这不是说，报纸应该追随读者，

[1] 鲁迅：《论"人言可畏"》，《鲁迅全集》第 6 卷，北京：人民文学出版社，1981 年，第 332 页。

讨好读者。对于读者所喜欢的新闻，不加限制地供给，不问
其后果如何，这是愚蠢而危险的编辑方针。报纸有教育的功用，
在低级趣味新闻上，我们应慎重处理以教育读者，而不是渲
染夸大以煽动读者。就第三点来说，新闻固在报道事实，但
它的责任并不止于此。这些事实应如何报道？这些事实公布
之后，社会所受的影响如何？都是在发表一项新闻之前，所
必须考虑的问题。假如公布了某一事实之后，社会蒙受其害，
我们又何贵乎这种新闻报道？ [1]

新闻媒体是一种社会性的存在，不能脱离社会而孑然独立，既然
新闻媒体从社会中获取生存资本，那么它也就必须对社会负有一定的义
务，最起码的是不能危害社会肌体的健康，这是社会对媒体的基本要求。
如果新闻媒体无法履行这一要求，那么它也就失去了继续存在的理由和
意义。从新闻媒体与社会关系的角度，批评新闻媒体缺乏社会责任意识，
这样的批评很有力量。

二、对媒介广告内容道德失范行为的批评

广告是新闻媒体的血液，徐宝璜称之为有力之商业媒介。广告的
本质就是提供经济支撑，它既可以维持媒体新闻报道的独立，成为满足
读者新闻需要的保障，也可以成为媒体满足金钱占有欲望的工具。新闻
与广告共同处在报纸的版面之上，媒体如何定位广告，如何处理新闻报
道与广告登载之间的关系，是评判新闻媒体品格高下的重要指标。有些
媒体表面上以报道新闻、引导舆论为幌子，其实质是满足自己追逐金钱
的贪卑欲望。当以金钱为猎取对象的时候，媒体的新闻报道、舆论监督
只能是欺骗人的口号了。蔡元培很早就注意到了某些媒体版面上所表现
出的这种人格分裂："新闻自有品格也。吾国新闻，于正张中无不提倡

---

[1] 戴仲坚:《新闻伦理化问题》,《报学杂志》第 1 卷第 6 期, 1948 年 11 月 16 日。

道德；而广告中，则海淫之药品与小说，触目皆是；或且附印小报，特辟花国新闻等栏；且广收妓寮之广告。此不特新闻家自毁其品格，而其贻害于社会之罪，尤不可恕。"[1]充分暴露出某些报刊工作者心口不一，虚伪可憎的真面目。广告也是报纸传播的内容之一，广告在传播信息的同时，也附载着思想意识，如果广告传播的思想意识与报刊的编辑宗旨相违背，就会破坏刊物的整体性，削弱刊物的传播效果，甚至事与愿违。

新闻纸起源于记载新闻、传达消息的需要。新闻纸，顾名思义，以新闻为本位。登载广告只是附属性质，是为支撑新闻纸生存服务的，若本末倒置，以登载广告猎取金钱为目的，则势必演变成以广告为本位。新闻纸的职务和使命，是指导社会，领导群众，引人以入光明正大之途，故其对于新闻之记载，固应慎重选择；而于广告之登载，也不可忽视。"登载广告，其内容如何，措词如何，虽非出自记者之主意，然代登与否，是记者底责任，倘使代人登载了一篇广告以后，对于社会发生恶的影响，报纸与记者，不能不负相当的责任；所以报纸之登载广告，仍须看看其广告对于社会有无恶的影响，方可登载。"[2]李锦成分析了当时广告中有如下三种不良表现：

一是含有海淫性的内容：

> 花报上常登出窑姐的名字，说她是姿首可人，风流跌宕；说她是具有沉鱼落雁之容，含花羞月之貌；戏报常常登有坤伶某某，丰神绝冶……柔腰轻躯，巧笑美目，怎么风流，几么可爱……甚或把她的照片印登出来，令到一般血气未定的青年，趋之若鹜，此等广告，固含毒素。其他又有登载药品与医生的广告，什么"清毒止淋丸"，"破天荒的花柳圣药"，"梅

[1] 蔡元培：《蔡元培校长在北大新闻研究会成立大会上的开会词》，《北京大学日刊》第228号，1919年10月16日。
[2] 李锦成：《新闻纸登载广告的讨论》，李锦华、李仲诚编：《新闻言论集》，广州新启明印务有限公司，1932年，第160页。

毒完全保险"等类广告，一般浪子色迷看见花报戏报说得那样的快乐，而这些报纸又载有这样的保险品，简直行桥过水，一概无妨，毅然去干了。这一样来，风俗就日趋于恶劣了！[1]

二是含有诲赌性的内容：

> 赌博为害之烈，夫人而知。而赌博之最发达者，莫如我国；赌博形式之最多者，也莫如我国；因赌博而施出种种狡计之多者，更莫如我国；所以我国近年的人，因赌博一事，而登载广告招徕者有之。例如某处演戏，征收某项赌租若干；某处赛马斗狗斗蟋蟀；某处开奖彩票等等，不一而足，此种广告，实有妨害社会，败坏风化。[2]

三是含有导人迷信的内容：

> 迷信之害，烈于洪水猛兽，稍有识者，都知所警戒；惟是一般腐败相士，每不惜牺牲金钱，大登其广告，什么"一言定祸福"，"一笔判英雄"，什么"知道趋吉避凶"，什么"五行阴阳"……尽其五花八门的手段，务达其渔利之目的而后已。一般无识之妇女与头脑冬烘者流，昧于理智，受其诱惑，堕其陷阱，为害不浅。我们当新闻记者的人，应本其指导社会之责任，拒绝登载此项广告，免至贻害社会，同时更须撰著文章，力陈其弊害，使一般民众知其毒害而远之。[3]

---

[1] 李锦成：《新闻纸登载广告的讨论》，李锦华、李仲诚编：《新闻言论集》，广州新启明印务有限公司，1932 年，第 160 页。

[2] 李锦成：《新闻纸登载广告的讨论》，李锦华、李仲诚编：《新闻言论集》，广州新启明印务有限公司，1932 年，第 162 页。

[3] 同上。

人们阅读广告与阅读报纸上的新闻、文艺性内容有着不同的心理期待，广告内容所附载的思想意识不为一般人所注意，广告中潜藏着大量的不健康内容，即在人们缺少警惕的心理状态下隐蔽地流毒社会。中国现代媒介批评史上，已经有人从这个角度指出：黄色广告比黄色新闻更为可恶！

为什么我们认为"黄色广告"比"黄色新闻"还要坏呢？首先，因为"黄色新闻"毕竟是新闻，是社会的真实现象，记者采访到这一类新闻，编辑们将他刊出来，尚与事实不算违背，"黄色广告"却不然，广告是可以随意捏造的，比如现在流行于欧美各国的，对于假药的夸大而且虚伪的宣传，刊登广告的药品商人，可以将一种有害于病人的药，宣传得如何如何可以在极短时间内"根治"什么什么"固（瘤）疾"，有"药到春回"的神效……诸如此类的情形，不用说，在登广告的人，是昧起良心，捏造事实，作欺人欺世的宣传，在刊登广告的报纸，则是"助纣为虐"。为了区区的广告费，不惜帮助广告主欺骗读者，播散有毒的种籽。这是多么下流的行为与品德。可是，目前在我国的新闻界，竟有某些报纸为了区区广告费，不惜替黄色的广告主刊出黄色的征婚启事，而且还接连刊出许多有关这一启事的新闻，甚至还刊出×××先生的应征书出来，在登广告的人刊登这类的广告，已经有失常态，为她刊出启事的报纸还为她大大地义务宣传，且有发起"应征""运动"的象征，这对于社会尤其对于一般青年，是多么有害呵！是不是负责某些报纸的人，准备将青年们引诱至堕落腐化的深渊中而后快呢？[1]

---

[1] 李果：《论黄色广告》，《报学杂志》第 1 卷第 7 期，1948 年 12 月 1 日。

黄色新闻和黄色广告的泛滥，源于媒体对经济利益的过分追求，一些以营业性为宗旨的报纸，为了牟取经济利益，不惜牺牲宝贵的新闻报道版面来登载广告，其行为背后的"司马昭之心"暴露无遗。

> 我国的大报过于营业化，却是一件无可讳的事实，简直是广告报！报价并不因广告之多而特别减低，国民的购买力既每况愈下，费了许多钱买着一大堆广告报，反而不及费较低的价钱买一份小型报纸看看。尤其可怪的是，竟将特刊的地位当广告卖，大发行其"淋病专号"，满纸"包茎之害"，"淋病自疗速愈法"，替"包茎专家"大做广告，替"花柳病专家"大吹牛，"一经着手，无不病根悉除"，"方法之新颖，手段之老道，可谓无出其右"，于每篇文字下面还要用"编者按"的字样，大为江湖医生推广营业，好像报馆所要的就只是钱，别的都可不负责任。[1]

明修栈道，暗度陈仓，为广告披上新闻的外衣，大概是媒介自我也感到明目张胆地为这些所谓的梅毒、花柳病专家大做广告，有污秽社会、诲淫诲盗的嫌疑，故而用所谓的科学、医术来为自己遮羞隐丑，原因无他，唯"钱"在作祟耳。"就是文学小团囡，也会觉得逐段看去，即使不称为'广告'的，也都不过是出卖旧货的新广告，要趁'国难声中'或'和平声中'将利益更多的榨到自己的手里的。"[2]媒介这种自欺欺人的拙劣手法，当然瞒不过社会上众多有良知者的眼睛，尤其瞒不过媒介批评主体的眼睛，将其隐藏其中的祸心点破，善良的人们就不再上当。

---

[1] 邹韬奋：《大报和小报》，《邹韬奋全集》第 6 卷，上海：上海人民出版社，1995 年，第 291 页。

[2] 鲁迅：《沉渣的泛起》，《鲁迅全集》（4），北京：人民文学出版社，1981 年，第 325 页。

三、对副刊内容道德失范行为的批评

副刊是我国报纸的一种固定版面，因区别于作为报纸主要内容的新闻版而得名。副刊分综合性和专门性两种，综合性副刊大都有文艺色彩，运用多样化体裁，反映社会面貌，丰富文化生活。副刊很长一段时间被末路文人把持，其间藏污纳垢，影响极坏："我们打开报纸一看，其中至少有三四篇小说，这些小说的内容，大部分是性欲的描写，荒谬绝伦，神神鬼鬼的迷信记述，以及江湖剑侠，绿林强盗等生活的描述。这些小说大半是无聊文人为换取稿费而作，在文学上一点价值没有，给予读者——尤其是男女青年及儿童——的印象完全是坏的，非教导青年为非作歹，即鼓励青年流为江湖绿林'英雄'，或出家修道成仙。"[1]这样的文艺作品，只能引导人们逃避现实，沉浸在虚无缥缈的自我麻醉之中，无法鼓起人们认识现实并改造现实的勇气。

更有人直指这种副刊就是封建势力在新闻媒体上的大本营："除了《时报》，上海报纸却没有一种专资消遣的附刊。其中所载的是什么东西呢？红男绿女才子佳人的小说，约居八分之一，此外便是捧伶人，捧电影明星的文学，还有则为那种不值识者一笑的谈相说命，扶乩占卦，以及记载鬼怪的东西，质言之，完全是封建思想的结晶！不但此也，这与小报同其性质，以迎合社会的丑恶心理为唯一目的。"[2]如此批评未免有点武断，有以偏概全之嫌，但也确实点到了某种本质的东西，能引导人们从更深刻的社会意识形态生产上去思考和观察。

有一个时期，黑幕小说在报纸的文艺副刊上大行其道，所谓黑幕只是文人玄想的产物，与实际生活差了十万八千里，只能起到掩盖现实

---

[1]　高纯斋：《不良小报应严加取缔》，《平津新闻学会会刊》第 1 期，1936 年。

[2]　东生：《封建势力在报纸上》，张静庐：《中国现代出版史料》丁编（上），
上海：上海书店出版社，2003 年，第 189 页。

中丑恶黑暗的作用。"今日流行之出版物，厥惟《黑幕》。实则此种《黑幕》，多仅为虚拟悬构之小说，而真正之黑幕，则竟无人敢为披露，甚至躬受其害者亦为太息隐忍。十里洋场，不知有几多魑魅魍魉，愧非神禹，不能一一为之铸鼎也。最可痛者，操觚者不敢揭载其黑幕，而彼黑幕中人则方明目张胆，绝无顾忌。人言不足恤，其罪恶几成为公然之秘密，无识者且啧啧称其能。呜呼！其影响于人心风俗者，为何如耶！"[1] 从一个国家报纸上的内容，可以看出这个国家是否有希望。正因如此，黑幕小说在20世纪20年代受到了进步文化工作者的猛烈批判和坚决抵制，逐渐波退潮落，归于平淡。

报纸副刊应起到向人们灌输知识、增广见闻、开阔视野、陶冶情操的作用，人们对报纸在型塑民族素质方面曾经寄予了很高的希望，但现代中国有些报纸上登载的知识却非常可议："《申报》常识栏，有一篇《旅行须知》，第十条为'勿预人家事'，说什么'论是非，评曲直，虽在熟识，尚起猜疑……'的话。这真是好教训，把'各人自扫门前雪'的衣钵，更增添了一层色彩了。是非曲直，都不敢评论，自然作恶者越发肆无忌惮。家事里面，不知藏着多少罪恶，虐媳，毙婢，……种种事情，如果有乡邻或路人肯打一个抱不平，或者可以稍减，现在把一条路都塞住，这真是好教训呀！但我想，旅行也还有些危险，轮船火车，难保不失事，为什么不劝人关着大门坐在家里享福呢？"[2] 如果不仔细辨别，某些副刊文字中隐含的错误思想意识确实还能迷惑一些人。使用推误的逻辑分析方法，其隐蔽着的价值错乱之处就明显起来。这种媒介批评就具有帮助人们提高认识和辨别能力的作用。

以游戏的态度从事编辑工作，在现代报纸的副刊版面上表现尤甚，这种游戏人生的态度具有传染性和腐蚀性，会使社会失去真正爱心和人文关怀。如孙慕韩做总理，王克敏做总长，两方意见不洽，时有争吵。有一家日报的副刊上发表一篇小评论，题目叫做"海甸总理与石娘总长"；

---

[1] 邵力子：《黑幕》，上海《民国日报》，1918年3月27日。
[2] 邵力子：《这是什么"常识"》，上海《民国日报》，1920年9月26日。

临城劫案发生，田中玉与孙美瑶开对等会议之时，又有一家日报的副刊上发表一篇小评论，大意是"孙美瑶与田中玉同一玉也，而田之玉不及孙之玉矣"云云，本欲幽默而得不到幽默的效果，只能是流于油滑了。诚如鲁迅所说的："是将屠户的凶残，使大家化为一笑，收场大吉。"[1]是一种不露痕迹的帮闲法："譬如罢，有一件事，是要紧的，大家原也觉得要紧，他就以丑角身份出现了，将这件事变为滑稽，或者特别张扬了不关紧要之点，将人们的注意拉开去，这就是所谓的'打诨'。如果是杀人，他就来讲当场的情形，侦探的努力；死的是女人呢，那就更好了，名之曰'艳尸'，或介绍她的日记。如果是暗杀，他就来讲死者的生前的故事，恋爱呀，遗闻呀……人们的热情原不是永不驰缓的，但加上些冷水，或者美其名曰清茶，自然就冷得更加迅速了。"[2]鲁迅的揭露可谓鞭辟入里，入木三分。

郑振铎也曾在《评上海各日报的编辑法》一文中，对此弊端进行抨击。1929年4月10日《新闻报·快活林》上发表了署名"独鹤"的《外交上的今昔》，该文有云："济案解决了。崔士杰等到济南，坐着花车，挂着青天白日旗。当地各团体，都来欢迎，日本人也来欢迎。这种情形，不但当局者觉得神旺气壮，便是我们新闻记者记着这段事，也似乎觉得笔底下很有些儿气概。"[3]将崔士杰与蔡公时的遭遇进行对比，述及蔡公时的夫人这时正在请求恤款，抚育遗孤，作者然后感慨道："同一交涉员，同一山东交涉员，有的悲惨，有的风光。这件事就外交论，虽非胜利，总算有相当的成绩。然而就个人论，也只能说是有幸有不幸。总之彼一时，此一时。蔡公时只是不得其时，因此大倒厥霉。"[4]以悲

---

[1] 鲁迅：《"论语一年"》，《鲁迅全集》第4卷，北京：人民文学出版社，1981年，第567页。

[2] 鲁迅：《帮闲法发隐》，《鲁迅全集》第5卷，人民文学出版社，1981年版，第272页。

[3] 郑振铎：《评上海各日报的编辑法》，管照微编：《新闻学论集》，上海：汉文正楷印书局印行，1933年，第255页。

[4] 同上。

天悯人的口吻议论蔡公时夫人的处境，只能让人感到情感的虚伪，与真正的人类悲悯情怀相差不可以道里计。以这样的视角评论有辱国格和国家形象的济案，确实会让有良心、有正义感的爱国人士不忍卒读。

1929年4月9日《新闻报·快活林》上登载了署名珊的《隽语》："毛雨楼因婚姻不自由，愤而自杀。各报社会新闻，均载其事。照他的姓名，可以成一诗句云'小楼一夜毛毛雨'。只可惜'毛毛雨'之后，未接唱'妹妹我爱你'，便因此牺牲了一条性命。"[1]郑振铎全文征引了该文后痛斥："以此等自杀的惨闻作为'隽语'已极可讶的了，乃还以自杀者的姓名为游戏而称之曰：'小楼一夜毛毛雨'。作者岂是一位有心肝的人？编者又岂是一位有心肝的人？我不敢相信，我国的人，特别是新闻记者，乃竟无同情心至此！至于梁启超死了之后，附张的插图作者，乃画一个鬼门关，几个已死的鬼，向梁招手曰：欢迎，欢迎！这已是习见不怪的事了。"[2]对弱者、逝者不仅缺乏起码的同情和眼泪，甚至还将其作为戏谑的对象，如此的编辑方法，不能不让人从嬉笑的故事中嗅出冷酷，从无言的版面背后感到无情。新闻传播需要通过读者的阅读才能产生社会效果，而阅读是一种知、情、意三者综合作用的个性化行为，是一个穿透语言表意、深入文本里层的披文入情的感受过程。郑振铎通过直接披露自己阅读新闻的感受，无疑是一种高明的通过诉诸读者感情而获得认同的批评策略。

四、对报人品格堕落的批评

自近现代新闻事业诞生以来，新闻工作者就进入了人们关注的视野，成为遭受社会众人评说的对象。从万人钦羡的布衣宰相、无冕之王到"士君子当摈之而不齿"[3]的无行文人，从"同是记者最翩翩，脱手

[1] 珊：《隽语》，上海《新闻报·快活林》，1929年4月9日。
[2] 郑振铎：《郑振铎全集·杂文》，花山文艺出版社，1998年版，第100页。
[3] 《新闻界人物》（1），新华出版社，1983年版，第35页引。

新闻万口传"的俊逸才子到"蹈袭陈言，剿撮涂说"[1]的文字工匠，从追求正义、播种力量的无畏战士到敲诈勒索、以稿谋私的无耻之徒，每个厕身新闻事业的人都在以自己的行为建构着新闻工作者的社会形象。新闻工作者是新闻传播活动中最活跃的主体性力量，其个人素质与形象一定程度上决定着新闻传播的质量和新闻事业发展的水平，是媒介面貌的最后雕塑师。媒介批评的最终指向无疑都要由新闻工作者概括承受。

1. 逢迎恶习、缺乏使命

以新闻事业为终身职志、素有新闻界"释迦摩尼"之称的俞颂华先生，1919 年在上海《时事新报》主编《学灯》。他后来曾回忆说，在"五四"运动之前，国内知识界很多人都对中国内忧外患的煎迫，感到苦闷、迷茫和愤懑。某日，有一位朋友来到报馆与他谈论时事，很感慨地说："我们的教育界与新闻界，未免失职；否则中国的社会，何致这样地暮气沉沉，没有光明的气象！"[2]俞氏听后深为震动，认识到报纸如果能尽其崇高的职责，国家与社会都蒙其福，如果不幸失职，则足为国家、社会进步的障碍。"故欲使新闻事业能尽职，能有实际的进步，还须新闻从业员自己努力。新闻从业员的道德、学问与技术上的修养，是使报业健全与进步最基本的关键。"[3]报纸是现代社会中一种强大的力量，应该大力提倡或维持善良的风纪，而不应当助长或逢迎社会上种种恶劣思想或习惯。

> 我所说的新闻界没有道德，一件就是"逢社会之恶"。
> 他国新闻界是开导社会的，我国新闻界是逢迎社会的，真真
> 可叹！近来社会不愿意有世界眼光，新闻记者也就不谈国外
> 的事；社会不好学，新闻记者就绝口不谈学问；社会喜欢欺

---

[1] 梁启超：《论报馆有益于国事》，张之华主编：《中国新闻事业史文选》，北京：中国人民大学出版社，1999 年，第 19 页。

[2] 俞颂华：《论报业道德》，《新闻学季刊》创刊号，1939 年 11 月 20 日。

[3] 同上。

> 诈作恶，新闻记者就去搜辑许多小新闻，来做他们的参考；
> 社会淫乐，新闻记者就去微访无数花界伶界的消息，来备他
> 们的遗忘。这番话不是我言之过甚，乃是实在有的。两年以来，
> 更发达了！北京的报纸，除了小报数十种不计外，其余大报
> 之后，也纷纷增设评花评戏的附张。《北京日报》从前算是
> 正经一点的，去年也都设了"消闲录"登载满纸的"花讯"。
> 我以为也就够了，不料他还要印出种种的照片，来替一般娼
> 妓分"访单"。诸君想想，这是何等行为！[1]

新闻传播当然要满足读者的阅读需要，但满足不等于迎合。邵飘萍指责一些报纸热衷于登载低级趣味的内容，"揣度报纸所以悍然不顾之原因，无非以此迎合一般劣等之读者，既有损新闻价值，而贻害社会风俗，则其责任为尤大矣。"[2]罗家伦在《今日中国之新闻界》中质问："'世界上还是报纸改良社会呢？还是社会改良报纸呢'！我望新闻记者想一想。"问得有力有理，发人深省！

2. 以新闻为终南捷径

新闻工作具有一定的赋予功能，从事新闻事业往往可以给记者从政带来一些方便。这个诀窍为新闻传播界很多人知悉，因此一些人就把新闻作为猎取功名的终南捷径，不把新闻事业当作一种安身立命的职业，而是有一种捞一把就走的短期心理。如此，新闻事业当然难有发展的希望。

> 千错万错，都是枝叶，第一个根本错误，就是从事新闻
> 事业的人，把报馆当作终南捷径，没有真正了解报馆的使命

---

[1] 志希（罗家伦）：《今日中国之新闻界》，《新潮》第 1 卷第 1 期，1919 年 1 月 1 日。

[2] 邵飘萍：《实际应用新闻学》，《新闻文存》，北京：中国新闻出版社，1987 年，第 460 页。

应当怎么。大家听了这话，一定要问我："这是他们个人造诣上品格上的关系，怎样能使全国的报纸都为之退步？况且现在办报的人很多，难道没有一个洁身自好，想要振作有为的吗"？我说：这话固然不错，但是大多数人的事业，往往因少数人误解，或偶入歧途，而竟得意外奇获，于是大多数人为之意夺，不免亦入于彷徨莫主的途径。同时社会恶魔，见少数人可以利用，遂假以威权，使自己制服其同类，大多数人至此，虽其中尚有若干人，未尽泯其本心，亦心余力绌，不能不束手以待毙。现在中国新闻界的病状，就是这样。老实说：中国报纸的进步困难，乃是从事新闻事业者的勇于自杀，不过假刀把于他人罢了。[1]

因为办报的成绩便出去升官发财的，却大有其人。一般青年，在求学时代，见朝中高官厚禄，办一办报，就可到手；于是到了大学，便学新闻学，毕了业，就争找报馆事情做，到了报馆，笔下发皇的，口才敏捷的，便想在外活动，能谋到厅长秘书等去做，固然快乐；万一机缘不凑巧，就是科员书记等位置，也要想试一试，或者能稍微过一过官瘾，因之身在报馆，心逐官场，哪有心思研究报的内容？甚且因为见好官场，应登的新闻不敢登，应评的事件不敢评，遇了问题发生，只拿不关痛痒的话，来相敷衍。这样办报，报纸怎么能有改进的希望？

3. 党同伐异、挟私讦人

1912 年 6 月 5 日，上海《民立报》发表通讯《武汉报界一席话》，评述了武汉各报相互倾轧情况：

湖北报界前因满清钳制，言论不昌，自《大江报》被封，《夏报》被辱，言论界几成荆棘场。迨民国成立，报馆日增，

---

[1] 郭步陶：《中国报界应有的觉悟》，管照微编：《新闻学论集》，上海：汉文正楷印书局，1933 年，第 208 页。

言论自由，势力日形膨胀。由《大汉报》经理胡石庵发起组织报界公会，力图进行。讵同业相忌，其中不无破坏公益者，前汉口《强国公报》出版之始，改国字为□字，《民国公报》即出时评，极力痛诋，两方并几于肆口乱骂。日前《大汉报》登载张鸣鸾选举舞弊劣迹，本属确实，乃《群报》社无端干涉，在报端登函请问访员。又湖北理财司司长潘祖裕引用私人，浸蚀舞弊，经《大汉报》揭载，以昭大公，而《民国公报》以该馆有违公理，致书质问。现各报彼此各怀意见，互相倾轧，亦报界前途之隐忧也。[1]

《报学杂志》第 1 卷第 8 期"新闻界新闻"中，报道南昌一些记者，接受了不名誉的特殊利益；贵阳《小春秋晚报》记者刘忠，与另一"隐名记者"联合诈财，大演其"双包案"；隆昌记者分为两大集团互相攻讦的消息。孙如陵特撰《斥不肖记者》一文，对之进行声讨，号召新闻界"拿出钢胆铁腕，厉行整肃运动，我们对此等'记者'宽宏，就是对自己残忍！我们和他们已经立于有我无人的地位，我们不能再姑息，我们要操刀一割！"[2]大义凛然，令人为之动容。

4. 公器私用敲竹杠

谢六逸曾经痛斥新闻界中的某些败类污染了新闻记者的形象："所以办报的人常是无聊的政客，报纸的企业是政客官僚们刮地皮余剩下来的残肴。于是新闻记者有'老枪'，有'敲竹杠'的流氓，有公然索诈津贴的，有专门叨扰商家酒食的，有奔走权门以图一官半职的，种种丑态，罄笔难书。"[3]北京一位记者闲时去找朋友，往往听到非常难受的话，就是人们问他："阁下有敲没有？"仿佛新闻记者额上都挂有"敲竹杠"3

---

[1] 《武汉报界一席话》，《民立报》，1912 年 6 月 5 日。

[2] 孙如陵：《斥不肖记者》，《报学杂志》第 1 卷第 8 期，1948 年 12 月 16 日。

[3] 谢六逸：《新闻教育的重要及其设施》，《谢六逸文集》，北京：商务印书馆，1995 年，第 277 页。

个字徽章似的。他初听这话的时候，非常愤怒，还责备友人无礼，后来终于明白，这都是一部分同业抬举的结果：在一般人看来，以为新闻记者都是一丘之貉，所以举以问之，又何能错怪到朋友身上？

> 北京为万恶之区，聚集了无量数的坏蛋，所以有这们多敲竹杠的报纸。天下断没有不作恶而怕人攻击的，先有那贪赃枉法的官吏，干了许多不可告人的罪恶，然后才有竹杠可敲，北京报界所以糟到这步田地！然而有一种敲竹杠的报纸，专替被敲的持个消极态度，为之掩蔽罪恶，其在社会上，还没有大害。最可恶的，就是不顾羞耻，悍然敢替那穷凶极恶天下共弃的人辩护。但是他虽然替人辩护，并不是始终一致，今天津贴到手则辩护，明天钱尽又攻击，唯钱是问，不管论调一致不一致。甚至同时可以收受几个派别不同，或冤家对头的津贴，并且都能够在报上替各人说好话，这种报纸，我无以名之，名之为"野鸡报"。野鸡报当然要配上野鸡来办，这等人和其报纸是一样，都是随时可以改变其态度。当民国初元，就来假冒同盟会会员，到袁世凯称帝，又去争先呈递劝进表，交通系每月给了五百元，就认梁士诒为似曾相识，卖国贼仅仅送了两百块，就挺身替他当个辩护士。天下寡廉鲜耻，到这等人可算极点，再也不能找出第二人。[1]

分析敲竹杠者存在的社会土壤，让人们看到病根不单在新闻界自身，而是一个更具广泛性的社会问题，只有消灭社会罪恶才能铲除报界中的敲竹杠者。超越了一般道德意义的拷问和谴责，深入到社会体制层面，引导人们思考报人品格堕落背后的社会体制性激励和诱导力量，如此，媒介批评具有更深刻的社会批判意义。

---

[1] 春江：《不得已来说一说》，北京《晨报·一星期之余力》，1922 年 5 月 14 日。

中国媒介批评的法律视角

　　中国媒介批评是一个纷然杂陈、众声喧哗的场域，这源于大众传媒在现代社会中的强大影响力，每一个社会力量都企图影响和操控传媒达到自己的目的，于是就有了对传媒的评头论足，由于每个批评主体的地位、立场、倾向、目的、学养各不相同，熟悉和擅长的解析工具与话语表达方式亦互有差异，每一个具体的批评文本的背后，或许都隐藏着一段并不寻常的故事，因而造就了中国媒介批评在理论视角、方式和方法上的千姿百态，洋洋大观。这里所说的法学分析视角，不是指与新闻自由相对的专门限制性的新闻出版法，而是指从更宏观的社会生活角度，对新闻报道的一些基本法律制度要求，即对新闻与法律一般关系的体认和思考。在现代社会中，由于新闻事业已全面介入了社会生活的各个层面，牵涉到社会中的每一个成员，新闻事业在享有一定的职业报道权力，对社会进行舆论监督的时候，就不能为所欲为，肆无忌惮，无限制地扩大自己的权力，造成对其他社会生活领域的侵权，影响其他社会权利主体的正常社会秩序。作为一个与其他社会系统发生频繁交往的社会活动领域，新闻传播也必须纳入到一定的法律监管范围之内。任何国度、任何社会的新闻自由权利，都是具体的、相对的、有限的新闻自由权利。

一

在阶级社会中，几乎任何时候，都存在着对新闻活动的"管制"，即法律规范范畴内社会对新闻活动的的强制性约束，古今中外，概莫能外。中国宋朝年间，已经存在由官方发行的邸报，邸报一般都转抄一些经过御览的奏章，若遇有争议的内容，不能决定是否在邸报上刊发，就要上奏皇上。有一次遇有关于岭南异族侵犯中国的消息，有的大臣主张将之登在邸报上，但皇帝却下令：非奉旨，邸报不予抄传。另外，在宋朝，民间还有大量的"小报"传递各类消息，皇帝通过奏章知道此事后，曾专门下诏："今后有私撰小报，唱说事端，许人告首，赏钱三百贯文，犯人编管五百里。"[1] 对不符合统治阶级需求的新闻传播活动，施以严刑峻法，是封建统治阶级惯常的新闻治理行为。

中国现代新闻业在某些时候对社会其他权利主体造成侵害的现象，已经引起了人们从法学视角来关注新闻传播活动。"新闻自由因为吾人应争取的，但自由应在法律范围以内，切不可任意诽谤。出版法诽谤法以及普通民刑法，每个新闻记者应随时顾及。切忌造谣，影响他人各业，如年前上海某报纸刊载农林部次长钱天鹤'劫收'，其实并无此事，当记者发表此条消息时好像无所谓，但钱氏因此而蒙受名誉上之极大损失，又如沈崇事件各方事先均拟隐匿其名，但报纸偏予以宣布，此对沈崇之一生名誉及前途，受害实则不浅。"[2] 从新闻报道权与个人隐私权的冲突角度，主张新闻报道权应该受到一定的限制，这样的主张即便在今天看来，也无疑是建设性的、正确的观点。

从 1903 年到 1927 年，虽然横跨了清末和北洋军阀政府时期两个

---

[1] （清）徐松：《宋会要辑稿》第 166 册刑法二之一二四，北京：中华书局，1957 年，第 6557 页。

[2] 许孝炎：《我所见到的中国新闻事业》，《新闻学季刊》，第 3 卷第 1 期，1947 年 5 月 20 日。

不同的时代，但新闻专制制度一直是高悬在新闻业界的一柄达摩克利斯之剑，时刻威胁着新闻事业的发展。陈独秀是中国共产党的创始人，但"其最基本底色却是一个坚定的自由主义者。"[1]大力抨击新闻专制制度，呼唤新闻自由，贯穿在陈独秀各个时期的媒介批评之中，成为那个时代有力而嘹亮的呐喊。陈独秀从法律与人权的关系角度思考这个问题。他认为由专制而趋向自由，乃是世界发展的潮流："古今万国，治乱各别。其拨乱为治者，罔不舍旧谋新，由专制政治，趋于自由政治；由个人政治，趋于国民政治，由官僚政治，趋于自治政治。"[2]《中华民国临时约法》明定人民享有新闻自由，但北洋军阀政府却阳奉阴违，表面上高唱拥护约法，暗地里施行专制统制，扼杀新闻自由。陈独秀在《约法底罪恶》一文中予以揭露。他说从前旧人骂约法，现在新人也骂约法，"约法"在两个不同阶段都遭"骂"，看似骂的人不同，目的也不同。旧人骂约法，是骂他束缚政府太过；新人骂约法，是骂他束缚人民太过。其实，无论是旧人，还是新人，对约法的作用都存在某种不切实际的幻想。约法能否真正起作用，最终要看执行的人如何执行，新闻自由的真正实现，不能仅仅寄托在约法的存废上，因为约法规定的只是一纸条令而已。"照事实上看起来，违法的违法，贪赃的贪赃，做皇帝的做皇帝，复辟的复辟，解散国会的解散国会，约法不曾把他们束缚得住，到是人民底出版、集会自由，却被约法束缚得十分可怜。约法！约法！你岂不是一个有罪无功的厌物吗？"更为深刻的是，陈独秀指出正是约法本身，在立法上刻意预留了钳制新闻自由的伏笔，北洋军阀政府颁布《治安警察条例》和《出版法》，来束缚人民新闻自由，"许多人背着眼睛骂政府违法，其实政府何尝违法？约法里明明说：'本章所载人民之权利，有认为增进公益，维持治安，或非常紧急必要时，得倚法律限制之。'正因为约

---

[1] 张育仁：《自由的历险——中国自由主义新闻思想史》，第213页，云南人民出版社2002年版。

[2] 陈独秀：《吾人最后之觉悟》，《陈独秀文章选编》（上），第107页，生活·读书·新知三联书店，1984年版。

法对于人民底权利，原来有这样一手拿出，一手拿回底办法，政府才订出许多限制的法律，把人民底出版、集会自由，束缚得和钢铁锁练（链）一般。这本是约法底罪恶，何尝是政府违法呢？这种约法护他做什么？我要请问护法的先生们，护法底价值在那里？"[1]这样的批评就超越了一般性的就事论事，引导人们从更高的层次上去思考新闻统制的社会根源。

新闻传播存在于社会系统之中，决定着社会控制与言论出版自由始终是一对矛盾。社会控制新闻传播的方法很多，其中法律的控制最为刚性，也最为有效和常见。陈独秀对法律与言论自由的理解甚为特别，他将法律、言论自由和社会文明联系起来进行系统的思考，从而论证通过法律来控制新闻自由的某种不合理性。他指出，法律是为保守现在的文明，言论自由是为创造将来的文明；现在的文明现在的法律，也都是从前的言论自由，对于他同时的法律文明批评反抗创造出来的；言论自由是父母，法律文明是儿子，历代相传，好像祖孙父子一样；最奇怪的是旧言论自由造成了现在的法律文明，每每不喜欢想创造将来法律文明的新言论自由的出现；好像一个儿子，他从前并不孝顺父母，到了他做父母的时候，他的儿子稍有点意思不和他一样，他便要办他儿子忤逆不孝的罪；认真严办起来，岂不要断绝后代！

> 世界上有一种政府，自己不守法律，还要压迫人民并不违背法律的言论，我们现在不去论他，我们要记住的正是政府一方面自己应该遵守法律，一方面不但要尊重人民法律以内的言论自由，并且不宜压迫人民"法律以外的言论自由"。法律只应拘束人民的行为，不应拘束人民的言论；因为言论要有逾越现行法律以外的绝对自由，才能够发现现在文明的弊端，现在法律的缺点。言论自由若要受法律的限制，那便

---

[1] 陈独秀：《约法底罪恶》，《陈独秀文章选编》（上），第474页，生活·读书·新知三联书店，1984年版。

不自由了；言论若是不自由，言论若是没有"违背法律的自由"，那便只能保守现在的文明，现在的法律，决不能够创造比现在更好的文明，比现在更好的法律。[1]

陈独秀指出，利用法律来钳制新闻自由，是保守停滞的国家社会，这种国家社会，不但自己不能独立创造文明，就是跟着别人的文明一同进步，也不容易达到。

北洋军阀统治时期，没有真正的新闻出版自由，扣押报刊、检阅函电、查封报馆、杀害记者事件，层出不穷，进步报刊时刻面临夭折的危险。而且在控制新闻自由方面，北洋军阀往往对内凶暴专横，对外卑躬柔顺，表现出一副外强中干、崇洋媚外的可笑丑恶嘴脸，有时候简直成为帝国主义的可耻帮凶。陈独秀对此在《对外圆满，对内统一》一文中，给予了尽情的嘲讽和调侃，以充分揭露这种逆世界历史潮流而动之举的荒谬性：

> 北京学生做的《五七报》，虽然没有什么扰乱秩序的议论，但"五七"二字有伤日本人的感情，是应该禁止的。《晨报》和《国民公报》，时常鼓吹国民爱国，恐怕日本人听了讨厌，也是应该监视的。北京排日的气焰，算《益世报》第一，封禁得更不错。用武装禁止学生集会演说，顶是日本人快心的事。但是二十二日北京基督教五公会，在灯市口公理教堂开会，上书英、美两国政府，说日本欺压中国的危险。这件事政府也要拿出维持秩序的威风来压服压服他们才好，不然算不得对外圆满，对内统一。[2]

---

[1] 陈独秀：《法律与言论自由》，《陈独秀文章选编》（上），第440页，生活·读书·新知三联书店，1984年版。

[2] 陈独秀：《对外圆满，对内统一》，《陈独秀文章选编》（上），第414页，生活·读书·新知三联书店，1984年版。

批评却以建议的口吻出之，这种讽刺性的批评，文笔轻松，力量却胜过正面的否定。

陈独秀对控制言论自由的所有举动都异常敏感并深恶痛绝，林纾在小说《荆生》中流露出借助反动军阀力量来压制新文化思潮的企图，他立即在《旧党的罪恶》短文中，予以迎头的痛击："言论思想自由，是文明进化的第一重要条件。无论新旧何种思想，他自身本没有什么罪恶。但若利用政府权势，来压迫异己的新思潮，这乃是古今中外思想家的罪恶，这也就是他们历来失败的根原（源）。至于够不上利用政府来压迫异己，只好造谣吓人，那更是卑劣无耻了！"[1] 声色俱厉，批评态度决绝，表现出毫无妥协的余地。

二

社会新闻是现代中国新闻媒体报道的重点，其中固然有其合理的成分，但也有新闻媒体逢迎社会某些低级趣味的因素使然。1935 年 3 月 8 日，著名女演员阮玲玉因婚姻问题受到一些报纸的毁谤，承受不了舆论压力，留下"人言可畏"的一纸遗书，愤而自杀。在阮玲玉死后，正直的舆论和广大电影观众纷纷谴责新闻界的黑暗和舆论的不负责任。新闻界一些人一方面以有事实为据、并非造谣为自己辩解，另一方面别有用心地把矛头转向左翼影人和电影《新女性》，胡说阮玲玉的自杀是受《新女性》的启发而仿效。原来，1935 年初，阮玲玉主演的电影《新女性》，因为其中描写一个卑劣的记者角色而得罪了一帮新闻记者，遭到新闻界的挞伐。大报、小报群而攻之，要求联华电影公司向全体记者登报道歉，并修改影片中所谓"侮辱"记者的情节。阮玲玉作为女主角的扮演者而受到牵连，有小报肆意攻击阮玲玉的演技还不如另一个名不见经传的配角。加之此时正值阮玲玉因要求脱离其夫张达民而引起诉讼

---

[1] 陈独秀：《旧党的罪恶》，《陈独秀文章选编》（上），第 359 页，生活·读书·新知三联书店，1984 年版。

之际，各种恶意的流言蜚语式的所谓报道铺天盖地而来，沸沸扬扬，甚嚣尘上。

这场争论惊动了当时已沉疴在身的"社会病理"大师鲁迅先生，他抱病写下了《论"人言可畏"》这篇专论，对新闻活动中不同权利主体发生冲突进行了较为深入的思考，在一定意义上也可以看作是法学分析视角，虽然他不是使用严谨的法律语言来表述。

> 现在的报章之不能像个报章，是真的；评论的不能逞心而谈，失了威力，也是真的，明眼人决不会过分的责备新闻记者。但是，新闻的威力其实是并未全盘坠地的，它对甲无损，对乙却会有伤；对强者它是弱者，但对更弱者它却还是强者，所以有时虽然吞声忍气，有时仍可以耀武扬威。于是阮玲玉之流，就成了发扬余威的好材料了，因为她颇有名，却无力。……现在的报章的失了力量，却也是真的，不过我以为还没有到达如记者先生所自谦，竟至一钱不值，毫无责任的时候。因为它对于更弱者如阮玲玉一流人，也还有左右她命运的若干力量的，这也就是说，它还能为恶，自然也还能为善。"有闻必录"或"并无能力"的话，都不是向上的负责的新闻记者所该采用的口头禅，因为在实际上，并不如此，——它是有选择的，有作用的。[1]

新闻媒体相对于一个普通人来说，握有强大的话语权，两者并非平等的关系。话语权是指一种信息传播主体的潜在的现实影响力，作为一种潜在的现实权力，它更多程度上体现的是一种社会关系。无论新闻媒体如何宣称公平、公正、中立地报道，在现实社会中，新闻媒体的拥有权总会现实地转化为话语使用的优先权。鲁迅的分析如层层剥茧，犀

---

[1] 鲁迅：《论"人言可畏"》，《鲁迅全集》，第6卷，北京：人民文学出版社，1981年版，第331–333页。

利而充分地暴露出其时新闻界某些人作风的恶劣，让人们惊讶地看到这种堕落已经到了丧失人性的地步。新闻理应真实地报道，应该严格地根据事实来描写事实，而不能蓄意地夸大渲染，否则，就是失实新闻。"但有一点坏习气，是偏要加上些描写，对于女性，尤喜欢加上些描写。"无可辩驳地昭示了阮玲玉致死的原因，正是新闻记者不负责任的渲染。文章把新闻界之黑暗，与司法界之流弊，小市民的无聊心理，以及种种阿Q式的"优越感"等等，放在一起并提，统统作了鞭辟入里的剖析与批驳，对阮玲玉的自杀表示了深刻的理解和同情。特别是在文章的结尾，语重心长地表示"希望大家都有一本笔记簿，写下所尽的伟大的任务来。"[1]对新闻记者提出了正面的要求，使这篇媒介批评获得了另一层面的社会建设意义。值得一提的是，鲁迅在这里还实际上已经提出了对弱势人群进行新闻报道要加以保护的原则，即新闻报道要具有人文关怀精神的观点，体现了一个伟大思想家的超前社会意识。

无独有偶，当时的《社会半月刊》也发表了《阮玲玉之死与所谓舆论也者》一文，也从权力的角度分析了这一问题。作者以新闻媒体的社会职能作为立论出发点，重在分析"在阮死以后，至作者撰此短文之时，除报纸连篇累牍如丧考妣之记述以外，对于此事作严正之批评，指示人生，觉醒女性，足以当舆论而无愧者，余未之见也。至阮死以后，更不见所谓舆论之踪影，有之，惟《时报》之流，发现影星之灿烂如阮玲玉之风流韵事，如获至宝，不问讼案判决与否，必尽其曲意渲染能事，甚至阮之乳名阿根，阮母曾为人佣工，阮张花园相会一见倾心之往事，皆在'有闻必录'之列，记之者得意洋洋，读之者津津有味。"[2]这篇批评文字触及到新闻报道的深层次社会原因，即媒介对报道题材的选择并不是媒体单方一厢情愿之事，其中隐藏着对读者阅读需要的考虑。新

[1] 鲁迅：《论"人言可畏"》，《鲁迅全集》，第6卷，北京：人民文学出版社，1981年版，第334页。

[2] 孤星：《阮玲玉之死与所谓舆论也者》，《社会半月刊》，第1卷第13期，1935年3月。

闻报道天然地隐含着与人格权的冲突，这种冲突的解决必须置放到一种法治的状态下去考量，才能获得合情合理的答案。

张友渔兼具法学和新闻学的双重知识修养，对法律和新闻的关系具有精深的思考。他曾阐释法律与新闻的关系说："在阶级社会里，决没有所谓绝对的言论自由。我们可以看到任何布尔乔亚、德模克拉西的国家，都在它的宪法上，规定着人们有言论自由的权利，然而同时规定着言论自由，须在法律范围之内。法律范围，究竟是多么大的一个圈儿？没有人能够确切限定。现在拘束我们的《出版法》，是法律；所谓《危害民国治罪法》，也是法律。法律的范围越扩大，言论自由的范围便愈缩小，"[1] 国民党统治时期，制定各种严酷的法律来控制言论自由，在谈及"什么人即哪一个阶级的人，才有'统制新闻'的资格与能力？才能获得'统制新闻'的最后的胜利？"问题时，张友渔说这"不是本文所要讨论的问题，因为那个涉及政权的本身"[2]，以故意回避的方式，巧妙地对国民党当局进行抨击，表面上是避而不谈，其实是在人们暗示国民党当局违反人们大众的根本利益，逆历史潮流而动，从根本上不具有进行新闻控制的合法性和主体资格。

新闻传播的法治是一种理想的形态，但中国现代新闻传播事业发展过程中，政府当局却玩法弄法，将法律操控为压迫钳制而不是保护支持新闻传播事业的工具。著名记者邵飘萍揭露当时我国政府对于新闻媒介一方面无时不加以严重之压迫，另一方面又放任某些新闻传播中的不端行为。新闻传播有时过于自由，有时又太不自由，其结果必然就是：一方面新闻之记载未上于正轨，凡揭发个人阴私为欧美各国社会所不许记载者，殆触目皆是，即如政治、外交、立法、司法诸端新闻所载，亦毫无规律，政府似熟视而无睹。另一方面，若一旦遇与政府中人、个人利害有关之事，始倒行逆施，妄为法外之干涉，武人、官僚、议员、政

---

[1] 张友渔：《论统制新闻》，《张友渔新闻学论文选》，第37页，新华出版社，1988年版。

[2] 同上。

客莫不皆然。"例如关于国务总理某某之事，若载为总理某姓某名，第二日立生问题；然苟稍加笼统改为'国务院'，则即有问题，亦可以轻一层矣。此可见我国官僚只以个人为本位，无国家机关之观念。有一类新闻，在我国新闻纸中每坦然登载，恐即在文明国之社会，亦将为'舆论的舆论'所不许也。"[1] 故我国政府及有权力者之对待新闻纸，只问私而不问公；只干涉与彼有关之事，而不干涉与国有关之事。他愤怒地名之曰这种现象是自私腐败！根治这种自私腐败的药方仅仅从新闻媒体入手，显然无法达到疗救的目的，社会制度变革才是最终的根本之道。

三

对新闻媒体的法律责任作出较全面深入思考的是著名法学家王世杰先生，他的《对于中国报纸罪言》是中国现代媒介批评史上不可多得的从法学视角对媒介进行批评的专题文本之一。"中国报纸里面的新闻，广告，通信，与评论，往往令人发生这样的一种感想：中国的日报，如果移往伦敦或纽约，照样发表他们的言论，恐怕不出一周，就要倒闭净尽。他们的编辑人和经理人，如果不因触犯刑律而受刑罚，也就不免要因违反民律而对私人担负无数的损害赔偿。这样说来，似乎中国的言论自由，就是英美诸国也望尘莫及了。从一方面说，这自然不是真相；从另一方面看去，却又诚然如此。"[2] 王世杰认为报纸是现代社会中一种强大的力量。握有这种力量的人，应该以其力量，去督责或抵抗强有力的政府，而不当以其力量，去蹂躏缺乏抵抗力的私人；应该以其力量，去提倡或维持善良的风纪，而不当以其力量，去助长或逢迎社会上种种妨害善良风纪的恶思想或恶习惯。中国的报纸，往往缺乏这一类的责任观念。他在文章中重点申述了中国的报纸如何地妨害私人名誉，如何地妨害风纪，并于叙述每一项事情的时候，向新闻记者提出应该采取怎样

---

[1] 邵飘萍：《新闻学总论》，京报馆，1924年版，第166—167页。
[2] 王世杰：《对于中国报纸罪言》，《现代评论》第1周年纪念增刊，1925年12月。

的正当态度的建议。

一是报道不确的传闻。中国办报纸的人，往往对于一种足以损害他人名誉的传闻，自己虽尚未能信为真确，却敢冒昧地发表出去。他们以为只要加上"传闻如此，未知确否"，或"传闻如此，但恐不确"一类的字样，他们就可以对得住被损害的人了。这也是把言论自由，看作一种不负责任的自由。要知一个人的名誉，既不因为你加上这些字样，就可免除损害，那末，你的责任，亦自然不能因为你加上了这些字样而可免除。所以在英美及其他自由国家，这一类字样是不能豁免报纸的责任的。就令报纸能证明该种传闻之存在，报纸的法律责任，也是不能免除的。英美人常常说，法律只承认自由（Liberty）而不承认放肆（License）。所谓放肆，就是不负责任。所以他希望中国新闻工作者，能打破传统上不负责任的旧的观念，尽力避免传播自己都不能相信而足以毁坏他人名誉的记载。

二是报道侵害私人名誉。中国一般办报纸的人，对于关涉私人名誉的事体，以为只要所载属实，他们就可不负道义上或法律上的责任。这也不是一种正当观念。仔细说来，妨害私人名誉的言论，可以分作两类。一种是谩骂。另一种就是诽谤。凡指摘足以毁坏他人名誉的事迹之言论，便是诽谤。这一类的言论，就令内容属实，也不是报纸所应任意登载的。一则因为私人的不名誉行为，初不尽与公益有关，譬如某甲与某乙发生恋爱，便完全是他们的私德问题，与公众利益初无关涉；一则因为私人纵有不名誉的行为，社会亦不宜绝其自新之路；如果报纸对于一个曾经作过不名誉事体的人，可以随便摘发他从前的行为，他自然不肯努力自新。不但如此，毁坏私人名誉的记载，是可以惹起社会上许多仇怨，许多争斗的。为保全社会的和平、和谐与安定起见，国家也不宜任人尽量发表。

三是不更正错误。中国的报纸，对于一种损害私人名誉的记载，往往于错误发现以后，亦不自行更正；甚或拒登被损害者请求更正之函件。这也是缺乏责任心与公道心的一种表现。在英美那些国家，一个报纸，如果发现了此类错误，大都自动地给以更正。此类自动的更正，自亦不能完全豁除报纸损害赔偿责任；因为此类更正，亦不见得能完全解免他人的损害。可是此类更正，可以证明你无恶意，可以减少他人精神上或物质上所受的损害；因此也就可以减少你的赔偿责任。至于被损害者来函更正，则一般国家，殆莫不认为有关系的报纸，有立予露布之义务。《报纸条例》于民国五年废止了；可是该条例中关于更正权之上项规定，还是希望一般报纸，能自动地完全履行。王世杰希望中国报纸，对于自己发见的错误记载，能自动地加以更正。

四是放弃或推卸报纸广告、通信栏的责任。北京的报纸当时有一种极可厌恶的风气，这就是容许他人利用他们的广告栏，以丑诋他人。而且往往容许他人用极大号的字，在他们的社论前，登载这一类的广告。王世杰认为这其实是完全错误的观念。报纸的经理人或编辑人不特对于损害私人名誉的广告，要负责任，就是对于商业广告，也不能不负相当责任：凡报纸的经理人，如果明知某商业广告为不实，而仍令刊入报纸中，则因该项广告而受损害的人，便得向该报要求赔偿。中国报纸往往容许他们的通信栏，登载损害私人名誉的通信。这与滥收广告，自然应负同等的或加等的责任。中外的报纸，虽然常在通信栏中加上"本报不负本栏文责"的字样，可是这一类的声明，只有政治的意义，不能有法律上的意义。

五是侵害司法独立。关于诉讼案件的文字，应该区别诉讼报告与诉讼批评。报纸如果在案件未经判决以前，能任意批评那个案件，法院便不免为院外的势力所左右；诉讼当事人的利益，便要受报纸的摧残或包庇。凡在报界有特殊势力的人，便要占便宜，其他私人，便立于不利地位。吾国报纸，对于一切不足惹起公众注目的案件，就完全没有诉讼批评，如果报纸上有了诉讼批评，那就大半在案件判决以前。在法院司法人员的实力、道德与学识，尚未能充分地保护人民的生命财产以前，诚不能认为此种情形应绝对禁止；可是此种批评实在也可妨碍公平正义的实现。所以对于未经判决的诉讼案件，报纸仍应力避发表批评。

王世杰在该文中还对报纸的诲淫诲赌行为进行了批评。娼妓营业，在中国诚然是法所不禁；可是国家因不得已而承认公娼，不必就应同时承认娼妓享有广告权。1924年，北京《东方时报》为推广该报销路起见，也曾迎合社会赌博心理，举行了一种彩票式的有奖竞争——头二三奖都是一辆汽车。报纸纵不能拒登一切奖进赌博心理的广告（如赛马广告，彩票广告之类），但决不当有自开彩票的行为。道德的底线是法律，诲淫诲赌也都是法律需要调整的范围。

国家、社会的存在，在于它的组织性和秩序化。王世杰先生《对于中国报纸罪言》是从法学分析视角对报纸失范行为进行的批评，反映了社会上一部分人对媒介失范而造成社会秩序紊乱情形的担忧，也寄寓了一部分人的民族社会理想："怎样的一个民族，就有怎样的一种报纸。这话如果属实，中国报纸的种种弱点，便是中国国民性的表现。我盼望《现代评论》的同人，继续努力，能为中国报纸或民族争一点体面。"[1]他们所发出的声音在当时语境下或许有些不合时宜，但确实是有理由的，是有节制的理性的声音，尤其在当下仍有着一定的社会积极意义。

---

[1] 王世杰：《对于中国报纸罪言》，《现代评论》第1周年纪念增刊，1925年12月。

漫画视域中的中国媒介批评及其表达

　　媒介批评是指根据一定社会和阶级的利益与理想，并按照一定的标准，对新闻传播所进行的价值判断、理论鉴别活动。媒介批评在本质上是一种意见生产和表达方式，是社会评价和政治、文化冲突在新闻传播领域内的表现。在人类的叙事手段中，语词与图像都是表情达意、传播信息的有效媒介，都是不可或缺的叙事工具。尽管从现实的情况看，图像与文字相比总是处于边缘性的地位，文字无疑是媒介批评最为惯常的文本构成形态，但在媒介批评的具体实践中，图画尤其是漫画有时比话语或想法更概括，更复杂，即"图画在内容上比话语更为丰富——话语'容易安排'，但也容易出偏差。"[1]正因如此，在中国近现代新闻传播发展过程中，漫画形态的批评文本一直不绝如缕，以其特有的方式显示着自己的存在，但这种文本在媒介批评史的研究中却一直未受到人们应有的关注。有鉴于此，本文在梳理相关漫画形态媒介批评文本的基础上，对其批评的主题和表达方式作一初步探讨。

---

[1]　转引自：龙迪勇：《图像叙事与文字叙事——故事画中的图像与文本》，《叙事丛刊》第二辑，北京：中国社会科学出版社，2009 年，第 150 页。

一、媒介社会功能的形象定义

定义是认识主体使用判断或命题的逻辑形式，确定一个认识对象在有关事物的综合分类系统中的位置和界限，使之从中彰显出来的认识行为。定义是说明事物特征或事理、揭示事物或事理本质的一种基本方法，它既是认识的结果，又是认识的起始。定义一方面是人们对事物社会功能的一种实然描述和理解，另一方面又包含着人们对其社会功能的一种应然期待和追求，所以，人们对事物的定义既构成了事物存在的外在环境，又提供了事物变化的内在动力，成为事物发展的一种规制性力量。漫画是通过虚构、夸饰、写实、比喻、象征、假借等不同手法，描绘图画来述事达意的一种视觉艺术形式，漫画对新闻传播的描述显然是人们对媒介社会功能的一种定义，体现着人们对媒介及其社会功能的认识，它以图画的方式形象直观地回答什么是媒介、媒介应该如何等一系列新闻传播的基本理论问题。

媒介是什么？不同的人对这个问题或许有不同的理解，但媒介作为信息工具，理应成为社会环境的瞭望者和监督者，则是人们对媒介的一般认知和认同。1910年，由资产阶级革命党人主持的《神州日报》刊登了一幅题为《唤醒睡狮》（图1）的漫画。这既是该报的一种自我定位，又真实地反映了人们对新闻传媒社会功能的期许。这幅漫画的画面上，是一只闭眼沉睡的狮子。在这头睡狮身上，很多苍蝇正在骚扰和欺侮它。而在周围，更多的苍蝇正蜂拥而来，都企图在这只睡狮身上分取一杯羹。画面右上方，一个人手持《神州日报》报册拍打，一方面在驱赶可恶的苍蝇，另一方面也是在唤醒这只沉睡的狮子：快醒来吧！

1816年，拿破仑大帝对出使中国的阿美士德勋爵说过："中国是东方沉睡的雄狮，当他醒来时世界会为之震撼。"从此，"东方睡狮"就成为中国的代称。近代以降，在西方各国渐次进入相对文明的资本主

图 1 唤醒睡狮 《神州日报》 1910 年

义社会之时，原本处于世界先进行列的中国抱残守缺，渐渐成了愚昧落后的老大帝国，成为帝国主义列强侵略的对象。让睡狮醒来重振雄风，成为其时无数中国爱国先进分子孜孜以求的目标。鸦片战争以后，外国列强为了抢占广阔的中国市场，在中国创办了大量报刊进行文化和意识形态的渗透，以配合其军事和经济侵略。19 世纪 70 年代以后，中国人开始尝试创办自己的民族报业，以掌握在对外交往中的话语权，并进行知识和思想的传播。随着中国近代报业的发展，新闻媒体在社会中的地位和作用不断显现，报刊的启蒙作用逐渐受到人们的重视。《唤醒睡狮》漫画就体现了人们对报刊社会启蒙的角色的认识和定位。《神州日报》1907 年 4 月 2 日由著名的革命党人、同盟会会员于右任创办，是资产阶级革命派在国内创办的第一家大型日报。于右任创办这张报纸，就是以祖宗缔造之艰难和历史遗产之丰实，唤起中华民族之祖国思想，激发潜伏的民族意识。虽然《神州日报》从 1907 年 6 月 20 日起，改由汪彭年等人主持，与同盟会、光复会联系逐渐减少，但因参加编撰的多为革命党人，在辛亥革命时期仍然属于革命派的言论机关，具有相对自觉而强烈的启蒙意识。对报刊的这种功能定位在当时其实是一种普遍性的社会意识，成为制约媒介发展的一种决定性社会精神和心理力量。

发表在 1929 年 10 月 5 日《上海漫画》第 76 期的《民众阅报栏》漫画，是著名漫画家黄文农的作品。1927 年"四·一二"反革命政变后，中国共产党开始走上武装反抗国民党反动统治的道路。1927 年 10 月，毛泽东率领秋收起义的部队到达井冈山，开始创建井冈山革命根据地的工作。到 1930 年，中国共产党共在全国各地建立了 15 个革命根据地，拥有了 10 多万人的工农红军。国民党当局对此感到极度恐慌，蒋、冯、阎中原大战结束后，南京国民政府立即集结兵力，对各个革命根据地进行"围剿"。随着各个根据地反"围剿"战争的不断胜利，红军和根据地的地位日益提高，成为全国政治生活中的重要因素，红军和革命根据地的有关信息逐渐成为社会生活中人们关注的一个热点话题。《民众阅报栏》从一个侧面反映了这一新闻传播现象。漫画的画面上，两名读者一边阅报一边交流、议论，戴着眼镜的读者向长着八字胡的读者问道："你最要看的是什么新闻？"长着"八字胡"的读者十分认真地说："我最注意那朱毛的行踪！"所谓"朱毛"，指的是朱德和毛泽东领导的红军。1928 年 4 月，朱德领导的南昌起义部队与毛泽东在井冈山会师，组成红四军，以井冈山为依托向四面开展游击战争。为了打破周围湘、赣敌人的封锁和进攻，1929 年 1 月，朱德、毛泽东率领红四军向赣南进军，沿途张贴毛泽东亲笔起草的《红军第四军司令部布告》，宣布红军的革命宗旨，开辟了赣南革命根据地。1929 年 3 月、5 月、10 月，他们又率领红四军相继三次入闽，开辟了闽西革命根据地，红军的战斗力不断提高，作战规模越来越大，社会影响也日渐增强。《民众阅报栏》这幅漫画既直接反映了当时民众对红军有关情况的关注，也间接地报道了红军转战千里、不断开辟和扩大革命根据地的胜利消息，更重要的是它形象地阐释了新闻媒体只有满足人们的阅读需要才能赢得读者的传播机理，是以漫画形象而含蓄的叙述方法对新闻媒体如何才能赢得读者这个问题给出的回答。

图 2 民众阅报栏 1929 年 10 月 5 日 黄文农

二、传播恶俗趣味的无情嘲讽

人是宇宙的精华，万物的灵长，道德生活则是人类的骄傲。中国传统文化是以伦理为本位的文化，道德生活几乎是社会生活的全部，人们习惯于以道德的视角来观察和审视社会生活现象。新闻传播是一种具有广泛社会性的行为，从伦理道德角度对媒介进行评判构成了中国近现代媒介批评中的重要内容。媒介与社会风气之间的正相关性，一直是人们构思新闻职能的支点。举凡与社会上风俗人心道德有密切关系之事，人们往往都会归责于媒体。由于各种因素的影响，中国近现代新闻传播中污浊、黄色、低俗等不健康成分始终未绝，侵蚀着社会健康的机体。对传播恶俗趣味的谴责成为其时媒介批评的主要课题。

20世纪20、30年代之交的上海，新闻传播事业兴旺发达，尤其是民国政府时期的10年间，上海新闻事业进入了相对稳定的发展时期，媒体众多，特别是20年代后半期出现了小报高潮。20年代末30年代初，"短短五六年间，先后出版的小报竟达700多种，几占上海小报史上总量的3/4。"[1]这么多的小报问世，自然泥沙俱下，难分良莠，时人目之为"小报的泛滥"。即便当时的大报，其报道质量也令人堪忧。著名新闻教育家谢六逸先生曾愤怒地批判道："恶劣的报纸，正如毒物一般，在每天的早晚，残杀最有为的青年，颓唐健全的国民。看报纸的人的头脑浸润在战争、奸杀、盗窃、娼寮、酒饭、冠盖往来、买办暴富里面。一切受苦受难之声音，被虐被榨的实况，国际情势的变迁，近代学术的趋向，是永远和中国的阅报者无缘的。假使把中国现在的几家大报的新闻，翻译一二段为外国文，送到外国报纸上去登载，必然被人家尊重为'支那特产'无疑。"[2]20世纪20、30年代之交，随着上海新闻事业的发达，新闻媒体的社会影响日渐提升，民众对新闻媒体的关注也逐渐增强，其重要表现之一，就是具有一定社会舆论属性、属于媒介批评范畴的对媒介及其行为进行审视、评议的活动大量出现，媒介批评活动呈现活跃的局面。以漫画新闻的方式反映社会对媒介及其行为的观感，就是其时媒介批评的一种表现和存在的方式。发表在1929年11月9日《上海漫画》第81期的《在新闻纸上天天见着的野蛮性暴露》漫画，是一幅典型的漫画视域中的媒介批评文本，作者鲁少飞是中国漫画会成员。作为对新闻媒体具有相对依赖性的社会艺术群体，漫画会同人对新闻媒体及其现

---

[1] 马光仁：《上海新闻史》，第696页，复旦大学出版社，1996年版。

[2] 谢六逸：《新闻教育的重要及其设施》，《谢六逸文集》，北京：商务印书馆，1995年，第277页。

状多有不满，并通过漫画积极地加以表达。在《上海漫画》上，《新闻记者与自杀者》（第 13 期）、《大记者声名详谥矣》（第 56 期）、《读者一致赠给他的奖品》（第 89 期）等，就从不同的角度对新闻媒体及其行为进行了反讽和批评。《在新闻纸上天天见着的野蛮性暴露》是漫画视域中的又一媒介批评佳作。从形式上看，这是一篇较为完整的漫画新闻式媒介批评作品，共由 10 幅漫画新闻图画组成。"在新闻纸上天天见着的野蛮性暴露"是媒介批评作品的标题，然后分别详细展示了新闻媒体上所常见的 8 种报道题材：汽车轧死走路人、青年意志薄弱投浦自尽、亲夫持刀捉奸斩死男女二人、营业失败抑药自尽、巡捕追住抢匪、汽车路遇绑票、捉住烟贩、本夫捉住卷逃。第 10 幅漫画是一个读者坐在椅子上愁眉苦脸地看报，提示文字是："读报的人只有天天皱着眉头"。漫画的最下方有一行文字，"中国的报纸满纸都是消极的新闻，不知何日可以改良？"明确揭橥作者进行媒介批评的良苦用心。

图 3 在新闻纸上天天见着的野蛮性暴露 1929 年 11 月 9 日 鲁少飞

图 4 读者一致赠给他的奖品 1930 年 1 月 4 日 黄文农

　　每一种职业都有自己特点的职业道德规范，新闻职业也是这样。它是新闻工作者在长期的职业实践中形成的调整和处理新闻机构内外相互关系的行为规范或准则。新闻伦理包括但不局限于新闻工作者的职业道德或职业伦理。无论编辑、记者还是其他新闻工作者，在新闻工作中的价值取向、道德表现总是与其所在的新闻媒体的价值取向、道德功能与伦理规范密切相关。换言之，媒体的价值取向、道德功能与伦理规范总是体现在其所属的编辑、记者的行为之中。新闻工作者是传播系统中最活跃的因素，是媒体的最终雕塑师，新闻工作者的素质、水平、趣味决定了媒体的面貌和质量。美国著名报人普利策曾这样说过："倘若一个国家是一条航行在大海上的船，那么新闻记者就是船头的瞭望者。他要在一望无际的海面上观察一切，审视海上的不测风云和浅滩暗礁，及时发出警告。"在日常生活中，漫画家通常是通过给新闻工作者进行画像来开展媒介批评。《读者一致赠给他的奖品》就是这样一幅漫画式媒介批评文本。这幅漫画发表在 1930 年 1 月 4 日《上海漫画》的第 89 期，是漫画家对当时某些新闻工作者的形象描绘。这幅漫画的画面上，一个穿着长袍马褂传统中式服装、戴着眼镜、胸前别着"记者"字条的人，面前堆放着一堆各种各样或大或小的奖杯奖牌，上面分别写着"巧言令色"、"畏首畏尾"、"借题发挥"、"反舌无声"、"无中生有"、"不自由"等等字样，意思是这位"记者"集这些"称号"于一体，堪称新闻记者的"典范"。漫画家以此讽刺当时社会上的一些新闻记者完全背离新闻记者的职业操守，假借新闻记者职业上的某些便利，不但不为民请命，充当人民的耳目与喉舌，反而成为体制权力的同谋者，以谋取个人的私利。《读者一致赠给他的奖品》无异于一篇声讨无良新闻记者恶行的檄文。

三、新闻自由桎梏的大力抨击

新闻自由是采访、报道、出版、传播新闻信息的权利，是宪法规定的公民的言论、出版自由权利在新闻传播活动中的体现和运用，是公民政治权利的一个重要组成部分。一个宽松的新闻自由的环境有助于公民社会的成长，这将让民主制度更加稳定，也会促进政治和经济的发展。现代意义上的新闻事业发端于西方，中国近代新闻事业首先是由西方一批传教士创办而来。虽然早在鸦片战争前夕，西方的新闻自由概念就被介绍到了中国，但在很长的一段时期内，国人并没有对新闻自由的意义给予更多的关注。直到辛亥革命以后，尤其是经过"五四"新文化运动的洗礼，新闻自由思想及实践的意义才为进步的中国知识分子所认同。但即便如此，在具体的社会实践中，由于传统思想的作祟和现实政治利益的考量，中国人的新闻自由之路始终伴随着难以想象的坎坷与艰辛，新闻媒体始终在一个新闻自由权利被钳制的社会环境中苦苦挣扎，无法获得其生长所必需的呼吸空间。对新闻自由桎梏的抨击，也一直是媒介批评中最为响亮的声音。

　　漫画家鲁少飞发表在 1935 年 11 月 23 日《大众生活》第 2 期的《？》漫画，可谓是这一方面的代表之作。1928 年南京国民政府成立后，在新闻宣传领域，国民党提出了'以党治报'的方针，规定非国民党的新闻事业必须接受国民党的思想指导与行政管理。为加强对新闻传媒的控制，相继出台了大量以审查新闻舆论为目的的法令法规。1930 年 12 月，国民党制订的《出版法》对于出版主要还是申请登记和出版内容的限制。从法学的角度看，它属于注册登记制。1932 年 11 月，国民党中央宣传部又公布了《宣传品审查标准》，宣称凡宣传共产主义者便是"反动宣传品"；批评国民党者便是"危害民国"；若对国民党统治不满则是"反动"。这些倾向的文稿一律禁止出版。这一《标准》的颁布预示着注册登记制向审查制的发展倾向。1934 年 6 月，国民政府公布了《图书杂志审查

图 5 ？　1935 年 11 月 23 日　鲁少飞

办法》，规定一切图书、杂志应于付印前都要将稿本送中央宣传委员会图书杂志审查委员会审查。1935年7月，国民政府立法院又颁布了《修正出版法》，规定报刊应于"首次发行前，填具登记申请书，呈由发行所在地之地方主管官署核准后，始得发行。"这两个法规，实际上将由原《出版法》规定的注册登记制彻底地改成了干涉舆论自由的审查批准制。为了加强对新闻出版业的审查体制建设，国民党中央宣传部成立了一系列的专门机构。凡是报纸使用的电讯和稿件，均由中宣部审查处审理；凡是图书杂志的原稿，便由中央图书杂志审查委员会来处理；如果是戏剧剧本，则由戏剧审查委员会和图书杂志处共同处理。这些机构都直属于国民党中宣部，并在各省市设有分支机构。《？》这幅漫画即旨在揭露当时国民党当局"言论自由"的虚伪性及其反动本质。画面上是一位盘腿坐着的文化人，耳上夹着一枝笔，手中握着一卷纸，但他的嘴却被一把硕大无朋的大锁紧紧锁住，锁上写着的恰是"言论自由"几个大字。国民党当局表面上也标榜"言论自由"，但其实这只是其一党所有的言论自由，凡是与其思想相左的言论都没有发表自由，不是报馆被查封，就是报人被下狱。如鲁少飞主编的《时代漫画》就曾被迫停刊。这幅漫画既真实地再现了当时国民党当局文网严密的现实，又深深地表达了广大人民对国民党政府钳制新闻自由的不满和谴责。

而漫画家丁里发表在《论语》1936年4月1日第85期的《大有可观》漫画，则从另一个角度对国民党当局钳制新闻自由的恶行给予了嘲讽和批判。这幅漫画的画面上，一群人正围在一张展开的对开报纸前看报，但这张报纸上除了报名之外，其余的地方，大部分是稀稀拉拉，要么是大片的空白，要么是文稿被删除后因为不及补充而临时被拉来充数的"□"或者"×"符号。读者阅读报纸，是为了获取消息和知识。从阅读的一般心理上来说，信息丰富是读者对于一张报纸的基本要求。一张信息量匮乏的报纸势必无法获得读者的青睐，新闻工作者对此当然是了然于心，因此，尽量使报纸内容丰富，也是新闻工作者的追求，但是由于有新闻检查制度的存在，媒体最后与读者见面的内容无法由新闻工作

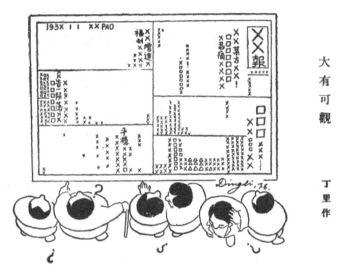

图6 大有可观 1936年4月1日 丁里

者来选择决定，很大一部分由新闻检查人员掌控着。新闻检查人员的好恶决定了报纸的内容，而新闻检查人员审查的标准并不是读者的阅读需要，而是政治的需要。1927年以后，中国国民党表面上完成了国家统一，南京国民政府开始对政权进行制度建设。新闻审查作为进行"舆论统一"的重要手段，成为其政治制度的重要组成部分。1927年至1937年抗日战争爆发的十年间，南京国民政府颁布了繁多的新闻审查条例，设立了系统的新闻审查机构，建立起了一套完备的新闻审查制度。其目的当然并非保障新闻自由，而是藉此对社会舆论进行统一，以维护其政权统治。由于审查的延宕，常常导致媒体送审的稿件被删除后，由于已到截稿时间，而无法替换或补充，媒体只得以留白或以"□"、"×"符号处之。令人可笑的是，1934年6月国民政府公布的《图书杂志审查办法》中规定审查委员会不仅有权删改稿本，而且删掉的地方不许留下空白。这种严酷的新闻审查制度非但未能帮助其树立政治权威，反而激起了社会舆论的强烈不满。《大有可观》从侧面对国民党当局对新闻自由的钳制进行了抨击。

　　中国近现代漫画视域中的媒介批评从近代漫画产生时就已经产生，它是漫画评议性本质的一种必然表现。漫画介入媒介批评，是新闻传播越来越渗透到人们的日常生活之中，作为艺术范畴的漫画与之交合进而产生跨界的结果。图像和语言基于人类的通感，能在表意上相互联系和转换，但二者的叙事起点不一。漫画是以线条、图形、色彩叙述的视觉艺术，漫画视域中的媒介批评文本在话语形态、思维线路等方面，一般是通过夸张变形，诙谐幽默和荒诞不经等手段，表达事物的精神实质，传递某种观念。漫画以形象作用读者的眼目，给人以一目了然的感觉，容易引起读者共鸣，接受其所传达的批评意义，这是漫画类媒介批评文本得以存在的依据和优势。但是，漫画类批评文本也因此具有了碎片化的特征，无法像语言那样进行逻辑严密的推理论说，一般不能对批评客体进行系统性、整体性的论证和辩驳，观点的表达无法深入而详尽。在读图时代的当下社会中，研究中国近现代漫画视域中的媒介批评及其表达模式，对媒介批评实践的开展具有一定的借鉴意义。

第三部分

汪康年媒介批评实践与思想研究

　　汪康年（1860—1911）是晚清新闻实践异常丰富的新闻工作者，从 1896 年参与创办《时务报》，到 1911 年闻知武昌新军起义而仓促出京并随即暴卒，在 15 年里的时间里，他相继主持过 6 份报刊和一家通讯社，无论是在维新运动中替帝国的"自改革"吁求呐喊，还是在立宪运动中为民间监督权力运作的舆论摇旗助威，他都曾操笔为文，挥戈上阵。但个人近似愚拙的务实风格以及相对中庸保守的政治理念，使他很长一段时间内在中国新闻史上被边缘化而落寞无闻。近年随着近代史研究的深入，汪康年民间报人的形象有所彰显，但"20 世纪中国第一代政治和文化保守主义者"[1] 的历史位置注定他只能扮演悲剧。不过，横看成岭侧成峰，造化弄人，汪康年晚年落伍于时代、坐而论道又"提不出创见的批评家"[2] 的这种人生悲剧，却恰恰玉成了他在媒介批评方面耀眼亮丽、超迈同侪的非凡贡献。

---

[1] 廖梅：《汪康年：从民权论到文化保守主义者》，北京：上海古籍出版社，2001 年，第 395 页。

[2] 廖梅：《汪康年：从民权论到文化保守主义者》，北京：上海古籍出版社，2001 年，第 353 页。

一

　　媒介批评是一种主体性行为。汪康年的媒介批评活动导源于他对新闻传播及其社会功能的认识。1907 年 5 月，汪康年在《论报章之监督》中精辟而深刻地阐释了这两者之间的逻辑关系及其个人对此的独到理解："天下无独利之事。报者，若兵器，仁者用之，则可为至仁之事；不仁者用之，亦可为至不仁之事。夫使以此利器，而挈而付之不仁者之手，使得恣其攫搏噉噬之威，而仁者反退处于无权力之地，则事之可希望者几何矣。"[1] 在中国报业发展的起步阶段，对报业工具性功能的刻意强调和宣扬，无疑具有十分强烈的现实针对性和社会必要性，因此，关于报纸性质与功能的探讨，几乎是当时媒体从业者的共同话题，很多报人都对此发表过自己的见解。在汪康年之前，维新人士陈炽就曾提出过"国之利器，不可假人"[2] 的观点。汪康年认为报纸不仅具有"通消息，联气类，宣上德，达下情"[3] 的信息传播与沟通功能，不仅具有"振起社会，开发民智"[4] 的启蒙与教育功能，还认为报纸具有监督政府和谋求社会公益的功能，"报章者，所以监督政府而谋社会之公益者也。故于政府之得失，社会之利害，或誉扬而赞成之，或防微而纠正之。报章之职分宜然也。"[5] 更为难能可贵的是，他据此进一步提出了进行媒介批评以"监督报章"的观点，力图从更为广阔的视角全面思考和建构媒介与政府、

[1] 汪康年：《论报章之监督》，《汪康年文集》（上），杭州：江古籍出版社，2011 年，第 126 页。

[2] 陈炽：《报馆》，张之华编：《中国新闻事业史文选》，北京：中国人民大学出版社，1999 年，第 11 页。

[3] 汪康年：《论设立时务日报宗旨》，《汪康年文集》（上），杭州：浙江古籍出版社，2011 年，第 48 页。

[4] 汪康年：《忠告》（五），《汪康年文集》（上），杭州：浙江古籍出版社，2011 年，第 382 页。

[5] 汪康年：《论报章记事关系个人及社会之分别》，《汪康年文集》（上），杭州：浙江古籍出版社，2011 年，第 119 页。

社会之间的互动关系。

　　汪康年认为："报者，监督政府者也，监督社会者也。其立志至尊，其处地至崇，其握权至高，其力之所至，至普遍迅疾。虽然，报馆则独可无监督乎？报馆而无监督，则凡奸慝佥壬，皆得借以济其所欲，将以其倾邪不正之言，诬惑社会，簧鼓人心。不特此也，又将借社会之力，以成己之所志，而去己之所忌。则报之为物，乃反以祸人家国矣。"[1]报纸之所以能够监督政府和社会，根源乃在于其掌握一定的话语权力。这种话语权力如同其他社会权力一样，需要其它社会权力的制衡与监督。报纸是社会批评者，社会监督者，而批评者也需要被批评，监督者也需要被监督，如此才能形成社会权力之间的良性制衡。汪康年对媒介批评必要性的论证过程，隐然含有社会契约论和性恶论的理论前提，虽然我们并无直接论据证明他曾受到西方相关政治理论的影响。汪康年认为监督报章即媒介批评的主体来自于政府与社会两个方面，尤其是来自社会上广大读者的口诛笔伐的媒介批评，对大众传媒的发展具有不可或缺的规制作用："夫邪说诡言，售欺一时，久则寂焉；售欺一人，众则败焉。故夫作报者居心之邪正，发论之公私，惟阅报者能知之，亦惟阅报者之力能治之。治之维何？摈弃之，唾弃之，使不得自居于清议之列，然后已矣。"[2]他对读者监督作用的描述，实质上就是媒介批评功能的实现过程。

　　汪康年所处时代的传媒发展状况是促使他重视和开展媒介批评的现实动因。20世纪初叶的中国新闻界，新闻事业在规模上有了较大发展，但质量不尽如人意："处监督政府监督社会之重任，辄明目张胆，敢为回邪之说，指鹿为马，反黑为白，以大乱万众之听闻，方且磨牙砺爪，鸣其得意。魑魅现白日，而豺虎号通衢，务使人心中划除是非二字然后

---

[1]　汪康年：《论报章之监督》，《汪康年文集》（上），杭州：江古籍出版社，2011 年，第 126 页。

[2]　汪康年：《论报章之监督》，《汪康年文集》（上），杭州：江古籍出版社，2011 年，第 126 页。

快。盖其阴有所倚，而亦揣无人敢为反对，故如是也。"[1]媒介是舆论的载体和放大器，而舆论在一定意义上是民意的代表。古语云，得民心者得天下，失民心者失天下，正是洞悉了媒介与社会舆论、与天下兴亡治乱之间的这种因果连动关系，才萌发或促生了汪康年的媒介批评思想及其实践志向。1910 年 11 月 2 日，他创办了以"以评论及记载旧闻、供人研究为主，不以登载新闻为职志"[2]的《刍言报》，他在《刍言报小引》中向读者道初衷："本报因近来各报立论，或有失之偏宕之处，亦有但言此一面而未言彼一面者，又有因外交及种种因由，当时未便揭载，日后亦未及补正者。然各地研究之人，或因而有误会，甚至滞于闻见，而智识不能增长，心思不能圆活，殊于实际有害。故时因管见所及，随事说明，或并为纠正。窃不自揆，敢附争友之列，阅者谅之。"[3]他要做媒介的净友，即提供批评意见的监督者。作为在新闻界浸淫多年、深知个中三昧的行家里手，他当然清楚开展媒介批评的困难和自己的现实处境，正如他所说的那样："闭户养疴，晌历年岁，耳目所触，时复刺心。欲吐之耶，于事何敢；欲嘿之耶，于心何忍。故藉小纸，抒我寸衷，名曰刍言，义同献曝。"[4]知识分子的良心和忧国忧民的救世情怀，使他欲罢不能，这导致他在生命的最后一段时光里，从一个曾经的"社会活动家，变成了单纯的言论家"[5]。这在一些人看来可能是他的不幸，但却不期然间成就了一个卓有建树的媒介批评家。

汪康年的新闻生涯有 15 年之久，其媒介批评活动则呈现出逐渐从

---

[1] 汪康年：《论报章之监督》，《汪康年文集》（上），杭州：江古籍出版社，2011 年，第 127 页。

[2] 汪康年：《刍言报小引》，《汪康年文集》（上），杭州：浙江古籍出版社，2011 年，第 174 页。

[3] 汪康年：《刍言报小引》，《汪康年文集》（上），杭州：浙江古籍出版社，2011 年，第 175 页。

[4] 汪康年：《刍言报小引》，《汪康年文集》（上），杭州：浙江古籍出版社，2011 年，第 174 页。

[5] 廖梅：《汪康年：从民权论到文化保守主义者》，上海：上海古籍出版社，2001 年，第 359 页。

自在走向自觉的发展趋势。他与梁启超等人创办的《时务报》甫经出版，由于其版面设置和内容安排迎合了时代的需求，立刻在国内引起轰动，在收获如潮赞誉的同时，也遭遇了一些批评，或对其论说观点表示质疑，或对其文章写作技巧甚或文辞造句提出抱怨。作为报纸的创办人，汪康年与梁启超对各种批评意见都作了谨慎的回复。这一时期的汪康年对媒介批评为何及其具体运作已经初有体会，不过还很少主动地撰写媒介批评性质的文本，他还是一个新闻实干家，虽然在随后他写的一些新闻理论性质的文章中，媒介批评色彩的文字和内容已时有间杂。这一状态在1907年3月28日有了巨大改变，因为在这一天，经多方筹措准备，汪康年终于在北京创办了他为之计划、奋斗很久的《京报》。该报虽然仍是一张新闻日报，但与过去创办的《时务日报》《中外日报》等相比，一改汪康年过去一贯沉稳持重客观中立的风格，表现出抨击时弊、言辞犀利、立场鲜明的特色。向社会和政府传播主观的时政观点、意见和建议，则是其十分突出的风格。其撰写的《京报发刊献言》既是一篇揭示报纸宗旨的宣言，又是一篇回顾中国近代新闻发展历程和评点当下报刊各自特点及其形成原因的媒介批评文本。随着办报干政思路和重心的转移，汪康年这一时期撰写的媒介批评文本相应逐渐增多，其媒介批评的意识也迅速明确和高昂起来，其"监督报章"之说即是在这一时期提出。及至《刍言报》时期的汪康年，则已完全转变为了一个"舆论批评家"[1]，他在《刍言报》上发表《敬告报馆》的系列评论，开设《针报》专栏，希望通过自己的言说，位尊力伟的媒介能帮助挽救命悬一线、岌岌可危的衰微国势。报纸原是他甚欲有所作为"而迄不获遂其志，不得已始藉报章以发抒其意见"[2]的平台，这时却仿佛成为他人生政治理想切实有效的最后寄托。也许汪康年本人尚未意识到自己的个人实践所具有的理论价值和历史意义，但事实上他确实以朴素的亲身经历，为后人留下了

---

[1] 廖梅：《汪康年：从民权论到文化保守主义者》，上海：上海古籍出版社，2001年，第350页。

[2] 汪诒年：《汪穰卿先生传记》，北京：中华书局，2007年，第221页。

大量可资借鉴、把玩和感叹不已的媒介批评故实。

二

　　新闻观念是人们在传播实践中所形成的对新闻活动认识的集合体。主体行为的性质及其未来发展结果，往往由观念决定，有什么样的新闻观念，就会有什么样的传播行为。名正言顺，言顺事成。在新闻传播中，对某种新闻观念的"正名"，既是概念考察和确定，更是一种观念质疑和批判，具有媒介批评的性质。汪康年对新闻观念与新闻实践之间的这种因果关系有着深刻的认识，他时常关注新闻领域新闻观念的产生和流行现象，注意对某些不正确新闻观念进行纠正，其《说机关报》一文即是这一方面的代表之作。

　　所谓机关报，国家机关或团体出版的报刊，代表机关或组织发言并宣传其政治主张和方针、政策，以影响舆论。在中国近代新闻史上，维新派梁启超、康有为等人较早提出了机关报的思想，梁启超早在1901年即提出了"有一人之报，有一党之报，有一国之报，有世界之报"[1]的媒体分类观点。康有为1906年草拟的《国民宪政会简要章程》中更有"各同志条陈新会章程稿，皆发本党机关报观览辩难"等语，公开宣称他们所建立的保皇会、国民宪政会、政闻社等团体为"吾党"，称这些团体办的报刊为"本党机关报"，他直言不讳地承认报纸的党派性，强调机关报的宣传服务功能。汪康年在《说机关报》中，对当时流行一时的机关报之说，颇不以为然。"近来政界中人，濡染新名词，又感于时为报章所拖，于是间有言及机关报者，似颇有规仿泰西之意。虽然，吾恐彼但知其名，未叩其实也。"[2]因为在汪康年看来，机关报何以发生，何以必需机关报，机关报何以为政界之必要，此均非可孟浪言之。何以

[1]　梁启超：《本馆第一百册祝辞并论报馆之责任及本馆之经历》，张之华主编：《中国新闻事业史文选》，北京：中国人民大学出版社，1999年，第45页。

[2]　汪康年：《说机关报》，《汪康年文集》（上），杭州：浙江古籍出版社，2011年，第88页。

如此呢？他认为可从两个方面思考：第一，"盖一政府必有一政府之宗旨，一政府必有一政府之政策，一政府必有一政府之手段，主之者既已集本党之人而定之矣，犹恐未能喻于众，或遭阻驳也，故必藉报以发布之。其有欲办一事，而不知众意之如何也，必藉报以试探之，如有反对之事，又必藉报以辩驳之。如是，乃可谓之机关报。"[1]即机关报必须是政党政治发展到一定阶段的产物。第二，机关报必须是政党方针、政策的宣传者，机关报人必须是政党中人，"至为机关报者，亦非漫然为人指使也，必其志意本同，又尽知其党中之内容，乃肯为之。政党之机关报亦如是。"[2]这两个方面的因素如果不同时具备，那么就贸然提倡或推行什么机关报，就只能张冠李戴，甚或南辕北辙，与理想渐行渐远，既无法真正发挥报纸的效力，也无法促进报纸健康有序的发展，"试问吾国今日，有此政府乎？有此政党乎？倘其无之，而漫然为人作机关报，则是举其平日之志意愿力，一概捐弃，以听人之指挥，使吾为鹰，吾将捕雀，使吾为犬，吾将逐兔。试问如是者，为何等人格乎！因见今人但知机关报，而实不知其作用，故论之如此。"[3]若对照中国当时政府和政党都不了解机关报的性质，所谓的机关报有名无实的实际情形来看，汪康年对时人热衷和追逐机关报新名词的批评和提醒，或许有求全责备之嫌，但又确实有其中肯之处。

关于舆论监督与隐私权保护关系的辨析更能体现汪康年的媒介批评在新闻观念建构方面所达到的理论高度。1907年，黑龙江道员段芝贵献歌姬杨翠喜于奕劻之子载振，并在奕劻生辰之时送十万斤作为贺礼，而段很快就由道员直升黑龙江巡抚。当时朝廷枢臣中虽有瞿鸿禨、林绍年等竭力反对，但无法阻止。汪康年的《京报》首先针对此事发表评论，社会舆论随之哗然。奕劻自知不容于众论，遂罢斥段芝贵，开去

---

[1] 汪康年：《说机关报》，《汪康年文集》（上），杭州：浙江古籍出版社，2011年，第88-89页。

[2] 汪康年：《说机关报》，《汪康年文集》（上），杭州：浙江古籍出版社，2011年，第89页。

[3] 同上。

载振各项差缺。《京报》在此事中充分发挥了报刊的监督作用，"迭于报端论其事，一论朱宝奎、段芝贵之罢斥，再论赵启霖之革职，三论载振之开除差缺。言之不足，又长言之。"[1]汪康年这种舆论监督行为引来了为奕劻等人操纵的一些报刊的质疑。他们认为官员私下仪礼馈赠，是"个人私事"，报纸大肆议论，侵犯了私人权利。这种似是而非的说法，在当时仿行立宪的社会氛围中颇能迷惑一些人。为澄清是非，汪康年于1907年6月15日在《京报》上专门撰写了《论报章记事关系个人及社会之分别》一文，采用主客答问的形式，层层深入地对这种观点予以批驳。

汪康年承认，媒体不应干预个人私事，但是他强调指出，这种个人私事一旦与公共利益紧密联系在一起，就不能全然视为个人隐私。隐私权是一种个人权利，当其与公共利益发生冲突时，就不得不有所适当的退让和限制。对于政府官员来说，馈仪物，赠婢妾，就非政府官员的个人私事，而与社会大有关系。何以言之？汪康年指出，官员禄位受于国家，报答方式就是恪尽职守。而如果官位是靠行贿得来，那么当官就变成了图财，"于是不问其职守之尽不尽，而惟较其所报之厚不厚。在下者既识其用意之所在，于是先图报而后望施，使其所施之从而加厚，遂致国家之禄位，成为报施之具物。社会公共之政府，成为个人交际之私界矣。"[2]投本者必计利，权力寻租，权钱交换，循环往复，贻祸社会岂浅鲜哉！

> 至就收受者一方面言之，似专系个人之私事矣。然既收受之，则也不能问其能胜职守否，继也不能问其能尽职守与否，终也明知其放弃职守，甚至贪赃枉法，亦必设法包庇以留彼我余地，是馈赠者之贻祸于社会，皆收受者之有以纵之

---

[1] 汪诒年：《汪穰卿先生传记》，北京：中华书局，2007年，第124页。

[2] 汪康年：《论报章记事关系个人及社会之分别》，《汪康年文集》（上），杭州：浙江古籍出版社，2011年，第120页。

焉。且即谓无损于社会，而就个人私德言之，则政界诸公，亦不得有馈赠收受之行为焉。夫既投身政界，则皆有执行政法以治人之权者也。治人者必先自治，治人而不自治，不但无以服受治者之心，且恐其识力瞀乱，倒行逆施，而有所不顾。故非政界人而有私德之失，则实为个人之关系，报章可不必干涉，政界诸公而有私德之失，则已为社会之关系，报章万不能不为纠正。以其与社会有间接之利害，不得混合者。然亦不能割分焉。按之法律，有个人得为之事，而为政界诸公不得为者，职是故耳。[1]

汪康年认为，馈仪物、赠婢妾，固然是个人之事，但是有赠必有报，由于馈赠双方都是政界中人，上级接受下级的赠物，势必以国家禄位加以回报，这样就必然直接损害了国家和社会的公共利益，所以这种馈赠虽然发生在个人之间，却不能不属于报纸监督的范畴之内。

对于新闻自由同与公共利益已经发生紧密联系的个人"私事"的关系问题，现代法学理论一般认为："当个人'私事'同社会公共利益发生紧密联系时，这种'私事'就不仅仅是私事了，它已经成为社会公共事务的一部分了，因此，人们有权予以报道、评论、记录，即个人的'私事'要让位与表达自由，表达自由具有优先性。"[2]汪康年的这一批评，触及到新闻传播中的舆论监督权与隐私权的冲突和平衡问题，其中所体现出的公职人员隐私权适当减损这一现代新闻法律原则，在一定程度上具有"新闻专业主义"的色彩，不仅在1907年的中国显得精辟、超前，即便在今天也仍然具有很强的现实意义，确实令人钦佩。

---

[1] 汪康年：《论报章记事关系个人及社会之分别》，《汪康年文集》（上），杭州：浙江古籍出版社，2011年，第121页。
[2] 甄树青：《论表达自由》，北京：社会科学文献出版社，2000年，第297页。

三

新闻传播的巨大功能，使社会对新闻传播的调控成为必然。在任何社会中，新闻自由的实现都有一定的范围和界限。对新闻自由界限的具体设定，体现出一个民族、国家、社会民主政治的发展水平和文明程度。清末是我国近现代新闻出版法律法规创立时期，从其制定的报律性质看，清朝政府虽然也意识到提倡言论自由具有一定的意义，但"防闲"以钳制社会舆论，则是其更主要的目的。作为报业中人，汪康年虽然"不主张也不赞成人们过多地强调自由"[1]，对新闻自由的态度略显保守，甚至对言论自由有些误解，但总体上看，他在对政府、社会与媒介的关系进行观察和批评时，还是主张政府要制定报律来保护、规范媒介的发展，给媒介以一定的生长空间。他一方面严词抨击政府打压媒介发展的恶行，另一方面又强调报业应严守分际不逾矩，要在法律规定的范围内行事。

1907年3月，两广总督周馥颁发命令："以后非经藩学臬三司允准者，不准添设，其已设而闭歇者，不准复开。"为此，汪康年发表了《论粤督限制报馆》一文，对周馥限制媒介发展的举措进行批驳。他首先从当时遍地的大烟馆说起，烟馆，耗人钱财，废人事业，误人生命。已上瘾者，有烟馆而吸烟益便，未吸烟者，有烟馆以为之媒介，而上瘾易。是故官场有令，凡烟馆除已开者，不准添开，其已闭歇者，不准复开。而报馆设置，监督官吏，通达民隐，沟通消息。官之所为，民无不知；民有所苦，人无不知。政府政令，官吏施为，有不便于民者，报馆昌言而纠正；酷吏虐民，豪强纵恶，民痛心疾首而不能自达者，报馆得大声疾呼。烟馆、报馆，两者虽仅一字之差，但于国计民生利害，相差大矣。

---

[1] 徐新平：《论汪康年新闻思想》，《新闻学论集》（第26辑），北京：光明日报出版社，2011年，第226页。

但周馥现在"以对待烟馆之法,施诸报馆"[1],汪康年一针见血地指出,这是一种"疾视报馆"以达到"挤扼"舆论的独裁典型表现。在直截了当地表达了对周馥行为"噫,异矣!"的否定批判态度之后,汪康年又从四个方面,对其合理性与合法性逐一提出质疑:

(一)报馆既未开设,则宗旨尚未可知,办法更未可知,允准与否,将以何者为限?

(二)藩学臬三司,是否有限制报馆之权力,抑有甄别报馆之识力,而允准与否,如何竟悬于三司之手?

(三)既悬一非三司允准不得添设之令,若竟概予允准,则又何必多此一举?吾知自此以后,必但有驳斥而无允准,则何必为赍饰之虚言?

(四)假使开设报馆欲得三司允准,故先许以与官场表同情,则何贵有此等报馆?苟其不然,则已在必不允准之列,直无所用其请求,又何必定此虚令?

汪康年指出,仅仅"就此四端以观之,则周制军之所为,其为提倡报馆乎?抑或阻遏报馆乎?盖不待烦言而决矣。"

周馥在发表限制报馆的命令同时,还散布什么"省城报馆,已有数十家之多,已足以开民智"的谬论,言下之意,再开设新的报馆已经非社会需要了。汪康年以比较的方法,斥责其说的怪讶荒谬:"今不暇举欧美为比例,姑以日本东京言之,请问其地方之大小,较广东奚若?其若人民之多寡,较广东奚若?其报馆之愈开愈多,进而益上,较广东奚若?其报纸销行之数,或多十数万,少或数万,较广东又奚若?今广州报馆,止有十余家,即遽谓为已足,岂果已足耶?特自圆其限制报馆之说而已。因文以推意,则知所谓非三司允准不得添设之令,特粉饰观

---

[1] 汪康年:《论粤督限制报馆》,《汪康年文集》(上),杭州:浙江古籍出版社,2011年,第95页。

听之具文，犹不如质言之曰：此后概不得添设，犹为直捷了当也。"[1]
汪康年的批评分析，深入骨髓，切中要害，真可谓一语破的。在文章最后，
汪康年再次将"限报馆"和"限烟馆"进行比较，从另一角度揭露周馥"其
法固酷"限制报馆，不仅阻碍社会的进步，而且违反人性的本质："凡
开烟馆者，例有应纳之灯捐，利于公家者也。又有私纳之陋规，利于衙
役地保者也。故虽有此令，而未尝实行。若夫报馆之设，于民利，于绅
半利半不利，于官则多不利。则其实力奉行必矣。呜呼！待害人之烟馆
则如彼，待开民智之报馆则如此，所谓拂人之性者，非耶。"[2]淋漓尽致，
讽刺之情跃然纸上。

1907 年 7 月，奉天《通报》因"为有权者所压制"、"内外交恶"[3]
而被迫停刊。汪康年得知此消息后，虽对《通报》停刊的内情不甚了解，
但揣摩有关电文语意，判断是"必以语言不慎，激怒官场所致"[4]后，
愤而发表《通报停闭感言》，猛烈挞伐摧折、剿绝媒体的恶行，他谴责
当局怯于对外，任外人之报陆梁跋扈于国中，勇于对内，对国人之报任
意挥东权力大棒。他正告当局，在时局危险迫世势艰难之时，不思奖励
感言，鼓励民气，而只知强力封闭媒介，压迫舆论，只能为渊驱鱼，为
丛驱雀，不仅于事无补，而且火上浇油，实乃颠顶之至的愚蠢行为！"噫，
近来重臣之行事，足以慰吾民者绝鲜，而惟于封报馆一事，则勇为之。
嘻，岂亦以此示威稜乎？"[5]揶揄中透露出鄙弃之情。

汪康年对新闻传播的各种言行保持着高度警惕。1911 年 4 月，在

[1] 汪康年：《论粤督限制报馆》，《汪康年文集》（上），杭州：浙江古籍出版社，
    2011 年，第 96 页。
[2] 汪康年：《论粤督限制报馆》，《汪康年文集》（上），杭州：浙江古籍出版社，
    2011 年，第 96–97 页。
[3] 转引自方汉奇主编：《中国新闻事业编年史》（上），福州：福建人民出版社，
    2000 年，第 444 页。
[4] 汪康年：《通报停闭感言》，《汪康年文集》（上），杭州：浙江古籍出版社，
    2011 年，第 156 页。
[5] 汪康年：《通报停闭感言》，《汪康年文集》（上），杭州：浙江古籍出版社，
    2011 年，第 157 页

报界忽然传出"言论一致"的说法，汪康年立即为文商榷，并提醒人们警惕这种说法背后的陷阱。"夫纵人言论自由者，盖欲人人皆得以心之所欲言，贡于社会，由异同以得是非，由是非以定取舍。且事之状况复杂，各言所见，各举所知，甲不必徇乙，此不必附彼。若言论一致，是不啻言论专制矣。此等说发现时，必有以把持言论为得策者，故为此以惑人，闻者当慎之也。"[1] 从言论一致到言论专制，确实只有一步之遥，甚至两者名二实一，在人类历史上曾不止一次出现过假言论一致之名实行言论专制之实的荒唐年代。汪康年的批评和提醒，让人们合理怀疑言论一致之说的背后是否有官方力量的介入。因为在这一年，北京外城警厅人员黎某就开设了一家报馆。对这种不正常现象，汪康年立即撰文对个中蹊跷进行非议和批评，他从社会角色分工与职能赋予的对立性，强调两者绝不能混二为一，不然，就是取消了监督者与被监督者之间的界限："行政官与报馆，立于对待之地位者也。况所谓行政官者，非他，警厅中有势力之人员也，是有取缔报馆之权者也。而前者北京有外城警厅人员黎某，公然而设报馆，吾不知彼将在报馆，则尽力于报馆，虽触犯警厅，而有所不顾；在警厅又听警厅之指挥，虽至停罚报馆，而有所不计欤？抑以警厅之力，保护报馆；又以报馆之笔，保护警厅欤？顾又有可异者，则报中论说，亦复激昂，誉此毁彼，与他报无异。是岂非以此官署所办之报，毁彼官厅，或诋各省之官长欤？"[2] 也许有人会以"吾国人才少，不能不兼为之"辩解。汪康年已考虑到了这种理由的不合理性："余笑曰：他可兼，独此不可兼。否则两造状师，亦可以一人兼为欤？"[3]警方办报，混淆了监督者与被监督者之间的权限，无异于取消媒体的社会监督功能。汪康年对警厅人员办报行为的批评，蕴含着"以权力制约权力"的现代民主和现代法律因子，无疑具有撼人心魄的理论先进性和

[1] 汪康年：《杂辩》（七），《汪康年文集》（上），杭州：浙江古籍出版社，2011年，第345页。

[2] 汪康年：《杂说》（二六），《汪康年文集》（下），杭州：浙江古籍出版社，2011年，第462页。

[3] 同上。

巨大的思想冲击力。

四

在旧中国，中国人打着外国人的旗号办报，即人们通常所说的"挂洋牌"办报是颇为引人注目的一道风景。在旧中国的特定环境下，中国人办报受到专制政府的各种检查、限制和刁难，而外国人则因其势力和外交豁免的权利而可以不受其制约。所以，一些中国人出于办报的便利，往往打起外人的旗号。1874 年 9 月 1 日，此前出版不到两月即停刊、中国人在上海创办的第一张报纸《汇报》打出英商葛理为报馆主人兼主笔的名义，继续出版，从此开中国报纸"挂洋牌"之先例，"挂洋牌"的报纸越来越多，一时蔚成风气。汪康年在皇权最为强大的北京创办《京报》时，即有人劝其不妨也采取"挂洋牌"的办法，他不仅断然予以拒绝，而且还撰写《论报馆挂洋牌之不可》一文，详细阐发了自己对报馆"挂洋牌"行为的看法。他当然明白"挂洋牌"的便利和好处，也知晓直揭政府阙失可能会招致的后果，但他认为国势已经到累卵不足喻其危、沸釜不足比其惨的境地，政府及社会必须迅速警醒，迅速改革，扫尽旧态，力建新基。"若吾报之偶发一直言，讦一秽迹，抨一宵人，乃一极细微不足指数之事，而吾若遽引为大惧，皇皇然将托之外人，不独自示畏缩，且适表明政府必无容直言、奖气节之美德，又示各省及海外诸同志，必不可复至京师。"[1] 报馆"挂洋牌"其实是心存政府没有改革决心、不相信政府、畏首畏尾的表现，是先陷政府于不义，这不是一个欲以言救国、忠心谋国之士应有的表现。

1901 年"报禁"、"言禁"开放后，中国民族新闻事业进入了一个蓬勃发展时期，特别是 1906 年清廷宣布预备立宪后，近代报刊的发展进一步提速，形成了中国新闻事业史上的第二次国人办报高潮，而资

---

[1] 汪康年：《论报馆挂洋牌之不可》，《汪康年文集》（上），杭州：浙江古籍出版社，2011 年，第 102 页。

产阶级革命派报刊则是这一高潮中的主流。这一时期，也是近代中国资产阶级报刊业务上发展最快、改进最多、变化最大的一个时期，各报对新闻采访普遍较为重视，但却对新闻真实性注意不够，不少报道捕风捉影，夸大其词，而且随意捏造虚构新闻者，亦所在多有。1910 年 8 月 5 日，上海的《德文新报》就载文批评说："若是只从表面来看中国报刊，可以得出的结论是，中国没有比其报刊更恶意和危险的敌人了。中国的报刊几乎没有一天不虚构或者故意捏造点新闻。"[1] 真实是新闻的生命，是新闻报道产生效果和发挥力量的根据，也是媒体公信力的源泉。从维护社会稳定和促进新闻事业健康发展的角度出发，汪康年不断对各种各样新闻失实行为发出批评，以警醒同业和广大读者。

鸦片战争以后，西方列强以炮舰打开中国国门，中国成了一个世界的中国，被迫卷入了资本主义世界市场体系，尤其是甲午战争以后，中国面临着被瓜分的空前危机，读者对涉及中国的新闻比较关注，媒体为投读者所好，对这类消息也格外敏感，并在报道中常常将之置入"瓜分"的叙述框架之中，因而不时发生张皇其事甚至无中生有的失实报道。汪康年对这类失实报道十分忧虑和反感，一再撰文进行有针对性的批评。如 1911 年初，他就曾针对有关报道批评说："凡报馆以外交之失败，而责望政府，此于事当也，顾不宜捏添事实，以惊动社会。盖如此，则于外交官之办事，无纤毫之益，而社会之惊疑，乃有大损。如近来有载英之要求藏中某事者，试思英方专注滇缅，必不能两事并举。至载俄在蒙古之行动，亦多过其实。此等事，在吾国人，初不知其关系。盖此等重要消息，吾国民虽不可预备，然心必为之耸皇，亦必各自有所筹计。倘大半虚伪，则全国之人，为之一耸一弛，以后复有此事，则全不为意，转成玩误。是不可不慎也。"[2] 报道真实是媒体赢得社会信任的前提，

[1] 转引自牛海坤：《〈德文新报〉研究（1886–1917）》，上海：上海交通大学出版社，2012 年，第 192 页。
[2] 汪康年：《敬告》（八），《汪康年文集》（上），杭州：浙江古籍出版社，2011 年，第 321 页。

如果经常发生失实报道，即便用意良善，政治正确，媒体的公信力也会大大折损。汪康年的批评和劝告入情入理，委实值得媒体自省和警惕。

媒体要做到报道真实，就必须对各种消息采取负责任的慎重处理态度，应该根据事实来描写事实，不能听风就是雨，信以为真。汪康年对当时新闻界流行的"有闻必录"口号很不以为然，认为这不过是报馆推卸责任的一种口实。1911 年 5 月 19 日，他在《刍言报》上就其时多条失实新闻给予批评："日报不应闻言辄载，而关于外交者为尤其。如去年载铜官矿事，谓凯约翰仍把持不去；又谓德人青岛添兵，已而遂更正；又谓荷兰强我国民入籍，而增厉其辞，谓三月不入籍，即将逐去，而尽没其财产，近日亦更正矣。"[1] 他强调，这些失实报道人们见惯不惊，习以为常，亦不以为意，其实产生的副作用很多："一则外人将谓我等好排外，故主此也。二则为外人所笑，谓我国人全无判断力也。三则载此等事，将使警觉而筹措置之方，顾不足信者多，则人益玩视，而成其玩驰之念，不可不慎也。"[2] 他规劝报纸要慎重对待，学会分析事实和核对事实。"庚戌六月初八，都中各报译路透电，谓达赖不喜英之政策，故不复至北京，语气甚不类。惟《顺天时报》乃曰：达赖甚感英人之政策，故不复到北京。此非小事，而知此草草，岂不误事？"[3] 这些失实报道产生的原因，或许不一而足，但"有闻必录"观念的影响则不可忽视。因此，汪康年明确否定了"有闻必录"存在的合理性，指出该观念所隐含着的危害性："'有闻必录'四字，欧洲各报实无此说，即来函登载之语，亦必报馆担其责任。此等事，盖不知几经波折，乃成今日办法。盖报馆者，兵刃之类，能卫人，亦能害人，不得不多方防备之也。"[4]

---

[1] 汪康年：《针报》（九），《汪康年文集》（上），杭州：浙江古籍出版社，2011 年，第 373 页。

[2] 同上。

[3] 汪康年：《针报》（九），《汪康年文集》（上），杭州：浙江古籍出版社，2011 年，第 373-374 页。

[4] 汪康年：《针报》（九），《汪康年文集》（上），杭州：浙江古籍出版社，2011 年，第 374 页。

提醒人们多加警惕。从现有的文献资料看，汪康年是在我国新闻史上第一个对"有闻必录"给以否定和批判的中国报人。

在 20 世纪初叶，新闻媒体的宣传功能渐渐地为人们所体认，不当利用媒体以售其奸的行为时有发生。个别媒体不思自省，反而助纣为虐，与之狼狈为奸，合谋欺骗社会，以获取不当利益，结果给社会和整个新闻业界都造成了莫大的损害。汪康年对这种缺少新闻职业道德的行为多有批评："向来营大事业者，其初发起时，惟登广告而已。后病广告之仅能自白也，乃以来函等羽翼之。近则更长篇累牍，登诸新闻。虽然，主持报务者，于斯宜审矣。盖其不惮烦劳而为此，其深有赖于报馆可知矣。报馆而肯以此资藉之，不啻假以羽翼也。事果正当，犹之可也，万一出于诈给，则不啻报馆助之陷人，何苦而为此欲？从前信义银行，时时以自表扬之语，寄诸各报，各报从而登之，则又以各报所登，汇印以炫人。人见为报馆信赞如此，亦遂信之。然后来倒款至巨，受累者不少，则前此为登报者，不得不任其责矣。近来如橡皮公司，如兴业公司，其利用各报亦大率如此，窃愿主持报务者深慎之也。"[1] 汪康年所批评的行为，有点类似于今天一些媒体上的"软文"。媒体"软文"的出现，是对广告与新闻之间界限的刻意模糊，是对于读者信任的出卖，对于媒体生长来说，其实是一种饮鸩止渴的慢性自杀行为。这足见汪康年的媒介批评具有一种超越时空的穿透力量。

五

态度决定高度。中国近代新闻事业诞生之后，很长一段时间内人们对新闻传播的认识并不深刻到位，不仅媒体及其工作人员的社会地位低微，不受重视，而且媒体内部对新闻采访与报道的态度也不严肃，多

---

[1] 汪康年：《警告》（二），《汪康年文集》（上），杭州：浙江古籍出版社，2011 年，第 261 页。

有"信笔书之，率意言之"。[1]在新闻采访、写作和编辑的各个环节都有轻率随意的倾向，新闻失实时有发生，这又更加导致社会对媒体的轻视，从而对新闻事业的健康发展形成阻碍。汪康年对报馆报道新闻时不计后果的工作态度非常忧虑，常常撰文予以批评，惊醒新闻工作者在报道和评论时对事物做整体的、细节性的考量，要小心评估得失，深思熟虑而后为之，要自尊自重。

1911年1月21日、26日，汪康年在《刍言报》上发表《论报馆立言之宜慎》《续论报章立言之宜慎》两篇连续性文章，强调媒体持论时，要有国家大局观念，他批评一些报纸鼓吹政改时，不思国家现实急需，好大喜功，不仅实则于事无补，甚或贻误大局："前者某报于浙江开公园一事，颇致论列，其说是也。顾此事持论家不能不分其责。盖近来风气，于改政法事，不论缓急轻重，一概鼓吹，令人无从分别先后。而行政官往往心无主宰，辄择新党所喜为之。以此而推，则十年来，自京城及各省之公款，消耗于此等者，不知凡几。如近来宪志日刊，最称谨严，然前时颇称各国公园之善。殊不知公园固善，然以吾国而从事公园，以办事层折言之，不知须若干年方能及此。而此时提及，使人见之，一若与他要政应相提并论者。此等语，实误人于冥冥之中。故持论者不可不慎。"[2]媒体的一言一行，对社会影响极大，汪康年强调新闻传播要慎重，建立在他长期新闻实践中对媒体社会影响力的正确认识基础之上，因此其批评具有相当的现实针对性，发人深省："夫报者，主持舆论者也，引导社会者也。善，则大局蒙其福；不善，则大局受其殃。吾甚愿吾国之言论家，惩于前而慎于后也。"[3]怎样才是慎重呢？汪康年建议在采写新闻时要尽量身临其境，实地调查，"道听途说，其事苟涉可疑，则

---

[1] 汪康年：《针报》（十三），《汪康年文集》（下），杭州：浙江古籍出版社，2011年，第475页。

[2] 汪康年：《杂说》（八），《汪康年文集》（上），杭州：浙江古籍出版社，2011年，第264–265页。

[3] 汪康年：《忠告》（八），《汪康年文集》（下），杭州：浙江古籍出版社，2011年，第474页。

与其登载而不实，毋宁缺疑之为愈也。"[1] 真乃知者之言！

慎重就是要求新闻工作者在新闻选择时，不能仅仅从新闻本身的角度考虑问题，还要将新闻传播后的社会效果一并纳入思考的范围，尤其要本着爱国爱民的角度，从是否对国家利益有益的角度考虑是否报道、如何报道。

> 近报载，呼兰为马贼所据，已而又声明为讹传。又有一报，谓系误传据日本之报而登入者。按失守城垣，此岂小事？况又在俄人窥伺之地，安可不察，遽行登载？至谓为日人之报所误，则凡报界诸君，应知此后于转载外人之报言我国事者，更宜矜慎。盖事而确，则凡较大之事，我国人岂得不知？事而不确，则登之不特惑本国人，且外人见我国报纸亦纷纷然登载，即始以为疑者，后亦以为实然，岂不害于事乎？况乎今日宜防之处正多，甚恐因此堕人计中，斯亦不可不慎也。[2]

他要求新闻传播要能够对国家利益起建设性的帮助，这种批评不由人不予以称赏。

对于涉外报道，汪康年一再强调要谨慎从事，要据实报道，公正评论，不可喧嚣叫骂感情用事："报馆之对于外人，不能不格外著意。若但据己之好恶，或社会之向背，遂直率言之，辄易惹无数恶感。不得已，亦宜纡徐言之，或影响出之。盖天下断无号为交好，而动辄恶声相向之理。"[3] 他认为即便彼国于我有不友好的举动，也不可大喊大叫，也要讲究方式和方法，或有宜直接揭露者，或有不宜说破者，未可一概

[1] 汪康年：《针报》（十三），《汪康年文集》（下），杭州：浙江古籍出版社，2011 年，第 475-476 页。

[2] 汪康年：《针报》（六），《汪康年文集》（上），杭州：州浙江古籍出版社，2011 年，第 302 页。

[3] 汪康年：《针报》（四），《汪康年文集》（上），杭州：浙江古籍出版社，2011 年，第 292 页。

而论："盖说破则国家有难以措置之处，且事情万变，当未宣露时，或尚有消化之法，一经指实，则趁此实行者有之，恼羞成怒，激而从速者有之。凡此等事，今日投身政界、报界者，万不可不知。而初六《中国报》，忽载奉省捕获置毒井中之某国人，翌日又改其语，谓前报所载谣言，即某国人所造，欲煽我国人为横暴举动，以便乘机而发。噫，此等浅露挑拨之词，于大局为有益欤？无益欤？余愚乃未知也。"[1]轻率报道，小者会使媒体陷入被动，信用锐减，大者可能损害国家利益，使国民处境雪上加霜。汪康年的批评在情在理，令人首肯。

晚清是中华民族灾难深重的年代，许多报人对满清政府深怀不满，尤其是资产阶级革命派所办报刊，对清廷的报道多有丑诋谩骂之辞，态度偏激，情绪化严重，常常以置身事外局外人的姿态，以嘲谑的口气进行评说，以致被外国人讥讽为"天空中人所作之报"。汪康年多次批评这种行为是不顾民族大义、令亲者痛仇者快的行为："凡人痛伤本国之事，垂涕泣道之，可也；慷慨直陈，可也；婉转言之，亦可也；甚至微文刺讥，亦无不可也。若夫嘲谑轻薄，引为笑端，则不啻为本国之罪人矣。而吾国报蹈此习者不少。前某报绘两人将屠一豕，而题其上曰：'辽东豕'。呜呼，是何为乎？无怪外人谓吾国之报，不似属于一国，而为天空中人所作之报。愿报界之人审之。"[2]新闻媒体固然有政治倾向，无法彻底摆脱党派立场的限制，但汪康年认为媒体应该尽量做到公正，具备社会公器的一般品质：

> 凡为报者，非以讦发人过恶，指摘人瑕疵为天职也，而尤非以此弋名誉也，更非以此为销报计也，良以其事极有碍大局，或妨于社会，而一时之人，乃咸未知，或知而不敢发，

---

[1] 汪康年：《针报》（四），《汪康年文集》（上），杭州：浙江古籍出版社，2011 年，第 292 页。

[2] 汪康年：《针报》（十），《汪康年文集》（上），杭州：浙江古籍出版社，2011 年，第 395–396 页。

则报馆讼言攻之，使人咸知此事之关系极重，或因而有所变更。此实缘于不得已之故，或为众所谅。若夫因疑似之嫌，加深文之论，且复增添事实，诬以恶名，此则与报之本旨，失之远矣。[1]

他力主报纸尽量站在公正中立的立场上，要以事实为根据，就事论事，"报之论人，有纯于公心者，有出于党见者。纯于公者无论矣，即有党见，其措词亦应有一定之规则，而事实尤须有着落，否则一经人指出，人人知其诬也，而知其挟偏私。又以挟偏私也，而以后将永疑其言，而此报乃成为一文不值之报。"[2] 没有社会信用，报纸也就失去了存在价值。

批评是报纸的天职，但批评要讲道理，不能污言秽语进行人身攻击，汪康年十分反感一些报纸在进行批评时，颐指气使，显得蛮横无理，盛气凌人，仿佛高人一等。其实，报纸与被批评者处于完全平等的地位："报章不得已，而于人加以责备，此自为大局始然，非以有权监督一切自喜也。故与其论人也，无宁论事，与其论人之全体，无宁论人之一端。若夫凭空结撰，而丑厉其辞，以供己之侮弄，无论取憎招怨，即于平常道德，亦甚恶矣。驻日胡公使续娶，而各报忽以为娶妾，苦相诟病，且加以媒嫚之辞。夫续娶与娶妾，为事绝异，何至传讹，此必有人故意煽动，使远近皆得加以诟病。尤奇者，则某报名言所娶为某绅女，其为非娶妾可知，乃仍冠以娶妾之题，大肆谩骂。诚令人不解。"[3] 报纸批评要心平气和，与人为善，这样，被批评者才能心悦诚服，收到较好的社会监督效果。不然，会使被批评者和读者产生心理抵制，无法达到批评的预期目的。

---

[1] 汪康年：《敬告》（二四），《汪康年文集》（下），杭州：浙江古籍出版社，2011年，第442页。

[2] 汪康年：《敬告》（二四），《汪康年文集》（下），杭州：浙江古籍出版社，2011年，第442-443页。

[3] 汪康年：《针报》（三），《汪康年文集》（上），杭州：浙江古籍出版社，2011年，第270页。

汪康年在这方面是一个身体力行的典范，他批评媒介行为时，言辞之间充满恳切，常令人有如坐春风之感。

六

媒介批评是一种专业性批评，但不能不受到批评主体政治立场的牵制。汪康年新闻经验十分丰富，又是现行政治秩序的坚定维护者，对新闻文本中所蕴藏着的政治意义感知异常敏锐，因此，他的媒介批评往往能从一些新闻细节中品评出背后的深层政治含义，从而表现出其政治和文化态度。他对当时一些媒体在辫发、戏剧改良问题上的传播表现，曾发表了很多评判性的文字，在业务性的评价和判断中显示出媒介批评的政治属性。

清王朝一直奉行剃发政策，视百姓剃发为顺从其统治的象征，这使辫发与其后历史发展中的重大政治事件始终密切相关。有清一代，剃发和蓄发始终成为社会运动、政治斗争和移风易俗的冲突焦点。维新运动和辛亥革命中人们都提出了剪辫的主张。维新派将剪辫与强国强种联系起来，作为破除旧俗和社会启蒙的一部分。革命派则认为冠服徽识是民族的外部特征之一，清朝强令汉族和其他民族剃发蓄辫是民族压迫，剪辫是人们"出奴隶之籍，脱牛马之羁"的斗争目标。革命派以此作为激发人民排满情绪、投入反清革命的有力手段。随着形势的发展，清政府更是将剪发同革命谋反联系起来，发辫成了双方尖锐矛盾、斗争的集中的身体体现。当时的一些革命派所办报刊，常发表一些揶揄、戏弄、讽刺辫发的文章。汪康年对媒体评述辫发的某些腾笑、游戏态度表示不满，不断提出规劝和批评。

1910年11月27日，汪康年在《刍言报》上发表《记怪》（一）一文，对此前《中国报》和《帝国日报》上的文章和插画提出强烈质疑道："前日《中国报》忽载一文，曰《讨辫文》，此真可怪之至矣。凡今之所为欲改章服等等者，为其不适于今之用，而非有恶于其旧也，而尤非为有害于事，而将从而罪之也。而此文第一句即谓'本朝辫子'者，吾不知其讨本朝而及辫子乎？抑讨本朝之辫子乎？二者于理皆未有合也。吾见各国人民之于其国家也，苟非在所宜争之事，则无不含有忠爱之义，何则？凡言一国者，无不欲其团结也。忠爱也者，团结之主要物也，而吾国独处处示忤慢骄肆之状，是何为者欤？昨日《帝国日报》之插画，忽绘若辫若尾两条，题目《辫子与豚尾》，实为悖谬狂肆。"[1] 汪康年意犹未尽，在下一期《刍言报》上再接再厉发表《敬问》（三），继续讨伐："近来报章对于发辫，有作讨辫檄者，有并绘辫与豚尾或鼠尾、狐尾者，又有题作《发辫死刑之宣告》者，不知报章对于国家章服，可作此等悖慢丑厉之词语否？"[2] 汪康年的批评并未如他所愿，结果"近日之嘲诮发辫者，意兴愈高，丑之以囚虏，极致于枭斩。"[3] 让他感到非常悲观。其实，辫发具有多重的象征意义，不同政治身份的人解读，会大相径庭。汪康年的对《中国报》《帝国日报》的批评，固然有一定的合理性，但也充分暴露出其政治上的保守与落伍，已经与时代潮流背道而驰。不过，其中所显示出他对新闻政治意义上解读的准确性，倒有几分令后人佩服之处。因为他提到的《帝国日报》，是 1909 年 11 月陆鸿逵在北京创办的报纸，以"挟持宪政，指导舆论，扩张国权，发表政见"为宗旨，该报是辛亥前同盟会在华北地区的主要报纸之一，"阳假赞助满虏预备立宪之名，而阴行策动中央革命之实。"[4] 若就事论事，汪康年对该报的批评，倒也可谓眼光犀利，一针见血。

王钟声、刘木铎是晚清时期通过戏剧宣传革命的两个重要人物。王熙普出生于封建官僚家庭，早年留学德国，1906 年回国后任教于湖南、

---

[1] 汪康年：《记怪》（一），《汪康年文集》（上），杭州：浙江古籍出版社，2011 年，第 213 页。

[2] 汪康年：《敬问》（三），《汪康年文集》（上），杭州：浙江古籍出版社，2011 年，第 220 页。

[3] 汪康年：《记怪》（三），《汪康年文集》（上），杭州：浙江古籍出版社，2011 年，第 235 页。

[4] 冯自由：《开国前海内外革命书报一览》，杨光辉等编：《中国近代报刊发展概况》，北京：新华出版社，1986 年，第 48 页。

广西，并参加了同盟会，他认为"中国要富强必须革命，革命要靠宣传。宣传的办法，一是办报，二是改良戏剧。"[1]因而立志改革戏剧。1907年，他不顾家庭阻拦和社会压力，离开广西来到上海，在马相伯、汪笑侬等人的帮助下，组织起中国第一支新戏剧团"春阳社"，专演新戏。不久，在上海公演出国内第一出新戏《黑奴吁天录》，引起观众极大的共鸣。刘必成是湖北鄂城人，青少年时接受维新变法思想，后留学日本，就读于早稻田大学，结识黄兴、宋教仁等革命党人，加入了同盟会，因喜爱戏剧，与王钟声结为知友。王、刘二人以"木铎"、"钟声"为艺名，志在宣传爱国、唤起民众而鸣钟击铎，辛亥革命前他们在国内合演新剧，积极鼓吹爱国思想，揭露清政府的无能，具有明显的政治鼓动倾向。当时，革命派的一些报纸也积极通过报道宣传王钟声、刘木铎等人的戏剧演出活动，为其造势助威。媒体对王、刘二人热捧以遂其改良戏剧之外的政治目的，这种宣传意图当然瞒不过阅尽人间沧桑的汪康年的法眼，他不仅密切注视着报界对王、刘演出活动的报道，而且也连续发表文章表示异议，力图通过媒介批评来扭转因媒体报道戏剧演出而鼓动起来的革命思潮。

　　1910年12月2日，汪康年在《刍言报》发表了《论报馆与戏子》一文，批评一些报纸缺乏新闻选择。"近忽有所谓钟声、木铎者，时时出现于京外报纸，若上等人物也，若下流社会也，是果何物哉？曰：发明改良戏曲之人也。嘻，其果然欤？实则无聊赖之人，思得一发财之新法，乃联络报馆为标榜之地。业既大行，则可诱骗良家子弟，抑使学戏，以益自丰其业，如斯而已。"[2]该文在随后简介王钟声、刘木铎的生平行止时，使用了很多情绪性的词语进行评述：王钟声"前年至杭，以公然欲招中学毕业生为戏子，被教育会禁阻，又以他事为增中丞所逐"；刘木铎"在

---

[1] 梅兰芳：《戏剧界参加辛亥革命的几件事·王钟声在天津被害过程》，《梅兰芳文集》，北京：中国戏剧出版社，1962年，第193页。

[2] 汪康年：《论报馆与戏子》，《汪康年文集》（上），杭州：浙江古籍出版社，2011年，第217页。

京好冶游，与优人狎，又好唱二黄"。他们合作演出的"戏或旧或新，
顾戏中情迹，有碍于社会者有之，无关于劝惩者有之"。[1]汪康年并没
有仔细解答戏剧演出何以有碍社会、无关劝惩，而是重点批评报道戏剧
演出的媒体："最可异者，若《帝国日报》，若《帝京新闻》，尽力提
倡之也。"[2]他认为，若是为鼓舞社会而改良戏曲，是或然矣。然但须
文人选择故事，精制唱白，描摹情节，使旧时优伶为之，亦足矣。盖伊
等习于其事，演唱精熟，无烦他人越俎，且亦彼等之生业也。报纸"今
不为此，而忽欲以凭虚无实之谈，谓将以上流社会之人为之，以欺世而
罔利。盖该报恃无人指摘，遂敢明目张胆，一至于此。"汪康年特别指
出报纸报道戏剧演出是，存在互相抬拉、恶意炒作之嫌："前者有一报
极称扬若辈，复有一报訾诋，然冷眼观之，则知两报实为一鼻孔出气。
盖一吹一打，台面始热闹，否则但又赞扬，数日即辞竭。盖报馆也，戏
子也，一而二，二而一也。"[3]炒作式报道并不是尊重艺人，也不是新
闻价值使然。"尤可异者，则《帝国日报》《帝京新闻》，忽于一极无
足轻重之优人刘某，而极力从事焉，至今未已也。噫，伊等果知报之地
位乎？伊等果知报之职分乎？"[4]当时《帝国日报》《帝京新闻》关于王、
刘二人的演出报道，"绵亘时日至两三月，占报至数十条，字至数万言，"[5]
确有哄抬吹捧的成分。坦率地说，汪康年此处的媒介批评除了政治正确
性不足为训外，从新闻专业角度看，倒有很大的正当性。

---

[1] 汪康年：《论报馆与戏子》，《汪康年文集》（上），杭州：浙江古籍出版社，
 2011 年，第 217–218 页。

[2] 汪康年：《论报馆与戏子》，《汪康年文集》（上），杭州：浙江古籍出版社，
 2011 年，第 218 页。

[3] 汪康年：《论报馆与戏子》，《汪康年文集》（上），杭州：浙江古籍出版社，
 2011 年，第 218–219 页。

[4] 汪康年：《论报馆与戏子》，《汪康年文集》（上），杭州：浙江古籍出版社，
 2011 年，第 219 页。

[5] 汪康年：《论报馆与戏子》，《汪康年文集》（上），杭州：浙江古籍出版社，
 2011 年，第 219 页。

七

文如其人。一个人的性格往往决定着其批评言说的风格和特点。汪康年是一个有着鲜明个性的人物。20 世纪初年，汪康年的一群朋友纵酒品评当世名人，章太炎借大观园人物图来刻划诸人形象，派给汪康年的角色是外貌憨厚而内明世故、举止笨拙而不失礼数、见侮不辱而仗义扶危的刘姥姥。深知其为人处事秉性的汪诒年曾评价他："平日绝不主张激烈之行动，以为天下大器，破坏滋易，建设实难。以吾国之人材、财政、内忧外患而论，尤不当虚作一建设之理想，轻言破坏。故平素持论恳恳亹亹，专属望于政府之能自改革，勿自蹈于危亡之域，以致危及天下。"[1]汪康年的个性在其媒介批评中亦有所体现。具体言之，其媒介批评具有如下几个方面的特点。

1. 媒介批评文本数量众多。晚清时期中国新闻事业获得了长足的发展，与之相随的媒介批评亦开始萌生，但比较而言，这一时期的中国媒介批评总体上还处于幼稚阶段，有自觉意识的媒介批评者寥若晨星，媒介批评文本不是很多。据笔者不完全统计，在其文集中具有媒介批评性质的文本，约有 70 余篇。其媒介批评文本数量的众多性，体现出来的媒介批评意识的自觉性，都十分罕见，令人不能不有所诧异。如果我们理解了汪康年对于新闻事业的独特心路历程，也许就豁然明白了。他曾在一篇批评报业不负责任、随意登载鼓吹的文章中吐露衷曲："吾不敢望政府，乃望之社会，吾又不敢遽望之社会，乃望之各日报。报之为用伟矣，为力亦大矣。然今之为报者，不能自尊其品格，腐败狂谬，至不可言状。"[2]随后他历数报纸在这方面的四大"罪状"：一曰使人貌

---

[1] 汪诒年：《汪穰卿先生传记》，北京：中华书局，2007 年，第 190 页。

[2] 汪康年：《敬告》（十三），《汪康年文集》（上），杭州：浙江古籍出版社，2011 年，第 342 页。

视报章；二曰使人轻视名誉；三曰使人玩视祸害；四曰损害风俗。"有是四故，而报遂为世诟病。往者已矣，今欲恢复报之名誉，挽回报之效力，使政府、社会之对于报章，咸信用尊崇，无敢藐视，是在三数明白大局之人之主持斯事者。"[1] 他是在对政府、社会已经绝望的时候，才将主要的才情精力转移到"评论及记载旧闻"的媒介批评上面，作为自己的"疗疾之药"，以实现自己的人生价值。这种独特的想法和做法，最终成就了其媒介批评家的社会历史角色。

2. 媒介批评客体指涉全面。汪康年既有丰富的新闻实践经验，熟悉新闻运作的各个环节和流传，又是一个具有高度社会责任感和历史使命的人，这使他对新闻传播业的观察立足于比较广阔的视野，他不仅高度关注媒介的传播内容，而且注意到媒介的传播方式，甚至注意到传播文本字里行间的传播态度和传播者的主观倾向。他的媒介批评的指涉对象不仅覆盖了传播者、传播内容、如何传播、传播效果、传播接受者等诸多领域，而且常能够注意到一般人不以为意的细小地方，显得格外全面、细密。如他对当时有些人故意在报刊登载公告以遂其私图的行为的质疑："近来日报渐行，而告白之风以开，为益固巨，而借以售奸者亦不少。尝见肆人有揭告白者曰：某某款限期来取，过期不候。此习惯不为怪矣。而前者某银行催取国民捐，亦限若干日。己酉春，天津造币局令人以本局银元至局取钱，当照市价，亦复限期，此不可解也。吾国之报，销行绝鲜，且往往有只行一方，不至远地者。而告白所告之人，固非限于一地也。况其人未必看报，或看报而不看告白，或告白登于报之僻处，人不易见。又其人或在绝远之地，不能期内来取，岂非令人之受亏损乎！假有奸人集资设肆，托辞倒闭，即登报告诸股东，限于若干日内，来肆取所分金，逾期不候，而诸股东不及至者，大半遂为此奸人席

[1] 汪康年：《敬告》（十三），《汪康年文集》（上），杭州：浙江古籍出版社，2011 年，第 343 页。

卷而去，则将何以待之？" [1] 当时能作出这种批评的人实不多见。

3.媒介批评态度外圆内方。媒介批评在指涉媒介行为、观念、现象时，必然会连带指涉该媒介行为、观念、现象的主体，因此媒介批评具有双重指向功能，因此，媒介批评的主体批判能力及其批评效果必然包括或建基于批评的态度和方式。汪康年个性突出，有人评价作为一个批评家的汪康年"目光犀利，公正不阿，从权贵到民间人士，一律抨击不误；他具有独立见解，从不人云亦云；他捍卫个人理想，不管多么孤独，也不低头屈服。" [2] 这表现在他的媒介批评活动中，既坚持公正无私，旗帜鲜明，又温厚和平，留有余地，表现为一种外圆内方的言说态度。他发刊《京报》时曾自道原则："若夫以昭昭白日之心，发慷慨激昂之气，言之急无隣于诡，言之平无近于阿，通上下之意，平彼此之情，理所与者，必以言助之，虽百訾不馁；理所否者，必以言阻之，虽强御不避。" [3] 这一原则在他进行媒介批评时也同样适用。他认为媒介批评是观念和思想的交流，是不同主体之间的对话，当然也要讲究礼仪，"以礼待人，始能责人之以礼待己。"万不可轻肆褺慢，颐指气使，"报章虽以论列政事为职志，顾对于其人，则亦应循乎礼与分，此自然之理，非有所畏而然也。" [4] 汪康年在报刊上发表媒介批评文本时，大多数冠以"献疑"、"箴报"、"针报"、"敬告"、"敬问"、"警告"等标题，虽然明确否定媒介的某种行为，但在语气和用词上尽量温和，绵里藏针，其苦口婆心、规劝告诫之态，粲然可掬。

汪康年在媒介批评领域孜孜矻矻，耕耘不辍，但批评效果不彰，令他不甚满意，他曾悲叹和自嘲，高山流水，知音难觅："报馆诘责政

[1] 汪康年：《献疑》（六），《汪康年文集》（下），杭州：浙江古籍出版社，2011 年，第 450 页。

[2] 廖梅：《汪康年：从民权论到文化保守主义者》，上海：上海古籍出版社，2001 年，第 353 页。

[3] 汪康年：《京报发刊献言》，《汪康年文集》（上），杭州：浙江古籍出版社，2011 年，第 87 页。

[4] 汪康年：《针报》（十一），《汪康年文集》（上），杭州：浙江古籍出版社，2011 年，第 398 页。

府之腐败，讦发政府之种种不良，政府不理也，亦绝不为之悛改，何也？以虽被攻击，而地位如故也。他人诘责报馆之腐败，讦发报馆之种种不良，报馆不之理也，亦绝不为之悛改。何也？以其虽以被攻击，而地位如故也。是亦遥遥相对也。"[1] 其实，当时还是有一些同道对其良苦用心深表理解和同情。学者章一山有云："现今一班舆论，系随报纸为转移，京朝大老，又以报料为经济。自贵报初出，而所闻议论中有平正通达按切时势者，察其根据所在，皆出贵报。故望贵报多销一分，则我国多一分公论，亦挽回世变之要也。"[2] 对其媒介批评的社会效果，给予了充分的注意和公允的评价。著名报人林白水更致书大加称赞说："近今言论界，较之从前，只见其退化，既不能造健全之舆论，反随不健全舆论之后，相与附和雷同。只思博人欢迎，推己销路，而是非之真，从未顾及。报馆记者既无经验之可言，又无学识之足录，其迎合社会心理，揣摩社会风气，无往而不用其滑，以此而言办报，诚至可哀矣。大报独辟蹊径，为全国报界之明灯，时对同业下其棒喝。下走尝谓世界有专制之政体，则有卢骚、孟德斯鸠以倒之；世界有积非成是专制之舆论，独无卢骚、孟德斯鸠以倒之？今大报可谓报界之卢、孟矣。"[3] 林白水对汪康年"报界卢、孟"的评价或许是因为政治立场的相同而惺惺相惜，有过誉之处，但他的评价确慧眼独具，恰如其分地点出了汪康年在新闻领域不同一般的实践努力和卓异之处：汪康年是晚清时期中国新闻领域一个自觉而积极的监督监督者、批评批评者，即一个以言说的方式规制传播发展的媒介批评家。

20 世纪最初 10 年间，是晚清王朝迅速走向没落的时期，面对着清王朝日薄西山、江河日下的无可挽回之势，晚年的汪康年在政治上日趋保守，对局势的焦虑也与日俱增，但他这时已经不能也决意不再充当一

---

[1] 汪康年：《杂说》（十六），《汪康年文集》（上），杭州：浙江古籍出版社，2011 年，第 354 页。

[2] 汪诒年：《汪穰卿先生传记》，北京：中华书局，2007 年，第 154 页。

[3] 同上。

个时代的行动者。不能动手，又不能忘情政治，剩下的选择就只能是言说指点了，对政府、社会日渐绝望之后，于是"不自觉其言之哓哓"[1]，媒介批评几成为他唯一的精神寄托物。汪康年逝世后，日人所办的《上海日报》曾纪其事，备致惋惜之意外加以评价："本年夏复入北京创办《刍言报》，每月出报六次，其宗旨在矫正不健全舆论，故专载评论，不载新闻。要之汪氏之投身报界，以文学之光明与优美提倡新政，虽称之为中国现代先觉者，亦无不可。"[2]恰切点出了汪康年新闻实践的卓尔不群之处：汪康年是中国现代第一个具有明确职业归属意识、自觉践履专业实践的媒介批评家！

---

[1] 汪康年：《针报》（十三），《汪康年文集》（下），杭州：浙江古籍出版社，2011 年，第 477 页。

[2] 汪诒年：《汪穰卿先生传记》，北京：中华书局，2007 年，第 191 页。

梁启超的媒介批评

　　梁启超（1873-1929）作为中国近现代之交杰出的思想家、政治家、教育家、史学家文和文学家，从事报刊活动约30年，见证了中国近代报刊事业的起步发展时期，深刻地观察和理解我国报刊界当时存在的各种问题和不足。面对起步较晚、发展环境不容乐观的中国新闻事业，梁启超在其有关论著中，以解读新闻作为范畴支点，对当时的各种报刊及其传播行为进行了精辟的分析，并揭露了当时新闻界的诸多不良现象和无行新闻工作人员的蝇营狗苟，通过对媒体和新闻作品展开一系列分析和评价活动，从而建构了他颇具特色的媒介批评理论。此前学术界对梁启超的研究，大多聚焦在他的报刊编辑思想、党报理论、新闻自由和舆论观念等方面，尚未见到从媒介批评的角度审视其新闻传播活动与贡献的专题研究。对梁启超的媒介批评思想进行探讨，将使有关梁启超的研究获得新的视角和线索。

一

　　梁启超作为中国资产阶级改良派新闻思想的集大成者和开拓者，

在媒介批评领域的卓越贡献是他在中国新闻事业史上，第一次系统完整地提出了新闻批评的标准问题，标志着中国近代媒介批评理论从自为走向自觉的状态，开始形成自己独立的学术品格。

在近代新闻事业诞生之初，中国早期主要的新闻学研究者如王韬、谭嗣同、严复、汪康年、章太炎等人，虽然都有丰富的办报实践经验，但总的来说，他们首先是政治改良家、政治革命家，或者是一个学者，其次才是一个报刊活动家。"他们的新闻学研究成果，往往被纳入其政治理论体系，言论救国成为较为普遍的价值取向。"[1] 也就是说，中国早期新闻研究主体具有非专业化特征，绝大部分人怀有强烈的政治功利目的，他们的新闻实践和相关学术研究，缺乏明确的新闻学科意识，具有肤浅笼统、浅尝辄止的缺点。包蕴在他们零散的新闻理论中的新闻批评意识还很微弱，尚处于萌芽时期的不经意、不自觉状态。由于批评新闻现象、剖析新闻作品，都以一定的社会观和受动原则为依据，必然需要有一个大致的批评标准，即衡量新闻活动及其效果是非优劣的理想目标。因此，新闻批评标准的建立是新闻批评正常进行的基础和前提。新闻批评标准的提出和确定固然与新闻事业发展的实际状况密切相关，也与批评者的知识结构、思想倾向、思维高度以及审美趣味、社会理想密切相关，更是新闻批评者自觉意识的直接产物。

1901 年 12 月，梁启超在其主编的《清议报》第 100 期发表《本馆第一百册祝辞并论报馆之责任及本馆之经历》的长文，首次提出了衡量新闻媒体质量好坏的四条标准："校报章之良否，其率何如？一曰宗旨定而高，二曰思想新而正，三曰材料富而当，四曰报事确而速。若是者良，反是则劣。"[2] 在众多的中国新闻事业史研究专著和教材中，人们常常把梁启超提出的这四条衡量新闻媒体质量好坏的标准解读为"办好

---

[1] 李秀云《中国新闻学术史》，北京：新华出版社，2004 年，第 74 页。

[2] 梁启超：《本馆第一百册祝辞并论报馆之责任及本馆之经历》，张之华编：《中国新闻事业史文选》，北京：中国人民大学出版社，1999 年，第 38 页。

报纸的四条原则"。[1] 这一解读并不恰如其分和妥帖到位，因为梁启超自己在文中已很明确地将此四条解释为"校报章之良否，其率何如？"，即他下面进一步阐述的是衡量新闻媒体好坏的标准。将此四条解释为办好报纸的四大原则，未免有牵强附会、郢书燕说之嫌。

　　衡量新闻媒体质量的第一条标准是"宗旨定而高"。新闻媒体的宗旨就是新闻媒体的社会理想和价值取向，媒体宗旨是一个媒体的旗帜，它以媒体对稿件的具体选择和处理为手段，以一定阶级、集团的利益和需要为灵魂，它制约着媒体在选择、表述事实时的特定认识方式和思维方向，故而，媒体宗旨既是构成媒体特点的重要组成部分，又是媒体塑造形象的一个内在根据。由于人们的阶级利益和社会需要千差万别，各不相同，因此，媒体为自己设定的宗旨也就林林总总，异彩纷呈。每一个媒体都因自己独特的编辑宗旨而拥有单独存在的理由，但这并不是说每一个有自己独特编辑宗旨的媒体将获得平等的社会评价。梁启超之所以极为重视新闻媒体的宗旨，将宗旨设定为衡量媒体总体质量好坏的首要标准，是与他对宗旨能决定媒体方向，进而产生社会作用的充分认识有关的。他认为媒体"宗旨一定，如项庄舞剑，其意常在沛公，旦旦而聒之，月月而浸润之，大声而呼之，谲谏而逗之，以一报之力而发明一宗旨，何坚不摧，何艰不成！"[2] 换言之，宗旨非一，摇摆不定，媒体很难凝聚自己的个性，就无由充分发挥社会作用。不同媒体宗旨不同，不同宗旨有着高下优劣之别。以媒体为摇钱树，是一种宗旨；以媒体为仕宦的敲门砖，也是一种宗旨；以媒体讨好众人为自己赢得浮名，也是一种宗旨。新闻媒体从本质上说是一种社会公器，因此，梁启超认为新闻从业人员，不可不以热诚慧眼，注定一最高宗旨而守之，即以国民最多数之公益为目的："若为报者能以国民最多数之公益为目的，斯可谓

[1]　方汉奇：《中国新闻事业通史》第一卷，北京：中国人民大学出版社，1992 年，第 973 页。

[2]　梁启超：《本馆第一百册祝辞并论报馆之责任及本馆之经历》，张之华编：《中国新闻事业史文选》，北京：中国人民大学出版社，1999 年，第 38 页。

真善良之宗旨焉矣！". [1]

衡量新闻媒体质量的第二条标准是"思想新而正"。梁启超以为，新闻媒体之所以可贵，就可贵在新闻媒体能以语言文字开拓将来的世界。如果新闻媒体向人们提供的是人所共知的常识，则它就失去了其存在的特殊价值。新，就是新闻媒体存在的一个优势条件和本质特征。为了保持自己的本质特征，"报馆之天职，则取万国之新思想以贡于其同胞者也。" [2] 如此，方可达到新一国之民的目标。但是，新，并不是新闻媒体在进行内容选择时唯一的条件，因为新闻媒体要领导国民向前迈进，并不是所有贴上新的标签的事实、思想都适合特定社会的需要。内容不仅要具有新质，还要正确。"若夫处今日万芽齐苗之世界，其各种新思想，殽列而不一家，则又当校本国之历史，察国民之原质，审今后之时势，而知以何种思想为最有利而无病，而后以全力鼓吹之，是之谓正。" [3] 在这里，梁启超显然触及到了新闻传播的社会价值判断和新闻时宜性问题。

衡量新闻媒体质量的第三条标准是"材料富而当"。人们收受媒体，都有得益心理，而且都有以较小成本获取最大收益的心理。所以，媒体作为人们认识世界的武库，最好做到材料的丰厚富瞻，才能与人们收受媒体时的最大得益心理相符。丰富并不是芜杂，而是阅读一字就有一字的收益。要做到这一点，新闻媒体就必须对材料进行极为严格的挑选。既要使阅读者省无谓之目力，而又不使媒体内容有所挂漏有所缺陷。丰富而精当，这是媒体应该努力的目标。

衡量新闻媒体质量的第四条标准是"报事速而确"。新闻媒体给予人的收益是复合多样的，但在众多的收益中，人们最为关心的恐怕还是对新闻的收受。所以，梁启超指出，新闻媒体必须重视新闻的时效性，

---

[1] 梁启超：《本馆第一百册祝辞并论报馆之责任及本馆之经历》，张之华编：《中国新闻事业史文选》，北京：中国人民大学出版社，1999年，第39页。

[2] 梁启超：《本馆第一百册祝辞并论报馆之责任及本馆之经历》，张之华编：《中国新闻事业史文选》，北京：中国人民大学出版社，1999年，第39页。

[3] 同上。

在尽可能短的时距内对新闻进行报道，而不可贻误时机，使新闻成为明日黄花。不过，梁启超同时强调，抢新闻还要兼顾到新闻的真实性。因为真实是新闻的生命，如果新闻失实，新闻就异化为谎言或谣言。新闻报道既要迅速，又要真实准确。

新闻媒体的质量是一个综合概念，因此，衡量新闻媒体质量的标准也必然是一个复合性体系。梁启超提出的四条新闻媒体衡量标准，囊括了新闻伦理性、思想性、真实性、时效性等诸多因素："合此四端，则成一完全尽善之报"。[1] 这四条标准，既是对媒体内容的要求，又是对媒体功能的期盼，更是一个具有高度社会责任感的新闻工作者的新闻理想，"基本上概括出了作为一个优秀报纸的重要品质。直到今天，它仍在一定范围内作为衡量报纸良莠之标准。"[2] 梁启超自己也承认他所提出的这四条标准要完全做到"盖其难哉"，是一个很难达到的目标，具有浓郁的理想性。但理想的可贵，就在于理想的高远，就在它高于现实，需要人们付出辛勤的汗水和艰苦的劳动才能够实现。没有一定的标准，新闻批评就无法进行。新闻批评标准的设定本身，就是新闻批评理论建设的重要组成部分。梁启超为什么能够成为影响整整一代人的著名报刊活动家？笔者以为，除了时势造英雄的社会原因之外，另一个原因就是与同时代人相比，梁启超更自觉地注重新闻理论建设，并用比较先进系统的新闻理论来指导新闻实践，从而登上了报刊理论与实践的时代顶峰。能够在 1901 年就提出如此严整的新闻批评标准，既显示了他超迈同侪的自觉理论建构意识，又证明了在 20 世纪初始，中国的新闻批评已经结出了丰硕的理论之果。

---

[1] 梁启超：《本馆第一百册祝辞并论报馆之责任及本馆之经历》，张之华编：《中国新闻事业史文选》，北京：中国人民大学出版社，1999 年，第 40 页。

[2] 张昆《传播观念的历史考察》，武汉：武汉大学出版社，1997 年，第 88 页。

二

　　梁启超在具体的新闻实践和新闻批评活动中，基本上也是遵循自己提出的这些标准对媒体及新闻现象进行分析和评价的。

　　真实性标准在梁启超进行新闻批评时占据着非常重要的地位，他从不同的角度来分析新闻失实的原因。1896 年，梁启超编辑《时务报》伊始，在新闻道路上刚刚起步时，他就在该刊第一册发表了《论报馆有益于国事》的专题新闻学论文。在正面胪列报章的社会功能以后，又详细地列举了报章存在的五大弊端，其中以新闻真实性为基点的批评就有三条："记载琐故，采访异闻，非齐东之野语，即秘辛之杂事，闭门而造，信口以谈，无补时艰，徒伤风化，其弊一也。"梁启超在这里把新闻真实性与新闻传播的伦理功能结合起来，说明他已经认识到新闻真实性不仅是新闻的生命，还是新闻产生社会教益的基础，"军事敌情，记载不实，仅凭市虎之口，罔惩夕鸡之嫌，甚乃揣摩众情，臆造诡说，海外已成劫灰，纸上犹登捷书，荧惑听闻，贻误大局，其弊二也。"这是从新闻采访方式的非专业角度对新闻失实进行的原因追索。"臧否人物，论列近事，毁誉凭其恩怨，笔舌甚于刀兵，或矙颂权贵，为曳裾之阶梯，或指斥富豪，作苞苴之左券，行同无赖，义乖祥言，其弊三也。"[1] 此则从新闻工作者主观态度的偏颇视角探讨其对新闻失实的直接影响。这表面上是在对新闻失实的原因进行探讨，其实是对当时普遍存在于新闻界不良弊端的斥责和批判。每一条都是有感而发，有的放矢。

　　戊戌变法失败后，梁启超亡命海外，但其社会理想未变，政治热情未减。1898 年 12 月创刊的《清议报》是他飘零异域时对原先进行的意识形态启蒙工作的继续。该报以主持清议、增长人们学识为职志，在

---

[1] 梁启超：《论报馆有益于国事》，张之华编：《中国新闻事业史文选》，北京：中国人民大学出版社，1999 年，第 19 页。

其存在的 3 年时间内，于提高国民自觉、扩大人们视野、开拓思路方面，确实起到了巨大的启蒙作用。梁启超也为之自豪不已。在《本馆第一百册祝辞并论报馆之责任及本馆之经历》文中，梁启超专辟《清议报之性质》一节，虽然自谦地称《清议报》与同时代的其它报刊相比是百步之与五十步，但其志得意满之情仍充溢于字里行间。他说《清议报》有自己的宗旨，有自己的精神，虽然问世时间不长，但若将之比作幼儿，"虽其肤革未充，其肢干未成，然有灵魂莹然湛然。"[1]谓其为优良报刊可当之无愧。梁启超夫子自道《清议报》有四大特色：一是能提倡民权，始终抱定此义，百变不离其宗；二曰传输西方哲学思想，致力于东西方新学说及自然科学知识的引进，冲击旧的文化罗网，从未有所懈怠；三乃揭露当朝阴谋毒手祸国殃民的事实真相，发微阐幽，指斥权奸，无所顾忌；四为激励国民的国耻意识，点明局势，惊醒国人，熟察现在，以图将来："此四者，实惟我《清议报》之脉络之神髓，一言以蔽之，曰广民智振民气而已。"[2]新闻媒体能否引导社会走向进步，能否激励人们弃恶向善，这是梁启超用来评价新闻媒体质量优劣的又一准绳。

新闻体例问题是梁启超衡量新闻媒体和新闻报道、进行新闻批评时另一个重要的着力点。所谓新闻的体例，是指新闻的体式，是新闻媒体以及新闻报道在内容组织、结构方式上所表现出来的独特形式，它是新闻媒体以及新闻报道存在的依据，是新闻媒体以及新闻报道所具有的区别于其它信息传播方式的质的规定性。体例属于新闻的形式，对作品意向的表达具有重要的意义，脱离了形式的思想意向，就无法构成新闻的主题，否定了形式，新闻就不复存在。新闻批评应重视媒体的个性追求和新闻作品内容和形式的统一，提倡完美的形式和意向暗示的协调性，因此新闻不仅要在内容上正确，而且要在形式上尽可能的陈述的适当和完善。对新闻体例的强调，说明梁启超在进行新闻批评时，已经超越了

---

[1] 梁启超：《本馆第一百册祝辞并论报馆之责任及本馆之经历》，张之华编：《中国新闻事业史文选》，北京：中国人民大学出版社，1999 年，第 42 页。

[2] 同上。

一般对新闻媒体与新闻作品的内容分析和价值判断层次，而进入到探求新闻之所以为新闻的规律性研究界面。这无疑标志着国人独立的新闻意识已经迈向形成之途，是新闻理论思维获得深化的表现。在这一过程中，梁启超的个人贡献功不可没。

在新闻批评实践中关注新闻体例是新闻传播实践发展到一定阶段的产物。在中国近代报纸诞生之初，中国近代媒体并没有完全形成属于自己的传播体例，不仅报刊不分，而且媒介的外观形式也一如中国传统书册，报刊上的文体虽然遵循新闻要迅速、准确反映现实的特殊需要而不断进行改革，但"文体的变革是缓慢的，探索是不自觉的，因为读者和办报人并没有变革的自觉要求。"[1] 所以，早期人们并没有意识到新闻体例问题。随着社会的发展，特别是戊戌变法时期救亡图存的社会需要，使中国知识分子开始对由西方传过来的近代报刊的启蒙作用刮目相看，继而掀起了中国资产阶级第一次办报高潮。而后在新闻实践经验不断积累的过程中，人们对媒体的认识和探讨也由外向内逐渐深入，但这一过程也是缓慢和艰难的。中国历史上第一个著名报刊政论家王韬虽然在文体的实践方面做出了可贵探索，为报坛的政论文体树立了最早的榜样，但他并没有对自己新闻实践的意义加以理论上的自觉总结。1896年10月，维新派的干将谭嗣同首先在《时务报》上发表了《报章文体说》，高度赞颂了当时出现的报章文体。他在这篇文章中，历述了中国数千年封建社会中文体发展变化的历史，把传统文体概括划分为三类十体，并一一加以评析。但他这种对报章文体的推崇是以肯定报刊的社会功能，以此确立报刊在社会生活结构和意识形态当中的地位为主要论述中心的，并没有对报章文体的真正内涵进行界定和解说。

梁启超在评价报刊时，多次明确使用报刊体例这个概念，他缕述并评点中国近30年的各报刊时，几乎每份都论及体例的完美程度，如"唯上海、香港、广州三处号称最盛。而其体例，无一足取"，"惟前者天

---

[1] 李良荣《中国报纸文体发展概要》，福州：福建人民出版社，2002年，第1页。

津之国闻报，近日上海之中外日报、同文沪报、苏报，体段稍完。""《知新报》僻在贫岛，灵光岿然者凡四年有余，出报至一百三十余册，旬报之持久者以此为最。然其文字体例，尚不足《时务报》。""去冬今春以来，日本留学生有'译书汇编'；'国民报'、'开智录'等之作。'译书汇编'至今尚存。能输入文明思想，为吾国放一大光明，良可珍诵，然实不过丛书之体，不可谓报。"[1] 这都说明梁启超已经清醒地看到新闻传播自身的特性，力图用新闻的眼光来评价新闻媒体及其活动，而不是仅仅从社会政治需要或伦理建设角度去对新闻传播评头品足，初步具有了新闻批评的学科意识，使得新闻批评具有了更为浓郁的专业色彩。从王韬到谭嗣同，再到梁启超，我国新闻批评专业化的历史发展逻辑清晰可见，说明随着时代的演进，尽管社会能够提供的环境并不乐观，但人们的新闻独立意识仍然在不断增强。

著名新闻教育家谢六逸1935年曾就此评价道："梁启超氏曾说：'近年以来，陈陈相接，惟上海、香港、广州三处号称最盛（报馆），而其体例，无一足取。每一展读，大抵沪滨冠盖、瀛眷南来、祝融肆虐、图窃不成、惊散鸳鸯、甘为情死等字。填塞纸面，千篇一律……梁氏对于我国报纸的体例问题，可谓概乎言之。到了今天，他的批评仍可适用，我们在今天，岂不是依然看见'大刀千柄，霍霍生光'的新闻记事么？依然看见'大火中跳出模特儿'的新闻记事么？讲到这里，我觉得纯正的报章文学，在我国是最需要的了。"[2] 谢六逸的评价可谓慧眼独具，切中肯綮。

三

梁启超的新闻批评在角度选取、方法使用上具有一定的特色。

---

[1] 梁启超：《本馆第一百册祝辞并论报馆之责任及本馆之经历》，张之华编：《中国新闻事业史文选》，北京：中国人民大学出版社，1999年，第41页。

[2] 谢六逸：《什么是报章文学》《谢六逸文集》，北京：商务印书馆，1995年，第316页。

1. 多样的批评思维方法

整体与局部结合分析法。新闻作品的某一段，某一句话就是作品的局部，某一位记者是整个媒介的局部，任何媒介行为在理论批评中都可以分为不同的局部，越是复杂的媒介行为，越适应、越需要采用局部拆析。梁启超分析我国近代报业发展之所以迟缓无力的状况时，就运用了这一方法。他通过逐个分析30年来国内外各报刊的优劣、影响和结局，包括从媒介外部环境（经济状况，社会风气）、媒介从业人员品格、素质等方面的落后状况举例分析，最终得出中国报业发展的缓慢原因有四：(1) 报馆经济基础不够雄厚，小试辄蹶，难以为继；(2) 主笔、记者不受社会尊重，高才之人不愿厕身其间；(3) 风气不开，阅报人少，道路不畅，传播困难；(4) 报业从业人员素质不高，思想浅陋，学识迂愚，才力薄弱，无思易天下之心，无自张其军之力。每一个报刊面临的问题可能都不一样，但这四个方面基本上概括出了我国近代报业发展缓慢的共同原因。对单个媒体进行个案分析，然后得出普遍性结论。

定性与定量结合分析法。归纳论证的定性方式并不能完全证实一种现象的必然性，而是给予某种程度的证实，起一种辩护的作用。梁启超1898年游历欧洲后，认为当时在中国设报馆，要达到西方报业的壮观景象，是不大可能的。因为中外有不同的社会环境，它们给报业提供了不同的生长条件和发展空间。梁启超同时采用了通过数据来分析新闻现象的方法。他在评述我国新闻界的落后现状时说："以故报馆之兴数十年，而于全国社会无纤毫之影响。大抵以资本不足，阅一年数月而闭歇者十之七八。其余一二，亦若是则已耳。"[1]通过一组真实的数据证明批评的结论，把量化分析引进到新闻批评中，用确凿无疑的数据来佐证观点，很有说服力。

中与外、历史与现实对比相结合分析法。中国近代新闻业非常落后，这是与外国发达的新闻业比较后才得出的结论。梁启超是我国近代少有

---

[1] 梁启超：《本馆第一百册祝辞并论报馆之责任及本馆之经历》，张之华编：《中国新闻事业史文选》，北京：中国人民大学出版社，1999年，第40页。

的学术通人，对中外历史和现实情况都有较真切的了解。他在有关新闻现象分析中，常常古今中外，旁征博引。"今设报于中国，而欲复西人之大观，其势则不能也。西国议院议定一事，布之于众，令报馆人入院珥笔录之。中国则讳莫如深，枢府举动，真相不知。西国人数、物产、民业、商册，日有记注，展卷粲然，录副印报，与众共悉。中国则夫家六畜，未有专司，州县亲民，于其所辖民物产业，未由周知，无论朝廷也。"[1] 置于世界性的背景中，为中国新闻业定位甚为准确。《本馆第一百册祝辞并论报馆之责任及本馆之经历》中有《中国报馆之沿革及其价值》专节，则是历史与现实对比进行新闻分析的典型代表。他例举我国近代报业各家媒体的沿革情况，"此实中国数十年来报界之情状也。由此观之，其发达之迟缓无力，一何太甚！"[2] 静态的历史在这里为现实做了生动的注脚，使新闻批评获得了某种整体观照的品质。

2. 立场鲜明，态度公正

作为政治活动家，梁启超评价各家报刊也往往看其能否为政治服务，能否实现报刊的政治功能。他分析《万国公报》虽然体例比较完整，但与政治、学问关系不大，没有鲜明的政治立场和主张，所以没有被他置入良刊之列。一份远离政治的报刊，在梁启超看来，永远够不上优秀的资格。他评论自己主编的《时务报》："甲午挫后，时务报起，一时风靡海内，数月之间，销行至万余份，为中国有报以来所未有，举国趋之，如饮狂泉。作者当时，承乏斯役，虽然，今日检阅旧论，辄欲作呕，复勘其体例，未尝不汗流浃背也。"[3] 好就是好，劣就是劣，无一丝忸怩之态，毫不隐瞒自己的观点。

梁启超在分析新闻媒体时，还比较注重传达新闻阅读的感受性。新闻事实使受众在感官和心灵深处引起振动，形成新闻形式的感受性，

---

[1] 梁启超：《论报馆有益于国事》，张之华编：《中国新闻事业史文选》，北京：中国人民大学出版社，1999 年，第 20 页。

[2] 梁启超：《本馆第一百册祝辞并论报馆之责任及本馆之经历》，张之华编：《中国新闻事业史文选》，北京：中国人民大学出版社，1999 年，第 41 页。

[3] 同上。

这种感受性可以给读者良好的精神愉悦，梁启超追求好的新闻内容，美的新闻形式，就是希望媒体能够达到这样的传播效果。他还尤其注重新闻媒体在内容上的创新性。因为新鲜是新闻的又一本质特征，也是广大读者在阅读新闻时应有的心理期待。他评论近代上海、香港、广州等地的报刊时，认为其体例没有值得可欣赏的东西，许多报刊不仅语言千篇一律，缺乏新意，而且观其论说，展转抄袭，"读之惟恐卧"。这一种阅读感受的直接传达，虽然有点尖刻，但由于建筑在对媒体语言、内容题材的分析之上，其主观感受也就具有了客观实在性，具有无可辩驳的力量。

梁启超对于新闻媒体的批评，多建立在事实基础之上，一般都很公正客观。首先，梁启超采用了效果实证的技巧对事实进行评价。他对每一新闻媒体与新闻现象进行分析，都会列出足够的事实依据。前文所述对近代报业现状的总体评价，有各报刊状况不良的事实辅证，报刊的好坏，依据其社会效果来衡量，这样分析事物就显得很客观公正，极容易获得人们的认同和首肯。比如他评论英文《京报》："自英文《京报》着归吾国人经营也，而海内外之观听集焉，每著一论，东西邻之同业者辄移译之录述之，以视觇我民意焉。其粲然为国光之效，既历历可睹，其立言之简而要，锐而达，秩然而有伦脊，梨然而中肯綮，举吾国之英文报，莫之能先也。"[1] 依据各大媒体都转载其内容，各国都依据它所报道的情况了解中国，论定这份报纸有良好的社会效果，其社会形象是国内其他英文报所无法比拟。其次，梁启超评价各大报刊，有肯定也有否定，不带私人感情。"而其体例，无一足取"是对报纸的否定评价，"体例稍完"则是肯定。他在评价一份报纸时也不是全盘肯定或否定，而是依据客观情况逐条分析，如"惟前者天津之国闻报，近同上海之《中外同报》，《同文沪报》，《苏报》，体段稍完，然以比诸日本一僻县之报，犹不能望其肩背，无论东京之大者，更无论泰西也"，肯定否定

---

[1] 梁启超：《梁启超全集》第5册，北京：北京出版社，1999年，第2822页。

兼具，公允平正。

3. 善于把握因果关系

任何事件在发展中都要受到其他有关事物的影响，表现出前后两事物间的决定关系，即新闻事象之间的因果关系。事物间的因果关系是评价新闻需要把握和使用的一对范畴。新闻批评只有把新闻中的事实加以区分，将对象的变化作为一种因果现象从社会的交互作用中分离出来，才可把握住新闻包含的确定内容和意义。梁启超对新闻媒体及现象的评析，之所以令人信服，就在于他在分析新闻媒体及现象时，善于把握各种现象间的因果关系，让事实显示出逻辑力量。梁启超曾在《〈萃报〉序》中解析该报产生的原因，他认为《萃报》这种披沙拣金、和花成蜜型文摘报的诞生，是和它所处的社会环境有关的：中国人阅读报纸的习惯远不如西国，"报虽日增，而阅报之人，只有此数，其一人阅数报者，殆不数见。又报章体例未善，率互相剿说，杂采谰语，荒唐悠谬，十而七八。一篇之中，可取者仅二三策，坐是方闻之士，薄报章愈甚。而内地道路未通，邮递艰滞，每日一纸，芜词过半，阅者益希。"[1] 其结论也就自然是中国迫切需要一份的精良的涵盖多方面内容的综合性报刊。在这种情况下，尽集群报，撷其精英，汰其糟粕的《萃报》实乃应运而生。据此分析，事件产生的前因后果就昭然若揭，清晰无比，颇有几分唯物主义的色彩。他对于中国近代报刊发展缓慢原因的归纳也是如此，其批评思路和一些结论今日仍为新闻史研究者所沿用。

梁启超的媒介批评更新了同时代人的新闻观念，推动了我国近代新闻业的进步，但他毕竟处于报业不发达时代，那时媒介批评的风气还没形成，虽然他在媒介批评领域做出了力所能及的努力，但用今天的眼光看来，仍有不完整、零碎之嫌。开展了一些属于新闻批评范畴的活动，但他似乎并没有充分认识到新闻批评对于新闻实践及新闻事业发展的深远意义，其新闻批评还带有偶尔为之的痕迹。虽然他注意到了新闻自身

---

[1] 梁启超：《梁启超全集》第 1 册，北京：北京出版社，1999 年，第 130 页。

的个性，但没有就新闻特有的传播方式等方面进行着墨，其新闻批评仍有不够深入的缺憾。对于新闻作品如何表达其主旨，怎样使作品在具体的方式、语言结构等方面达到完美，媒体的立场应怎样体现在作品、编排之中，他也没有作出细致的分析。不过，这是时代的局限，我们是不能苛求于他的。

邵力子的媒介批评

邵力子（1882—1967），我国现代著名报人、政论家，1906年他曾赴日本学习新闻学，回国后参与创办《神州日报》《民呼日报》《民吁日报》《民立报》，担任报纸的编辑工作，1912年一度出任《民声报》记者，1913年参与创办《生活日报》，1916年参与创办《民国日报》，担任该报经理兼编辑，1919年6月在《民国日报》特辟《觉悟》副刊，任主编，宣传新思想、新文化，前后为该刊撰文1000多篇，在广大读者特别是青年读者中造成很大影响，使该刊成为我国五四运动时期著名的四大副刊之一。在长达18年的报刊生涯中，邵力子先后撰写了大量的针对当时不良的社会、经济、文化现象的批判性文章，其中有不少篇目属于媒介批评的范畴，为丰富我国现代媒介批评的宝库作出了卓越的贡献。

一

邵力子先生的媒介批评实践肇始于五四新文化运动时期。他创办《民国日报》不久，即开始有意识地对当时的新闻传播活动进行价值判断和理论鉴别，但在 1920 年 7 月之前，他对新闻媒介及其传播活动的剖析和评判还是偶尔为之，未成系统。这年的 7 月上旬，他接到读者朱瘦桐的希望在《觉悟》副刊中增设"书报批评"专栏的一封来信，朱瘦桐在信中说，自"五四"、"六三"运动以后，社会上很多人都致力于新文化运动，希图改造出一个新的社会来。所以，关于文化运动的书报，如雨后春笋，生机勃勃，令人振奋乐观。但在时代大潮的挟裹下，其中也不乏投机取巧之徒："现在无赖文人在那里冒挂着新文化的招牌，出那不伦不类的丛书，想借此作投机的营业，为数也不少。我们若不赶速竭力的攻击，恐怕遗害于学术界，比古圣贤的瞽说还大呢！所以我现在要求你们专立一《书报批评》栏，专批评现近出版的书报及讨伐那些冒牌的东西。如此办法，非但学者大家能做公开的研究，而且也可使那班冒牌的知所敛迹。"[1] 邵力子立即将该信刊出，并写了《专设〈书报批评〉栏的要求》对之进行呼应："《书报批评》栏，本来非常要紧，我们亦时时有这样计划。所以还未实行，老实说罢，我自己也苦'知识荒'，现在风起云涌的出版界，关于各种学问的书，几乎都有，我自问实在不能胜'批评'之任。若果延聘通家专门担任，或特约海内学者分科认定，就种种关系上面——本报的经济，学者的时间——都有困难。现在只能希望同志诸君随时投稿，本栏本取公开态度，只要确有见地，无不随时登载。稿件能源源而来，专设一栏，固然最好；否则登入别栏（评论），也无不可。"[2] 一方面表达了他对此问题的高度认同，另一方面也坦诚地解释了为什么此前没有开设书报批评专栏的原因，并借机谈了自己的有关构想。从这段文字中，我们可以看出，邵力子认为媒介批评具有自己的品格和特性，有专设一栏、自成一格的必要，不过，媒介批评虽然不依附于新闻理论，但作为传播实践过程中最鲜活、最生动的次生性话语，又与新闻理论话语或评论话语有着不可分割的关联性，理所当然地可以挂靠在其上一个"评论"层级中，具有分析、说理、褒贬的评论属性。

---

[1] 傅学文编《邵力子文集》（上册），北京：中华书局，1985 年，第 353 页。
[2] 傅学文编《邵力子文集》（上册），北京：中华书局，1985 年，第 352 页。

五四新文化运动的实质是启蒙精神和理性意识，其中蕴涵着强烈的批判色彩。与浓烈的时代民主氛围和高涨的社会批评、文艺批评实践同步，中国现代媒介批评在现代传播媒体迅猛发展的大背景下，也开始走向自觉和自为阶段。在五四新文化运动的主要刊物《每周评论》《觉悟》《新青年》上，相继出现冠以"新刊批评"或"书报批评"的专栏。当时社会上已经产生了日益强烈的进行媒介批评的时代需要，朱瘦桐的来信就是这一社会要求的突出体现。应该承认，这些当时比较先进的中国知识分子，对媒介批评的功能已经有了初步的体认，并急切发出了开展媒介批评的吁求。但是，组织颇具规模的媒介批评，特别是通过开设专栏把媒介批评确定下来，以期通过媒介批评对社会文化发展方向进行制度性的干预，还需要其它的社会条件。邵力子在《专设〈书报批评〉栏的要求》一文中就透露出了有效地开展媒介批评时，在人力和物质条件等方面所带来的限制。没有充足的经济基础，媒体无法组织相应的稿件；而无法保证充足的稿源，开展媒介批评势必如同巧妇难为无米之炊，即使强行启动，也难免会有断炊之虞。显然，面对来自读者的急切呼声，邵力子并没有头脑发热，而是冷静地考量了开辟一个专栏的实际状况，进行了细密的推敲和处理。但即便如此，邵力子还是勉为其难地从 1920 年 7 月后，在《觉悟》副刊中设置了"书报批评"不定期栏目，开始陆续刊发一些具有独立、鲜明的媒介批评意识的批评文章。在邵力子的主持下，《觉悟》的媒介批评实践活动稳健而成熟地开展起来。他主编的《觉悟》在这年的 10 月也开始出现以"批评"冠名的专栏。第一期的《批评》专号就集中发表了五篇文章，其中四篇是对批评的主体、任务、责任等"批评"本体的阐述，署名缪金源的《所谓新文化运动的查抄和破产》，其批评对象是新文化报刊，是这一专号中唯一一篇批评实践的文章。该文全面概括了新文化刊物衰减的原因，将新文化报刊运动的落潮归结为反动势力对新文化刊物的查抄以及新文化阵营内部的分化这一内一外两个方面。该篇文章虽然是社外来稿，但作为编辑的邵力子，对其分析媒介现象的基本思维理路基本上是予以首肯和赞同的。从不定期的"书报批评"专栏的设置，到有规模有分量的"批评"专号的推出，清晰地显示了邵力子对媒介批评的不懈提倡和大力组织之功。

难能可贵的是，在开展媒介批评的态度方面，邵力子在这篇文章中还显露了建设性的观点。朱瘦桐对在新文化大潮中出版界的某些投机现象深恶痛绝，希望邵力子能利用《觉悟》这个阵地对之进行大力讨伐、严词抨击，以使其敛迹。邵力子则委婉地提出了自己的看法："我还有一层意思，果有'不伦不类的丛书'，自可竭力攻击，但只须限于'就书批评'，不必再加上什么'冒牌'的话。这块新文化大招牌，本来是社会上的公物，谁也不能据为己有，无所谓真牌假牌。他们所出的书，不好，社会自有相当的评判。即使我们顾虑到社会上有许多人自己没有辨别力，那么，把它的不好处详细揭出，也就够了，不必追缴他们从前的事，绝人自新之机。我以为他们能一窝蜂出'新丛书'，比一窝蜂出黑幕小说，总好得多。"[1]他希望维护媒介批评的纯正性和独立性。媒介作为信息的承载体，不能不受到社会意识形态的缠绕；媒介批评作为社会批评和文化批评的一种样式，更是不可能不涉及社会结构、社会关系、社会生活与具体的时空背景，甚至这些都是进行媒介批评不可逾越的历史语境。但是，媒介批评应该有自己的领地，自己的品格，不能企图代替或包办本应由其它批判武器所驰骋的社会批评或文化批评等疆域，否则，媒介批评难免不在功能膨胀中失去自我。他以古人千金买马骨为喻，认为在新文化运动发展的初期，新的出版物还很弱小，以过于挑剔的态度对之检验并不妥当，对他们应该采取多扶持、少棒杀的宽容态度，"我们就当他们做马骨，也是可以的呀！只要社会能继续扩展好学的心理，自然一方面对于好的书报，能踊跃欢迎，鼓励他们的兴趣；一方面对于坏的书报，能逐渐淘汰，促进他们的改善。什么冒挂招牌的话，是不必说的。"[2]以免殃及真正的新文化出版物。

媒介批评势必指涉特定的批评对象，也常常引起批评对象的恼火

---

[1] 傅学文编《邵力子文集》（上册），北京：中华书局，1985年，第352页。

[2] 傅学文编《邵力子文集》（上册），北京：中华书局，1985年，第352页。

和反批评。媒介批评虽然具有批判和否定的品格，但批判和否定只是一种手段，目的是促进媒介的健康发展。因此，正确的批评气度非常重要，而批评的气度其实就是批评者的人格。邵力子在《争辩中的人格观》一文中，对此专门举例发表了自己的看法："无论是'政敌'或'论敌'，都可以在争辩中看出气度来，气度的恢宏与狭隘，其实也就是人格的表现。我们——《民国日报》——和《时事新报》，常处于'论敌'的地位，这是无庸讳言的。但无论如何，彼我总有相同的地方，我们的笔战总该在这相同之点以外。如最近丝厂女工罢工问题，《民国日报》和《时事新报》都表同情于女工；但我在本月九日《妇女评论》里，称许《时事新报》六、七、八三日的批评都很公允，而十日《时事新报》却用轻薄的语调来嘲笑我，什么'天天做文章到处去演讲的力子先生……'，什么'力子、联芳先生呵'，似乎我真改变了我平日的主张，和那'不惜以今日之我与昨日之我宣战'者一般。其实只是他自己在那里'断章取义'的节取我一句话来发挥，而不幸对于我这一句话又是完全误解。两相比较，读者看谁的态度平允呢？"[1] 尖冷刻薄的论调只能显露出批评者的气度褊隘，批评必须全面、周全，攻其一点，不计其余的方式无法让批评对象心悦诚服。因此，媒介批评固然要严正地表明立场，但前提则必须是对批评对象的尊重。

二

媒介批评的常规手段是通过对媒介传播活动及其现象的描述，审视其发展中的利弊得失，引导人们全面而正确地认识媒介，培养人们健全的媒介素养。20 世纪前半叶的中国媒体，既有过狂飙突进、迅猛发展的时期，也有过千回百转、迂回曲折的岁月。传媒是社会的镜子，这是中外新闻界对媒体社会功能的惯常定位和期许，这不仅形象地反映了传媒通过反映社会而获得自己存在的社会地位，还标明媒体的发展受制

---

[1] 傅学文编《邵力子文集》（下册），北京：中华书局，1985 年，第 728 页。

于社会的整体状况，揭示出媒体与社会之间深刻的互动关系。

作为一个新闻工作者，邵力子的媒介批评善于从媒介现象来透视社会状况。1919年2月4日上海《民国日报》"时评"栏中发表的《彻底》一文，即是如此。

> 休刊七日，欲觅一好消息，以慰爱读诸君，竟不可得。
>
> 言其小者：若台基中之谋财害命，电车中之迷药攫金，罪恶进步，令人骇叹。而盗劫屡见，转如司空见惯，投机与赌博，误尽商界青年，乃复辙相寻，靡知底止，尤足见矣。
>
> 言其大者：和平会议，人人所渴望者。南方代表虽已齐集，北方代表亦将莅止，而陕西问题横亘于先，国防军等问题阻梗于后，瞻念前途，实无足引为乐观者，尤可惧也。
>
> 愚非好为败兴之语，果能深察民生之危机、政治之祸根，而誓彻底改革，非誓彻底做人，则庶有来复之望矣。[1]

社会鱼烂，媒体上当然难觅令人振奋的消息，这当然不能责怪媒体的有意抹黑，而是社会现实使然。邵力子并没有将论点拘囿在仅仅告诉人们忧郁的事实这一层面上，而是提醒人们：现实固然无法令人满意，但只要不丧失信心，未来则不必悲观。相反，只有直面现实，而不是粉饰现实，才有改造现实、赢得未来的希望。将现实与未来有机联系起来，引导人们立足当前，放眼未来，通过表面上谈媒体上充满负面报道，转换成激发人们鼓起社会改造的雄心，使媒介批评具有了社会批评的内涵。

不过，传媒是一种组织机构："在所有的新闻体系中，新闻媒介都是掌握政治和经济权力者的代言人。因此，报刊杂志和广播电视并不是独立的媒介，它们只是潜在地发挥独立作用。"[2]以镜子来比喻新闻

---

[1] 傅学文编《邵力子文集》（上册），北京：中华书局，1985年，第82页。

[2] ［美］赫伯特·阿特休尔：《权力的媒介》，北京：华夏出版社，1989年，第336页。

媒介，只是一种简化了的形象性说法，一面镜子不会作出决定，只会反映它面前发生了什么。镜子的比喻忽视了意志的成分，忽视了报道或不报道某种类型的事件的事先决定。《奇怪的镜子》通过分析媒介言论与社会舆论的偏离，启示人们透过斑驳的媒介现象，把握媒介与社会权力关系的本质。

> 从前主张国民大会的，现在竟说国民程度不足，要用军警来禁止人民集会，这种人还不该痛骂吗？何以有人发表正论，而代表舆论的报纸竟不肯登载呢？难道他那面"大镜子"里，深深地印下了一个巡阅使的小影，便再容不得纯洁青年吗？哼！ [1]

媒介是社会公器，理应以公众的代言人自处。如果媒介对来自民间某一群体的社会呼声置若罔闻，在一定意义上不能不说是失职和失位。如此质疑，犀利而且到位。

媒介发展的历史昭告人们，无论是在历时性的时间长河中，还是在共时性的社会舞台间，媒介生态向来都是杂花生树、群莺乱飞，一片纷繁芜杂的景象。媒介批评的一个主要目的，是要品评优劣短长，剔除杂草、扶持幼苗，从而规范媒介传播活动，促进媒介和社会按照批评主体预设的方向发展。媒介以报道新闻、传播资讯确证自己的存在，报道什么，如何报道，既是媒介的主要活动方式，也是媒介显示价值取向、赢得社会尊严的不二手段。媒介由于不间断地向人们传播新的信息、新的观念乃至新的知识，从某种意义上说，媒介是民众生活的教科书，对社会的发展和未来具有某种引导与形塑作用，责任可谓重大。但不是每一家媒体都完美地履行了这一崇高的时代使命。1924 年 7 月，邵力子发表《驱蚊的笔记》一文，就媒介的报道内容提出了批评：

---

[1] 傅学文编《邵力子文集》（下册），北京：中华书局，1985 年，第 600 页。

本月十日，上海最老的两张报纸，忽同样登出一段关于驱蚊的笔记。什么一稿两投的问题，自然不值得我们注意；我今天所以要提出来讨论，是因为这篇笔记里面所述的两段轶事，都足以增长国人的迷信观念，而偏能同时博得两位大主笔的青睐。

笔记的一段是记小鬼驱蚊：武进一个吕状元未第时，在朱姓家教读，夜不畏蚊。一夕，朱戚某氏宿吕榻，鬼叱为穷教官而去之；又一段是记画圈驱蚊；什么张天师的女儿，嫁到一个人家做媳妇，夏日在墙壁上画一圈，如碗大，蚊蚋尽自投其中，次晨日出，伊以袖轻拂之，又纷然散去。此种传说，不但荒谬，而且陈腐，在旧时笔记小说里，不知可以翻得多少，何劳民国十三年的读报者重行录寄，而又何劳大主笔先生为之发排呢？迷信已误尽中国人了！关于蚊蝇的文字，能够从科学上发挥最好，次之从文艺上亦尽有舒写的余地；我愿投稿人和大主笔今日都从大处着想，勿专作"姑妄言之妄听之"的想头吧！[1]

一篇文字同时出现在两家媒体上，一稿两投的行径常常遭到一些读者或新闻工作者的诟病。邵力子这篇《驱蚊的笔记》，笔触并没有过多地聚集在通常的这一批评视角上，因为仅仅是谴责一稿两投，不能说没有意义，但从媒介批评的角度来看，这还只能让人们对投稿人的个体产生鄙夷和不耻，而若从传播内容与社会的关系看，问题的严重性就即刻显露出来。这样荒诞不经、陈腐不堪的内容，媒体以"姑妄言之妄听之"的轻慢态度进行传播，无疑会对社会的迷信观念起到推波助澜的作用。社会观念决定社会行为，引导人们从传播内容对社会观念的形成这

---

[1] 傅学文编《邵力子文集》（下册），北京：中华书局，1985 年，第 966 页。

个角度观察问题，既显得视野宏阔，又能启发媒介工作者明确自己的社会责任，可谓一石二鸟，提升了媒介批评的品质。

《上海之鬼报》与《驱蚊的笔记》的批评主旨有异曲同工之妙：

> "上海之鬼市"，我未看到过一次；上海的鬼报，我却时常看见。这里所说鬼报，并不是指那报纸是鬼所办的，也不是说那报纸是办给鬼看的。我只觉得在此科学昌明的世界，报纸不尽破除迷信的责任，而反时时"谈神说鬼"，以煽迷信之焰，于是"鬼话"连篇，使愚夫愚妇读之，森森然觉字里行间布满"鬼气"，名为"鬼报"，或者正合于"纪实"的道理。[1]

新文化运动的大旗之一就是科学。经过新文化运动的洗礼，科学的观念在中国大地上广为传播，深入人心，但旧的社会观念并不甘愿就此退出历史舞台，它们还要挣扎，还不时以各种各样的方式借尸还魂，向进步观念反扑。1917 年秋，上海中华书局陆费逵、俞复等人开设"盛德坛"，组织"上海灵学会"，并出版《灵学丛志》，公开宣扬"鬼神之说不张，国家之命遂促"，[2] 借助鬼神之口张皇迷信。他们的倒行逆施理所当然地遭到了新文化运动的先驱们的猛烈抨击。《上海之鬼报》从科学尚未精进，而先提倡鬼学，实为进步主义之敌的逻辑理路，对媒介内容和性质进行归类，提醒新闻工作者在选择传播内容时必须进行有效的把关。

《纸面上的大出丧》一文，则是从如何报道开展媒介批评。

> 说到大出丧，凡有智识的人都晓得不是应当提倡的事，

---

[1] 傅学文编《邵力子文集》（下册），北京：中华书局，1985 年，第 952 页。
[2] 转引自方汉奇主编：《中国新闻事业通史》第 2 卷，北京：中国人民大学出版社，1996 年，第 19 页。

似乎我们同业里面，也常常写几句文字，劝人家不要在出丧上面，踵事增华地竞争。然而空言劝告是无益的，如果大家都把大出丧当作一件好看的东西，尤其是我们新闻界也把大出丧当作一件值得记载的新闻。新加坡的一个做糖生意发财的人死了，在他的遗产发生争夺的问题时，自当值得纪载，至于那棺材抬出去时是一种怎样的情形，我想是没有记载的必要的。即使要因此而描写糖商家属的昏愚和新加坡一般观众的无识，也不必要纪载到曹锟是赠送的什么挽额呀！难道因为上海人喜欢看大出丧，他们不能到新加坡去看，就请他们看看纸上的大出丧，也算慰情聊胜于无吗？这样，又与提倡大出丧有什么分别呢？

这或者又是我的偏拙之见。[1]

报道方法和报道角度表面上看是一个技术问题，其实它是媒介从业人员新闻观念的一种体现，与新闻价值乃至新闻道德都有着不可分割的关联，它规定着对新闻事实的具体包装和表现，也制约着新闻传播的社会效果。《纸面上的大出丧》将媒体口头反对大出丧，而在具体的新闻报道中又对出丧中棺材如何抬出、何人赠送挽联等巨细靡遗地加以叙写，无情地嘲讽了媒介的言行不一，其鲜明的批判态度跃然纸上。

三

在新闻理论大厦中，新闻真实性是一块基石，但新闻失实又是新闻传播中的痼疾和顽症，也是令读者最为反感、新闻从业人员甚为苦恼的媒介现象。新闻失实的现象极为复杂，造成新闻失实的原因多种多样，不一而足。谣言是新闻失实的一种极端现象。邵力子对谣言与媒介的关系非常关注，多次从各种角度对谣言进行评析和批判。

---

[1] 傅学文编《邵力子文集》（下册），北京：中华书局，1985 年，第 980 页。

《谣言的由来》是邵力子对谣言进行批评的一篇很有见地的力作。

> 列宁和托罗斯基冲突的话，欧美报纸登载过的，总计起来，
> 不下数十次，其实全是谣言，不直一笑。我们常听人骂中国
> 新闻记者无程度，专会造谣。欧美新闻记者的程度又怎样呢，
> 我以为这不仅关于新闻记者程度问题，更关于社会组织问题。
> 立在资本主义之下，偶然听到能使资本家快心的话，便不问
> 真伪，立刻振笔疾书，再加上些附会粉饰，不必立意造谣而
> 谣已成了，何况还有故意制造的呢？ [1]

新闻失实有些与传播者的主观需要具有直接关系，谣言的传播尤
其如此。美国著名政论家、舆论学者李普曼曾和他的朋友于 1920 年进
行了一次调查。他们选择了当时以精确报道著称于世的《纽约时报》作
为调查对象。调查发现，《纽约时报》援引的关于俄国革命的事件和暴
行都是没影儿的事，该报报道布尔什维克政权行将垮台的消息竟达 91
次之多，6 次报道列宁逝世。李普曼据此指出："关于俄国的报道是一
个例子，它说明人们所读到的并不是事实，只不过是一些人所希望看到
的东西罢了。在记者和编辑们的眼里，新闻检查官和宣传负责人就是他
们的希望和担忧。" [2] 李氏这一源于观察和统计媒介现象而得出的结论，
在新闻界颇受推崇，广为流传。其实，邵力子几乎同时间地在《谣言的
由来》这一仅 170 余字的媒介批评文章中，得出了与李普曼完全相同的
结论。他在另一篇媒介批评文本《社会程度与谣言》中，再一次地表达
了观点："我常见与此类似的谣言，如说本年某月有大瘟疫，人死大半
之类，虽然到了那时不见应验，却是第二年又会有同样的传述。这自然
有人利用这种谣言，敛钱自肥，但可怕的并不是这种人，却是社会的程

---

[1] 傅学文编《邵力子文集》（上册），北京：中华书局，1985 年，第 446 页。
[2] 转引自 [美] 罗纳德·斯蒂尔著：《李普曼传》，北京：新华出版社，1982 年，
    第 265 页。

度。"[1]对谣言在以报道真实为己任的媒介上公然流布，邵力子并没有仅仅把原因追索到新闻记者个人的头上，他认为这是和"社会组织"有密切关系的具有更深刻社会意义的传播现象。显然，这一分析比李普曼的观点更胜一筹，也更具有深度。

近现代中国的新闻通讯社事业比较落后，由此导致了中国媒体往往乐于转载或转译外国新闻媒体上有关的中国报道。这对于扩大中国新闻媒体的消息来源渠道、丰富传播内容都产生了积极的作用。但是，这一纯粹的转载或转译新闻活动，在那个时代却时常带来许多发人深省的传播现象。"就常理推测，外国新闻记者，常识决不至缺乏，在中国探访政情，有时比中国记者更要便利，又没有党派的关系，发为言论，或有所记述，比较的总该可以相信。但在事实上，竟常常发见这种理想的谬误：随便什么时候，都可以找出实例。现在，就拿今天报上所载的来讲。"[2]《西人论述中国事情的误谬》就对之进行了细致的描述和分析。上海的英文《字林西报》曾报道北京军阀政府1921年再度起用张勋是为了"抵制小徐（徐树铮）"的消息。一时国内媒体纷纷转载，沸沸扬扬，煞有介事一般。其实，起用张勋和抵制小徐根本无关，邵力子对之进行了详细的分析。

> 张勋为民国罪人，北京政府却定要起用他，这里面当然有深暗的黑幕，但和"抵制小徐"有什么关系呢？起用张勋之说，远在小徐逃出日本使馆以前，单这一层，已足证明所谓"近来盛传小徐秘密往来于上海、青岛间……惟张勋可以保小徐之帖服"者，全属附会的话。说这句话的人，我颇猜不透他是什么心理。或者他要替张勋鼓吹，以为国人提起小徐，一致唾骂，说张是为抵制小徐而出，便觉不应反对，所以还要加上一句考语，说是"不愧为一富于作为之人物"。但国

[1] 傅学文编《邵力子文集》（下册），北京：中华书局，1985年，第766页。
[2] 傅学文编《邵力子文集》（上册），北京：中华书局，1985年，第506页。

民就这样容易受骗么？张勋是复辟党魁首，和张作霖勾合起来，民国十分危险。象他那种说法，也可以说是抬高徐树铮的声价，以为惟小徐能与两张为敌。《字林报》是这种心理吗？我看也未必。那么，究竟是什么用意呢？[1]

首先从厘清起用张勋和徐树铮逃出日本使馆这两件事情的前后时间关系，用无可辩驳的逻辑说明报道的荒谬。任何荒谬的报道都有出笼的原因，然后作者借机追问《字林报》的报道动机。由于有了前面的事实铺垫，这一追问就显得十分有力，引人深思。随之作者进行解析道：

> 旅居中国的西人，能真正明白中国事情的，据我看来，实在太少，或者简直没有。这是什么缘故呢？因为我们平常所接近的，不是毫无智识的西崽通事，便是非常圆滑的商贾官僚，都不能把中国特有的文明、最新的思潮讲给他们听，所以中国的真相，他们很难看得非常清楚，而于改革中的形势，尤其隔膜。因此，便不免拘牵旧例，常发为阻碍进步、拂逆民意的言论，我们对之，每不胜遗憾。很望中外有智识的人都注意矫正这个。[2]

从归类西方新闻记者采访接触对象的局囿，推理其报道必然失实，顺理成章，水到渠成。

邵力子力主新闻媒体还要担负起辟谣的责任。他1921年3月24日在上海《民国日报》"社论"栏中特发表《辟谣的责任》："这个责任，是新闻家对于社会而应尽。虽然近来谣言太多，几有辟不胜辟之势，谣言太无价值，更有不值一辟之势，然明知有些人故意造谣，故意利用谣

---

[1] 傅学文编《邵力子文集》（上册），北京：中华书局，1985年，第507页。
[2] 傅学文编《邵力子文集》（上册），北京：中华书局，1985年，第507页。

言来骂人，而听他一味胡说，淆惑社会的观听，总觉问心有些不安。"[1]
陈独秀因主张社会主义，被人诬指为主张非孝、公妻。邵力子诘问：陈
独秀的著作登在《新青年》《每周评论》上面，他的言论，在北京、上
海的学生和朋友，更都听见过。试问哪一处有过讨孝、公妻的主张，哪
一个曾听见他讲过这些话？作者笔锋一转，将话题引到媒体谣言的流通
路径：

> 这个谣言的来源，今天本报的广东通信，说得很明白，
> 原来是先从香港电传到上海，再从上海递解回广州，这种造
> 谣的方法，真太巧妙了。上海几家报纸，起初为香港访员所误，
> 还不足怪，到了后来，总应常考查考查在广州的真实情形，
> 却不料就此以讹传讹，并利用作骂人的好题目。我不敢说诸
> 君没良心，我总要奉劝诸君多培养些常识。
>
> 在这种地方，我不能不佩服申报馆。《申报》对于这件事，
> 始终没有为造谣者所利用，也始终不借这种谣言来反对新思
> 潮，真不愧为大报的态度。
>
> 我自己，觉得因此得一教训，就是造谣者的手段越离奇，
> 辟谣者的责任越重大。[2]

造谣者传播谣言时往往要遮掩其主体故意性，一般的方法是在交
代新闻来源时使其复杂化或模糊化，以达到鱼目混珠的预期传播效果，
并在谣言一旦被识破之后推卸责任。作者以在报界资格老、影响大、相
对比较独立的《申报》没有传播谣言的事例，雄辩地证明谣言并不难识
破，传播谣言的背后往往是为了某种利益，敦促媒体洁身自好，不可沦
为某些社会势力利用的工具，提醒人们：媒体辟谣，是维护新闻真实性
和媒体社会公信力的题中应有之义。

---

[1] 傅学文编《邵力子文集》（上册），北京：中华书局，1985年，第538页。
[2] 傅学文编《邵力子文集》（上册），北京：中华书局，1985年，第538页。

　　媒体辟谣，必须打破对外国媒体的迷信。在《舆论界责任之一——对于外国人的谬论须屏绝或纠正》中，邵力子从历史的角度分析了国人迷信外国媒体的原因：

> 　　当袁世凯帝制自为的时期，全国报纸慑于淫威，多不敢明白抨击，惟有译登外国人的评论一法。这在当时本已显出国民没有敢言的勇气，但万想不到时过境迁，而这种风气反是变本加厉。有野心的军阀或官僚，也看到这一点，于是利用舆论的计划，有时竟推及于外国报纸。利用一外国报纸，其效力可胜于利用七八中国报纸。因为一外国报纸替他说话，七八中国报纸自能译出登载。所以外国通讯社和报馆的主笔访员，都会做什么巡阅使、督军的顾问。一千元或八百元的薪水很是常事。[1]

　　拿人钱财与人消灾，古今如此，中外亦然！但拿人钱财，说明报道的时候也就必然会言不由衷。所以，"在中国的外国人，不要说他们有了特殊的讲的话是靠不住的，就是单纯的观察也有几个能得事实的真相？"[2]这一反问分外有力！既然确定外国媒体报道的不实与荒谬，那么，"舆论界须尽鉴别的责任，对于外国人谬误的论调，不但屏绝不载，还须痛加纠正。"[3]就将是人们自己都会得出的结论。

四

　　邵力子曾经说过："明明反对这件事，却不肯直截痛快地掊击，一定要用'欲抑先扬'的方法；虽说为对方留余地，是待人忠厚之道，

---

[1]　傅学文编《邵力子文集》（下册），北京：中华书局，1985 年，第 743 页。
[2]　傅学文编《邵力子文集》（下册），北京：中华书局，1985 年，第 744 页。
[3]　同上。

但我总觉得不爽快。"[1]主张批评要旗帜鲜明，不代表他在进行媒介批评时不讲求批评方法。相反，在具体的媒介批评实践中，邵力子始终根据不同的批评对象和论题，寻求和变换相对妥适的批评方法，以获取预期的批评效果。

1. 注重批评文本的框架形式，发挥篇章结构的意义表达功能。媒介批评的一个显在的特征在于它的否定性立场和鲜明性态度，但立场和态度的表达可以有多种形式，可以通过直接的论证和严密的逻辑来显现，也可以倚赖文本的内部结构的排列和深层秩序的组合来完成。邵力子的媒介批评在文本结构上就具有讲究整体结构的特点。

1919年4月，浙江省教育会创办了以介绍世界上新的教育思想，批评中国教育弊端为主要内容的《教育潮》双月刊，出至第6期后停刊。1920年10月改为月刊复刊，由何绍韩主编，提倡尊孔读经，受到进步文化界的猛烈抨击。邵力子也在1920年10月25日上海《民国日报》"评论"栏发表了《批评浙江省教育会续出的〈教育潮〉》对之进行挞伐。全文两千多字，在邵力子的媒介批评文本中属于篇幅较长的一篇，但通篇邵力子自撰的文字则只有开头的二百余字，略及五四之后新文化运动落潮，报刊界由于经济不支、作者分散而衰歇的原因，对下文起引领作用，无一字表达对《教育潮》的态度。文章之妙在于，能够显示批评态度的文章主体，均由节取发表在别处的三篇文章组装而成。第一篇是曹聚仁的《介绍〈教育潮〉》，节取的主体是借"介绍"之名，充分暴露《教育潮》思想内容的反动，栏目设置的无序。第二篇是（陈）望道的《一落千丈的〈教育潮〉》，节取的重点是该刊物作者队伍的组成。最后一篇是（沈）玄庐的《潮落潮生的〈教育潮〉》，节取的主要是关于编辑素质与知识结构的介绍，意在说明和回答《教育潮》内容上何以如此的低劣和无聊、倒退和反动。内容、作者、编辑三者的展开顺序，清晰地显示了邵力子思维理路中的某种刻意追求，而每一个部分又无不在

[1] 傅学文编《邵力子文集》（上册），北京：中华书局，1985年，第478页。

思想上暗暗照应文章开头所表达的内容。文章四个部分看似互不搭界，实则是一个完整、充满意义的结构，看似零散的材料和文献，在这个有机的结构和秩序中，无不争抢着表白，传递着意义。无声的文字材料在这个框架中变成了有思想、会言说的精灵。邵力子并没有对《教育潮》加以任何一句否定性的言辞，但读者通过文章的结构框架淋漓尽致地领略了文章的意旨。

借他人之酒杯，浇自己之块垒，不着一字，尽得风流，这样的结构在邵力子的媒介批评文本中多有。再如 1924 年 6 月 5 日上海《民国日报》"杂感"中的《予欲无言》文：

> 我昨天接到一张《合作刊停刊启事》，是由南京一个学校里寄来的，我现在不愿加一字的批评，登在这里。我想读者所得的感想，怕比读甚么刊物还要更深一点吧！
>
> 诸位热情的读者：我们很惭愧地报告这个消息，便是《合作》在本期内要暂告停刊了。是什么原因，我们也不能详述。总之人人都知道南京这一个都会是什么空气，而我们又处的是什么地位，这便是我们不能不暂告停刊的不甘愿作理由的理由。如果我们能给我们一个机会，离开足以控制我们学业的最近环境，我们与读者在最近的时日终可以再见的。[1]

未"加一字的批评"，既冷峻客观又朴素无华，但观点自见，若再置喙，将画蛇添足，反为不美了，显示了高超的批评技巧。

2. 擅长话语拆解，深刻挖掘语词背后的思想轨迹。"思想标记的最优越的方式，就是运用语言这种最广泛的工具来了解自己和别人。"[2] 语言符号，是人类传播的要素，载送信息的代码，没有语言，人类的新闻传播是不可想象的。语言的运用总在一定的社会环境之中，所以，语

---

[1] 傅学文编《邵力子文集》（下册），北京：中华书局，1985 年，第 947 页。
[2] ［德］康德：《实用人类学》，重庆：重庆出版社，1987 年，第 79 页。

言的社会运用乃是各种转换、利益和控制关系表演的舞台，词语是各种社会力量交往互动的产物，不同立场、倾向的社会声音在这里冲突、交流、妥协。通过仔细研究词语的意义及其转换，人们能够很好地把握这种变化背后的隐含动机和意识形态意图，发现社会里的权力所在和权力分配机制。新闻传播通过语言向受众传递着信息，表面上不动声色的叙述事件的同时，利用对事实、细节和语词的刻意挑选使用传达某种立场、倾向，以期影响受众对新闻意义的理解。媒介批评的一种有效方式就是通过话语拆解，"咬文嚼字"地从词语使用的角度暴露传播者隐藏着的动机，挖掘语词背后的思想轨迹，达到消解、抵抗新闻作品因为受众阅读时没有戒备心理而获得的传播效果的目的。邵力子的《一字之差》，就充分利用了话语拆解方式进行媒介批评：

> 每见新闻纸纪载雉妓拉客的案子，常有"某鸨妇纵令夥妓某某拉客"的字样，这一个"纵"字，真用得奇怪。"纵"，是放任的意思，凡说"纵"，必定是本人自愿做那不应做的事，而纵之者不过不加以取缔罢了。试问，雉妓拉客果出于自愿吗？哪一个雉妓拉客，不是受鸨妇残毒的威逼呢？"逼"与"纵"，其间有十分的区别。说是"纵"，所以此等案件，每每只罚几元银币了事；知是"逼"，就不可不有严重的惩罚。主持舆论者何苦造成便宜恶鸨的机会呢！
>
> 我并不是喜欢咬文嚼字，新闻家应知"正名"的重要，万万不可有"助恶"的嫌疑，所以我提出来，促同业诸君注意。[1]

紧紧抓住"纵"与"逼"两字与受体搭配后传播意义上的绝然不同，就彻底暴露了某些新闻报道歪曲事实、助纣为虐的丑恶行径，既有严词鞭挞的批评力量，又能促使新闻媒介自我检点、省察自己的言行。1924

---

[1]　傅学文编《邵力子文集》（下册），北京：中华书局，1985年，第594页。

年6月22日上海《时事新报》有一条北京专电，全文16个字："洛吴对人云，凭易理推测，确信孙文逝世。"这当然是一条失实新闻，判明新闻内容的虚假对于《时事新报》来说本不是什么难事，但它仍然刊登了出来。为了揭穿《时事新报》的别有用心，邵力子发表了《吴佩孚与"易理"》，先从电文内容的荒谬不实引导读者得出两个结论：一是可以让世人知道所谓"易理"是怎样一种虚诬谬妄的东西。二是可以知道吴佩孚是怎样一个愚蠢无知的怪物。高明的是行文即将结束时，他将人们思考的重点引领到《时事新报》在刊登这条专电时与众不同的表现：

> 还有，《时事新报》登载这一条专电，其用意是否也要揭出上面这两点，或别有所在，我不敢知。这一段怪闻，本见于二十一日的北京报纸，原文确附有讥笑吴佩孚愚蠢的话；《时事新报》的专电，却把那些话都删除了。[1]

举重若轻，寥寥几句，就揭穿了《时事新报》"根据希望来描写事实"的丑恶嘴脸。

3. 充分运用修辞手法，使批评文字生动、形象，以取得满意的批评效果。作为具有高度语言素养的新闻工作者，邵力子熟稔修辞艺术。在他的媒介批评实践中，常常使用各种修辞手法。《申报》常识栏曾刊登一篇《旅行须知》，第十条为"勿预人家事"，说什么"论是非，评曲直，虽在熟识，尚起猜疑"的话。邵力子在《这是什么"常识"》中评析："这真是好教训，把'各人自扫门前雪'的衣钵，更增添了一层色彩了。是非曲直，都不敢评论，自然作恶者越发肆无忌惮。家事里面，不知藏着多少罪恶，虐媳，毙婢，……种种事情，如果有乡邻或路人肯打一个抱不平，或者可以稍减，现在把一条路都塞住，这真是好教训呀！但我想，旅行也还有些危险，轮船火车，难保不失事，为什么不劝人关

---

[1] 傅学文编《邵力子文集》（下册），北京：中华书局，1985年，第951页。

着大门坐在家里享福呢？"[1]集中使用了反语、推误等修辞手法，充分暴露了《旅行须知》在观点上的错误。1923 年 1 月 7 日，《申报》有一条北京专电，说"英法要人方面不信陈炯明行将失败"。在《外国要人的谬见》中，邵力子在用事实戳穿该专电的不确后，为了澄清人们心目中"外国人何以见解荒谬"的疑问，他打一个比喻："他们这种谬误的见解，或者可说是国际帝国主义下面应有的产物。而他们既有了这种根本的谬误，自然观察一切事物都不免谬误；这正与有眼病的人看出来的东西，都不免变了颜色，是一样的道理。"[2]调动人们熟悉不过的"眼病"日常经验，与相对陌生的政治观察对接，使受众心中的疑问转瞬间涣然冰释。

邵力子是中国现代媒介批评的奠基人之一，这不仅指他较早地在《民国日报》上开设了"书报批评"专栏，对媒介批评的开展起到旗帜性的引领和推动作用，还指他身体力行地开展媒介批评实践。其撰写的媒介批评文章，数量之多和质量之高在五四时期都是少见的。这与邵力子本人的新闻学专业背景及其在新文化运动中大量的报刊实践密切相关。"新闻学的专业背景，使邵力子对报界的变化和发展尤为敏感；丰富的新闻从业经验，使他对媒介现象有极强的洞察力；而学术研究经验则提高了他的媒介批评的学理性。"[3]诚哉斯言！邵力子媒介批评的有关理论至今看来仍然具有强烈的现实意义，他在媒介批评实践活动中的某些活动为后人提供了可资借鉴的经验，值得我们很好地加以总结和继承。

---

[1] 傅学文编《邵力子文集》（上册），北京：中华书局，1985 年，第 413 页。

[2] 傅学文编《邵力子文集》（下册），北京：中华书局，1985 年，第 813 页。

[3] 张慧玲 任东晖：《五四时期——中国现代媒介批评的诞生期》，《湖南大众传媒职业技术学院学报》，2006 年第 6 期。

邵飘萍媒介批评思想与实践论略

　　邵飘萍（1886—1926）是中国现代新闻史上光芒璀璨、辉耀千载的一颗大星，在新闻事业的各个方面都十分当行出色，做出过很多开拓性的贡献。他是中国新闻史上第一个享有特派记者称号的记者，拥有高超精妙的采访技巧，在担任《申报》驻北京记者其间，他两年内就撰写了250多篇新闻通信，受到了读者的热烈欢迎和同行们的热情称赞。他是一个著名的报刊活动家、新闻理论家和新闻教育家，他创办的《京报》最高发行曾达6000份，独步当时北方报坛，后人誉之为报界巨子、新闻导师。邵飘萍还是一个杰出的媒介批评家，热爱新闻事业的责任心促使他始终保持着对新闻界的敏锐观察，以犀利的笔锋、透辟的分析，指点新闻江山，诊断媒体病灶，为中国现代新闻事业的健康发展竭忠尽智，鞠躬尽瘁。

一

　　对新闻事业的热爱是邵飘萍进行媒介批评的动力源泉。邵飘萍早在中学读书时便给报刊撰文，很早就确立了"新闻救国"的远大志向：

"余百无一嗜，惟对新闻事业乃有非常趣味，愿终生以之。"[1] 这种热爱，使他对新闻工作充满无比的热情，为之奉献出自己的一切乃至宝贵的生命，"余百凡不介意，不求爵禄，不事产业，厥惟新闻事业。职此之故，身后乃一无长物。有之惟'京报'二字，以十余年之时光辛勤为舆论界服务。"[2] 在从事新闻工作的14年中，他曾经四被追捕，数入牢狱，但对理想的追求，始终如一，鼎镬不辞。邵飘萍之所以矢志献身新闻事业，与他对新闻事业的理解密不可分："新闻纸为文明的产物中最普遍且最贵重之日常生活必需品。"他认为新闻事业与社会文明互为表里，相辅相成，"世界各国新闻纸出版之种数与其发行之额数，必与其国之文明程度为比例。"[3] 对新闻传播社会功能的这种认识，使他高度关注着社会的风云，时刻注意着新闻事业的变化，每每为新闻传播的进步摇旗呐喊，擂鼓助威，对新闻传播的缺陷和失误，发出严正的警告和善意的提醒。在他的有关媒介理论和新闻见解的文字中，"理想"、"责任"是频繁出现的字眼，既透露出他对新闻传播与国家前途、民族命运、人民福祉之间关系的深沉思考，也表明他开展媒介批评的主体动力，不是个人论辩能力和学术才情的挥霍与显摆，正如同他所说的那样："我国新闻界尚在过渡时代，故品类至为复杂。然不能谓因由少数人甘受当局之分为三等，而另一部分人即可并新闻机关新闻记者之地位而不争。此吾人遇此种问题，以箭在弦上不得不发耳。又与个人何与？与政界更何与乎？"[4] 他进行媒介批评绝非是因个人恩怨的挟私报复，而是源于一个真正知识分子、一个有良知的新闻人救民于水火的普世情怀。

　　适当地回击竞争对手的中伤与恶意攻击，当然有时也是邵飘萍进

---

[1] 孙晓阳：《邵飘萍》，北京：人民日报出版社，1996年，第32页。

[2] 邵飘萍：《新闻学总论》，肖东发、邓绍根编：《邵飘萍新闻学论集》，北京：北京大学出版社，2008年，第243页。

[3] 邵飘萍：《新闻学总论》，肖东发、邓绍根编：《邵飘萍新闻学论集》，北京：北京大学出版社，2008年，第102页。

[4] 邵飘萍：《从新闻学上批评院秘厅对新闻界之态度》，方汉奇主编：《邵飘萍选集》（下），北京：中国人民大学出版社，1988年，第134—135页。

行媒介批评的一个现实诱因。邵飘萍投身新闻事业之后，肆力于新闻之学，志在改造我国的新闻事业，"欲以《京报》供改良我国新闻之试验，为社会发表意见之机关。"[1] 于可能范围之内，对于报馆内部组织管理、编辑方法、新闻蒐集、排印技术等，无不鼎力刷新，以致该报日形发达。特别是他惟以人民幸福为务，是是非非，毫不假借，对于外交事件，国际阴谋，更能大声疾呼，其言论益为当世所重，声誉日隆。木秀于林，风必摧之。"诡谋中伤，层出不穷。"[2] 置身在新闻圈的漩涡之中，使他不可能对竞争对手的恶意攻击无动于衷。虽然他面对同行的攻击，很多时候以低调方式处理："两日以前得报界友人惠书十余幅，言同业对愚颇多攻击之语，何以不辩？愚始取某某等报读之，然在愚所办本报及通信社，则仍取沉默之态度。"[3] 但有时也以媒介批评为手段，对某些事实真相加以说明和解释，希望新闻界的竞争能够回归到一种良性的状态，取得同行与读者的理解。面对同行的攻击，他始终保持温婉平和、以理服人的批评风度，他认为媒体乃社会之公器，非私人争骂之武器，"同业对愚有所攻击，愚向来不肯作村妪之态，而报之以恶声。且恶声相加，争论将何时始已？"[4] 他坚信事实胜于雄辩，反对将媒介批评异化为文人相轻式的互相攻讦、快意恩仇。他笔下的媒介批评文字，读起来总是让人感到光明正大，磊落大方，即便是反击性的批评，也总是不失学术理性。

媒介批评需要专业知识。媒介批评是一种社会评价，大众掌握新闻专业知识对于提升媒介批评的质量无疑具有重要的作用。邵飘萍是中国现代新闻理论的开拓者，他的《新闻学总论》和《实际应用新闻学》

---

[1] 邵飘萍：《新闻学总论》，肖东发、邓绍根编：《邵飘萍新闻学论集》，北京：北京大学出版社，2008 年，第 216 页。

[2] 邵飘萍：《新闻学总论》，肖东发、邓绍根编：《邵飘萍新闻学论集》，北京：北京大学出版社，2008 年，第 242 页。

[3] 邵飘萍：《愚今始一言之》，方汉奇主编：《邵飘萍选集》（下），北京：中国人民大学出版社，1988 年，第 352 页。

[4] 同上。

是我国 20 世纪 20 年代并不多见的新闻学基础理论和新闻业务理论著作之一。邵飘萍所处的时代，正是中国新闻媒体全面向现代转变的过渡时期，迫切需要新闻理论的指导。邵飘萍努力于新闻理论著述和新闻教育，很大程度上是为了普及新闻理论知识，提高读者的媒介素养。他认为，新闻学其实也是一种处世穷理之学，新闻知识可以帮助人们更好地观察社会现实，是认识能力的构成要素之一，"所谓新闻知识者，不仅应用于新闻而已。凡观察社会上、政治上一切事物，苟其具有新闻之知识，则较诸一般人为易觅得事物之要领，加以正当明确之判断。"[1] 更为难能可贵的是，邵飘萍从舆论的角度阐释了媒介批评的功能。他认为媒介批评的实质就是"舆论的舆论"。这种"舆论的舆论"可以发挥规制媒体发展方向的重要功能。要使媒介批评有效发挥应有的功能，首先是批评者掌握先进的新闻理论武器，学会用"新闻学"的专业眼光去观察和分析新闻传播的现象。"新闻学上普通之知识，不独为新闻记者所应具。即多数国民，最好亦能使之相当了解，庶几对于新闻之论载，可以减少错误之观察。"[2] 在这方面，邵飘萍身体力行，他的一些媒介批评文本就是从专业的"新闻学"角度去打量、衡估新闻传播现象，这使他的媒介批评具有很强的新闻理论色彩。例如《从新闻学上批评院秘厅对新闻界之态度》一文，就是这方面的典型，仅从其题目上人们就清楚地看出其新闻专业的理论视角。这样的批评文本具有很强的示范性，对提高当时我国的媒介批评整体质量，无疑具有很大的帮助作用。

对一种新的新闻观念为人们所掌握，成为社会的普遍共识后，其所产生的媒介批评效果及其实现的具体路径，邵飘萍有着深刻而清醒的认识。他非常认同和推崇新闻媒体为社会公器的观念，并积极地予以宣传、解释、研究和实践。这在当时的中国虽然并不是什么石破天惊之举，但确也是顺应世界潮流的先进行为，对于被封建专制窒息的中国新闻界，

---

[1] 邵飘萍：《新闻学总论》，肖东发、邓绍根编：《邵飘萍新闻学论集》，北京：北京大学出版社，2008 年，第 101 页。

[2] 同上。

仍然具有极大的思想解放意义。这种新闻理念一旦为人们所普遍接受，在媒介批评实践中的工具性就会魔术般地体现出来："所谓'新闻事业为社会公共机关'，此种特质之见解，不但为从事于新闻事业者所宜彻底觉悟，始终坚持，无使或失，且在社会方面，亦当使之人人了解。庶几国民有选择新闻纸之知识，贻'徒知为一人一派小己的利益而不顾社会全体者'以极大之制裁，则彼故意的颠倒黑白，混淆是非，惟以不正当手段欺蒙侥幸之辈，自无所施其技，终不能不屈服于'舆论的舆论'，从正当方面经营，以社会为本位之新闻事业焉。是故此种特质之阐明，不但欲使社会得新闻事业之助，以促其改进，而新闻事业之正面的反面的得社会之力以促其改进者，亦属显著之事实。"[1] 也就是说，一种新闻理念普及后，人们就会根据它来观察、分析和评价新闻传播现象，并根据自己的理解对新闻传播提出自己的要求，从而对新闻传播事业施以舆论压力，按照社会预期的方向促其改进。邵飘萍对媒介批评效果及其发生具体路径的这一揭示，其实也是他媒介批评实践的观念根据。

二

人们对新闻媒体的认知和态度是社会新闻观念体系的重要部分，它具体决定着人们的新闻实践行为。邵飘萍的新闻实践先后经历了民国初年共和制带来的瞬间议论较为自由的开明时期、袁世凯专制擅权摧残舆论的时期、北洋军阀轮流执政禁锢言论的时期。从1912年到1926年，虽然共和观念已经深入人心，但与之相匹配的现代新闻自由观念并没有真正地内化为执政者的自觉追求和实际行动，不但法律条文苛刻，钳制意图明显，而条文以外的人为迫害更是五花八门，千奇百怪。这直接导致当时的中国新闻事业步履维艰、前行迟缓。对源于封建专制心态、阻碍新闻传播正常发展的种种不当社会干涉行为，邵飘萍从现代新闻法制

---

[1] 邵飘萍：《新闻学总论》，肖东发、邓绍根编：《邵飘萍新闻学论集》，北京：北京大学出版社，2008年，第105页。

角度给予了迎头痛击，为争取和维护新闻自由权利进行了不懈的努力。

1922年10月，参议院议长改选。为争做议长，参议院内部互相倾轧，勾心斗角，丑声四播，满城风雨，一时间社会上传单飞扬，报纸也刊载了运动金钱以竞选议长一事。不料有几个议员不思自省，颜丑而归罪于镜，恼羞成怒，竟把矛头转向报界，主张控诉刊登此类消息的各家报纸。邵飘萍闻知此讯，随即发表了《敬告因运动议长而埋怨报馆者》一文，紧紧抓住媒体报道材料来源的路径这一线索，如剥茧一般，层层逼近，步步深入，将议员们荒腔走板的论调批驳得体无完肤。他先坐实各报的材料大部分来源于参议院的结论，然后顺势代读者提出"参院议员何以自献其丑于各报"的疑问，紧接着就给出了答案："则无非竞争议长者甲攻乙，乙攻甲，丙攻甲乙，互为反响之结果耳。[1]因为新闻记者不被邀请参加参议院会议，因而不可能了解会议内幕。既然报界不能了解内部，他的答案就显得顺理成章，铁板钉钉，无可置疑。"然则一般报纸收罗甲乙丙之所言者，以警告一般投票之议员，乃报纸应有之天职，欲控诉报馆，请甲乙丙先自行控诉可耳；欲保持参议院之神圣，先自令同为参院分子之甲乙丙不互攻，并根本上绝对部位可以被攻之事可耳。"然后通过"材料所以达于报馆之径路"说明，消息首先是通过参议院内部的个人与派别散播出来的，无非是互相攻讦，制造舆论，达到打击对手，争夺议长的位置，争取个人与派别权利和利益的目的。为达一派一己之私利，互相攻击已是丑闻，将狗咬狗的内幕传播出去，发泄私愤，争取舆论，更是丑上加丑。邵飘萍的抨击至此并未结束，而是将笔锋一转，从法律的角度批判了国家政权执掌者们执法不知法的丑恶与悲哀。他指出，报纸与传单性质不同，传单伪造事实，并在公共场合散布传言，攻击他人，侮辱了他人的名誉，必须负法律责任，被害人可以立即向法庭提出诉讼。而报纸出现类似问题，由消息提供者文责自负，并首先应在报纸上更正并道歉，拒不更正的，方诉之法庭。在这次金钱运动议长

---

[1] 邵飘萍：《敬告因运动议长而埋怨报馆者》，方汉奇主编：《邵飘萍选集》(下)，北京：中国人民大学出版社，1988年，第53页。

事件中，除王家襄在报纸载文自辩外，并无一人要求报纸更正，这等于是对非法侵害他人名誉的默认。既然自己都已经默认，却又吵吵嚷嚷着要控诉报纸，岂非白日梦梦的无赖？这样的论证衔接紧密，环环相扣，使被批驳者顿时陷入无法自圆其说的窘境之中，彻底暴露了他们企图委过于人的丑恶嘴脸。在文章末尾，邵飘萍仿佛不经意地指出，由于这几个议员控诉报纸的提议，"已葬送于同院稍有知识者笑骂唾弃之中，未得成立。"原本可以不论，但他仍然着意捻出，意在得出"议员先生之无意识至于此极，则不得不为中国前途悲矣"的结论，提醒世人确立新闻自由观念，给新闻事业营造一个自由呼吸的空间。看似闲笔，其实用心良苦。其醒世之心，昭昭可见。

1924 年 6 月 16 日，《京报》转载了中美通讯社刊载的国务院寒电，题为《政府对德票用途之通电》。而中美通讯社又是转录《世界晚报》的消息。同一天，《京报》还转发了国闻通讯社的消息云"办理德债票案之文件——阁议通过之原议"。德票用途当时一个很敏感的话题，关于德票用途，国务总理孙宝琦与贿选总统曹锟之间矛盾分歧很大。单方面发布孙宝琦对于德票用途说法的消息，不仅使曹锟大为恼火，也使孙宝琦十分难堪。新闻界 16 日披露的消息，国务院 4 天之后才在秘书厅致警厅的公函中，一面公开否认通电一事，一面函请京师警察厅对转录消息的《京报》《晨报》严加追究："连日北京晨报、京报等报叠载院发寒电一节，殊堪诧异。查本厅寒日并未发出如各报所记通电。该项电文显系奸人捏造，意图挑拨。即希贵厅向各该报馆查明该电原系由何处发布，严切根究，依法办理。"显然，国务院秘书厅致警厅的公函有着弦外之音。在刊发寒电一事上，《京报》不过是转载，并注明了转发中美通讯社的消息。为慎重起见，18 日的《京报》又转发一篇《国务院中之两大离奇案件，寒日通电果有耶无耶 阁议节略何处得到耶》消息，对寒电的真实性表示怀疑。转发的消息披露并且分析了府院内部以及中央与地方的尖锐矛盾。无论消息披露的事实真确与否，《京报》都是转载者，并且转载了不同观点的消息，新闻处理态度十分慎重。最先发布这一消息的是《世界晚报》。只是由于《世界晚报》社长成舍我与孙宝琦有着特殊的关系和交情，又因为这层特殊关系才演发了这条消息，其他各报才相信并予以转发，国务院不便追究《世界晚报》，而是佯装糊涂，对《世界晚报》不闻不问，也不追查中美通信社，偏偏拿向不顺眼的《京报》《晨报》开刀，一方面是想杀一儆百，煞一煞《京报》的锐气，另一方面是给舆论界一个警告，同时又可掩盖政府内部的矛盾，真可谓一箭三雕。

邵飘萍对这种有偏有向的处理，非常反感和愤怒。从 6 月 20 日至 24 日，他先后公开发表《昏聩糊涂之国务院秘书长》《本社社长对孙宝琦严重质问》《本报并无过甚之要求——请同业公开批评》《从新闻学上批评院秘厅对新闻界之态度》等 4 篇文章，从新闻法的角度理直气壮地质问秘书长不依世界新闻惯例先直接向报社要求更正，也未依法律手续向司法机关告诉，而遽令警厅严切根究依法办理者，所依果系何法？质问孙宝琦同罪异罚，对拥护者优容，对严正者威胁，是何居心？邵飘萍一针见血地指出，这类事件证明行政机关不承认言论机关、新闻记者具有独立平等的社会地位，任意压迫侮辱，是其脑筋落后腐败，缺少新闻常识和法制意识的表现，因为"夫苟新闻机关与新闻记者其地位皆不为政府所承认，是可谓新闻事业前途致命之伤，不宜视为一小问题而忽之。"[1] 是亟需根除的可怪、可悲现象。他依世界各国通例，提出二项要求：（一）以后更正新闻，不得令警厅施行非法命令，而应直接致函报社。（二）非经司法上正当手续，不得动辄加报馆以严办根究等恫吓威胁。他希望以此来给新闻界争取到独立、平等的社会地位和更加开放的新闻自由。

---

[1] 邵飘萍：《从新闻学上批评院秘厅对新闻界之态度》，方汉奇主编：《邵飘萍选集》（下），北京：中国人民大学出版社，1988 年，第 134 页。

三

　　真实无误是新闻传播赢得人们信任、建立媒介权威的基础。邵飘萍从新闻事业对社会大众具有"教育的特质"角度，将新闻真实性提高到媒体生命的角度予以强调。他对当时新闻失实现象极为注意和不满，从各种角度进行分析和批评。他认为当时我国新闻界对新闻真实性不够重视是新闻媒体不成熟、不健康的表现，"我国各种报纸之内容，最可认为幼稚腐败之点，一在新闻材料之缺乏，一在所载新闻之不确。非但报纸本身无重大价值可言，其影响于国家社会者，尤匪浅鲜。"[1]他指出，新闻媒体既为活的教育之最良机关，新闻工作者就应该竭力矫正、设法弥补上述两种缺憾，以无负于社会教育者的责任。这需要新闻从业人员和一般社会中人共同努力，因为"社会中有一部分人对于新闻纸上之纪载，往往喜加以否定之态度，或挟怀疑之见解者。"[2]邵飘萍公允持正地说，新闻失实固然有社会客观的原因，但这仍然是由于"新闻纸中所记之事，未必皆一一无误"而引起的社会观感不良所致，归根结底还是要通过提高新闻报道质量、确保新闻真实性来纠正和改变。

　　邵飘萍熟悉报道内部，深知个中肯綮。他认为影响新闻真实性的因素非常多。如果仅从表面看，写作消息时，记者可以按新闻六要素组织事实加以叙述，似乎可以按格以求，其道甚易，但实际上却常常是同一事实而各家报道皆不相同。邵飘萍曾在编辑部中检阅数十家通信社之来稿，就发现有各社报道大半不同、亦有明系如此而报告相反者的情况。他认为若按照一般常理，"凡事之真实情形不应有两说以上存在，乃竟

---

[1] 邵飘萍：《实际应用新闻学》，肖东发、邓绍根编：《邵飘萍新闻学论集》，北京：北京大学出版社，2008 年，第 15 页。

[2] 邵飘萍：《新闻学总论》，肖东发、邓绍根编：《邵飘萍新闻学论集》，北京：北京大学出版社，2008 年，第 108 页。

发见数十说之多，社会中奇离古怪之现象，编辑者将何所适从乎？"[1]
他据亲身经历，研求新闻之所以失实的原因，总结为如下六个方面：（一）
新闻记者活动之疏懈；（二）新闻记者缺学力经验；（三）被访问者错
误之答复；（四）官僚政客之欺蒙记者；（五）不良记者之欺蒙读者；
（六）时间与环境已经变更。他认为记者平常要从这六个方面加以注意，
通过增强识别能力、提高采访艺术、加强道德修养、确立公正意识，去
追求和实现新闻的真实性。

造谣是一种主观故意的新闻失实，其背后往往隐藏着难以明言的
卑劣动机，危害新闻界甚烈。"报馆纪事，不自采访，投稿者向壁虚造，
报馆惟取以充篇幅，其真伪不问也，以故政界轻视报纸，尤鄙夷访员，
几于报纸为'谣言'之代称，访员成'无赖'之别号。"[2]邵飘萍当时
在新闻界名气很大，政治态度又一直激烈，因此，屡屡成为同业攻讦的
对象。1921 年 3 月，新闻界风风雨雨谣传邵接受三笔大的赠款，一是
向某次长要求选举费若干；二是向某总长所要 2 万元，并说总长已向警
厅报告；三是向某国代表索取巨款，也已被报告外交部并受到申斥。
1925 年孙中山北上期间，社会上曾有"邵与苏俄宣传部门暗有联系"、
"邵接受广东国民政府津贴"等传言，甚至借《京报》办多种副刊做文
章，含沙射影地说"新闻界邵某向孙中山先生亲信索万元以包办报界"。
新闻界互相揭露索贿丑闻，有时是各打五十大板以保护自己，有时却有
着某种比较复杂的政治背景。如上述两例，第一次是在邵飘萍对苏俄代
表表示热烈欢迎，积极倡导中苏通商之时，便谣传他接受了"某国代表"
的贿赂。第二次恰逢中山先生北上，邵飘萍大力鼓吹南北政府和谈，之
后，又赞扬广大政府，于是便有了他接受广东政府的钱，以此来贬低《京
报》宣传的动机。邵飘萍对这些"仅有 24 小时寿命的谣言"，一般不

---

[1] 邵飘萍：《新闻学总论》，肖东发、邓绍根编：《邵飘萍新闻学论集》，北京：
    北京大学出版社，2008 年，第 134 页。
[2] 张季鸾：《追悼飘萍先生》，肖东发、邓绍根编：《邵飘萍新闻学论集》，北
    京：北京大学出版社，2008 年，第 246 页。

直接加以驳斥，进行正面反击，而是择机采取公布谣言的办法，一旦真相大白，谣言也就不攻自破。《附刊上言论之完全自由——欲造谣的请尽量造谣吧》《愚今始一言之》《原来如此令人捧腹》就是他这方面的媒介批评之作。这种方法既能达到媒介批评的目的，又可避免给外界一种"狗咬狗两嘴毛"的不良观感。

新闻失实在很大程度上与新闻观念有着直接关系，邵飘萍批评国人一向持有轻视记者的落后观念，"我国旧习，一般人对于报馆之访员，向不重视其地位。即以报馆自身论，亦每视社外之外交记者为系主笔或编辑之从属。例如今日号称规模弘大之报馆，其主笔先生之脑筋皆不免陈腐幼稚，不认社外记者为与彼处于同等重要之地位，此我国报纸内容腐败之重大原因。"[1] 因为记者社会地位不高，因此充任记者的人，大半皆缺乏新闻学的专业知识，也无专业训练和修养，很多人对新闻记者岗位并没有正确的观念，而是将之作为一种不得已的过渡职业，这种观念致使新闻记者队伍鱼龙混杂，泥沙俱下。邵飘萍尖锐地批评道："更多不健全之分子，不能自重其人格，对于新闻材料不求实际之真相以忠实态度取舍之；或受目前小利之诱惑，或以个人意气泯没其良知，视他人名誉为无足轻重，逞其造谣之技。一旦被人指责，则以'有闻必录'一语自逃其责任。"[2] 他指斥这是负责精神匮乏的表现。

在社会上流行已久、常常被一些记者作为逃避新闻失实责任挡箭牌的"有闻必录"这个口头禅，邵飘萍与徐宝璜、林仲易等人予以强力批判。邵飘萍说："愚意我国报纸中时见有所谓'有闻必录'之无责任心的表示，乃最易流于不道德之'专制'的恶习。以革新进步自任之外交记者，万万不可沿袭之，以招社会之厌恶与轻视。曩在北京大学及平民大学讲演新闻之学，曾对于'有闻必录'一语再三攻击，愿有志于新

---

[1] 邵飘萍：《实际应用新闻学》，肖东发、邓绍根编：《邵飘萍新闻学论集》，北京：北京大学出版社，2008年，第15页。

[2] 邵飘萍：《实际应用新闻学》，肖东发、邓绍根编：《邵飘萍新闻学论集》，北京：北京大学出版社，2008年，第16页。

闻事业者，振起其责任心，凡事必力求实际真相，以'探究事实不欺阅者'为第一信条。"[1] 他所说的"攻击"，其实就是媒介批评之意，"再三攻击"说明他对这个口号是多么的深恶痛绝，他号召新闻从业人员，彻底抛弃"有闻必录"的口号，维护新闻真实性，以提升社会对媒体的信赖。

新闻失实也与当时媒体接受政府津贴有一定关联。由于经济原因，邵飘萍在接受政府津贴一事上虽未能免俗，但他对政府津贴采取拿来主义的态度，始终坚持钱照拿、话照说的一定之规，坚决反对那些纯靠津贴为生，或挂牌领干薪，不做实事，或因接受了贿赂就朝秦暮楚甚至置国家民族利益于不顾的报纸。1922 年 8 月 4 日，《京报》披露报界代表汪立元等 10 人为"报纸津贴事谒见元首"事，报道了北京新闻界有 28 家报纸、9 家通讯社靠津贴生存的事实。他鄙夷广告新闻以金钱为唯一目标的恶行："津贴本位之新闻纸。我国在今日尚占多数，新闻之性质殆与广告相混同，既不依真理事实，亦并无宗旨主张，朝秦暮楚，惟以津贴为向背。此则传单印刷物耳。并不能认为新闻纸，与世界新闻事业不啻背道而驰。"[2]1922 年 8 月 12 日，他在《京报》的《读者论坛》上，借读者来信方式，批评北京一些报纸在接受了交通部的贿赂后，对其出卖京绥铁路权给帝国主义国家之事装聋作哑，失掉了媒体"必使政府听命于正当民意之前"的监督功能。

四

邵飘萍具有强烈的职业归属感，以做一个"新闻界战斗之壮士"[3]为职志，职业荣誉感使他对当时我国新闻事业的现状多有不满，既心痛

---

[1] 同上页注 [2]。

[2] 邵飘萍：《新闻学总论》，肖东发、邓绍根编：《邵飘萍新闻学论集》，北京：北京大学出版社，2008 年，第 136 页。

[3] 邵飘萍：《实际应用新闻学》，肖东发、邓绍根编：《邵飘萍新闻学论集》，北京：北京大学出版社，2008 年，第 18 页。

又心焦，"幼稚腐败"是他对新闻事业的基本评价，无论是在著论还是在演讲、谈话之中，他都念念不忘对新闻传播中的种种缺陷和不足加以批评和抨击，描述和分析其具体表现，归纳和总结其发生原因，希望通过自己的奋力呐喊，引起社会以及业界同人的警觉和注意，群策群力，思谋新闻事业的改进。他也常常描绘新闻的理想，一方面是通过实然与应然的比较，找出差距，使业界知所进退；另一方面是"希望有志青年，取法乎上，勉为其难"，[1] 为新闻事业输入改革的新鲜血液。他除痛心疾首于当时的中国新闻界道德日坏，假造新闻、津贴新闻横行之外，还对一些导致新闻价值减少的"瑕疵"有所分析和批评。他认为如下一些瑕疵的存在，会给新闻传播带来如"西子蒙不洁，人皆掩鼻而过之"的恶劣影响。

第一，含有广告意味者。所谓广告意味的新闻，就是在新闻之中暗地植入广告，实现广告的目的，也就是今天新闻媒体上人们所常见的软文一类材料。西方社会由于公共关系学极为发达，企业一般都设有公共关系部门，专门与媒体打交道，向媒体投递相关信息和宣传材料。在新闻媒体所接到的外来自由投稿中，含有此类广告意味的比较多，邵飘萍指出这类材料的实质，就是"盖欲以新闻之面具而利用报纸为之宣传其目的。"[2] 他举例子说，媒体上报道一个如何著名如何美丽的女演员失去一颗价格贵重的钻石，表面上看，固不失为一条不错的新闻，然其骨子里则是在为这个女演员进行鼓吹，无异于一种广告。他还介绍欧美国家称此类新闻为 Plant，凡是老练记者，一见而知其用意，决不受其欺蒙。路透社即曾特下严厉训令给通信员，须注意勿采用这类具有广告性质的消息。他指出，所谓广告性质者，不仅仅存在于商品信息中，举凡医生律师之名誉，文学家艺术家之作品，军人之战功，官僚之政绩等，

---

[1] 邵飘萍：《实际应用新闻学》，肖东发、邓绍根编：《邵飘萍新闻学论集》，北京：北京大学出版社，2008 年，第 3 页。

[2] 邵飘萍：《实际应用新闻学》，肖东发、邓绍根编：《邵飘萍新闻学论集》，北京：北京大学出版社，2008 年，第 68 页。

皆是广告也。"我国所惯称之'作用'两字,颇与广告之意味相合。"[1]
总之,凡报告新闻之外另含其他目的者,即系广告的性质。他提醒记者
如果遇到半含新闻半含广告之类的材料,可削去其中广告(有作用)的
部分,"若系全有作用者,则直弃之如遗,绝勿受人愚弄转以愚弄读者。"
否则,会极大地损害新闻的价值。

第二,揭发人之阴私者。邵飘萍指出,既然媒体的特质在于其"公
共性",那么,若与国家社会无关之个人私事,竟为揭发于报纸,乃违
背德义,是非常不人道的事情。"故凡个人私事,不问其善恶,皆不得
用作新闻之材料;否则即大损害新闻之价值。"他称赞欧美一些文明国
家的报纸对此最为注重,无论如何皆不肯揭发他人的私事,而英国则此
种制裁尤为严厉,有违反者,决为道德法律所不许,公私之界限判然。
他举出一个掌故,日本明治四十二年的夏天,英国《泰晤士》之外报主
任启罗尔与该报北京特派员莫利逊同访大隈,与早稻田3人私谈,其谈
话的一部分内容,后被《朝日新闻》登载,启罗尔见之非常不悦,直致
书该报诘责,谓所谈既属私事,不应未得其许可而遽行发表。日本记者
颇因是而大窘。邵飘萍批评说:"我国有一部分新闻记者,对于此义,
似未深考,且每以尽发他人私事为能,终日所探索者,皆为他人之私事,
竟有将他人之家庭秘密,闺房私语,揭载于报纸者,是诚可恨已极。使
外人见之,直轻视我国人为毫无新闻知识与道德也。"[2]他希望新闻记
者能高度注意这个问题,力矫弊风。他还认为由于"不良新闻记者敲诈
之手段,每用先探私人秘密以为奇货利器"[3],在这个方面实行禁载主
义,可有效减少新闻记者的恶行。

第三,有害社会风俗者。邵飘萍认为报纸作为社会的教师,其感
化力之大,殆过于电影戏剧,故凡有害社会风俗之事,不可作为新闻而

---

[1] 邵飘萍:《实际应用新闻学》,肖东发、邓绍根编:《邵飘萍新闻学论集》,
北京:北京大学出版社,2008年,第68页。

[2] 邵飘萍:《实际应用新闻学》,肖东发、邓绍根编:《邵飘萍新闻学论集》,
北京:北京大学出版社,2008年,第69页。

[3] 同上。

任意披露。"所谓有害社会风俗者，最当注意之点，为秽亵与残忍，淫书淫画淫戏之禁止。"[1]他介绍英美诸国中等以上的报纸，对于惨死之光景，尸体之状态等，皆不加以细写。至于娼妓卖笑生涯，青年男女淫奔野合，更不肯略事叙述，"盖预防秽亵残忍之增长，方合于新闻之任务也。"他举出让其最感不安的两个例子，批评我国新闻媒体在这方面均甚不注意："某记者之本家，为仆役所杀，后其仆判决死刑而枪毙，某记者为一时快其私仇，竟大书特书枪毙时情形，愚读之心身皆悸，使一般无识人民日日灌输此种记事，畏法之效未可睹，未有不流于残忍者。又有陶某一案，关于翁媳间事，北京一部分报纸，皆视为珍闻而穷形尽相，苟日日以此灌输，羞恶之心未必生，亦未有不流于淫乱者。"[2]他揣度报纸之所以如此悍然不顾社会大众观感，无非以此迎合一般劣等读者的心理，实不足为训，既有损新闻价值，又贻害社会风俗，责任尤大。他叮嘱记者在下笔时应存身处讲堂之心，战战兢兢，惟恐读者受教师不良感化，谨慎而为，否则自失社会中教师之地位，蔑视新闻记者的人将更有借口。这不啻是新闻业者的自杀！

邵飘萍还对新闻媒体缺少独立的品性颇有烦言。他认为媒体不独立，固然是当时中国政治紊乱、经济凋敝的必然结果，但也是媒体没有定力的表现。记者与各方周旋，易受外力包围。"贫贱不能移，富贵不能淫，威武不能屈，泰山崩于前，麋鹿兴于左而志不乱，此外交记者之训练修养所最不可缺者。"[3]当时社会上不时有报纸受通信社操纵的传言，邵飘萍分析说，通信社在新闻界中的地位，原以供给新闻材料或提示报馆进行详细采访的路径，报纸编辑有取舍、剪裁改削的自由。"若谓通信社可以操纵言论，则自欺之谈，或一种对于外行者骗诈之手段而已。北京报馆以数十计，通信社亦相继而起，以十数计，通信社之能力

---

[1] 邵飘萍：《实际应用新闻学》，肖东发、邓绍根编：《邵飘萍新闻学论集》，北京：北京大学出版社，2008年，第69页。

[2] 同上。

[3] 同上。

似足以操纵北京之言论。然此乃由于报馆腐败之故。即因对于通信社稿不能剪裁取舍以求其适当之故。苟为稍有精神之报纸，吾未见其能听通信社之利用操纵者。"[1]有精神的报纸，自有记者采访新闻，对通信社来稿必不糊涂登载。通信社除却供给材料而外，有何作用可言？有何能力神通可显？显然，通信社所可得而操纵者，必为那些腐败不堪、销数量小、有名无实的报纸。既属此类报纸，操纵之有何益？故妄信通信社为以操纵言论者，非外行即冤桶。北京新闻界的发达有一日千里之观，不可谓非一种进步，但是，"循名核实，所谓进步者，其外观乎，抑其真实之内容乎？"[2]邵飘萍明确指出：北京的媒体多则多矣，而有确实基础与言论之能勉成自由独立者，仍属少数。因而政治上每一大问题发生，必有如何收买舆论的传言出笼。风起于青萍之末，此类传言出现，每使人疑为收买多数亦属不难。此诚我新闻界的奇耻大辱。有志之士，不可不立起彻底一雪之！

五

1918 年 10 月 5 日，《京报》创刊当天，邵飘萍在编辑部办公室手书"铁肩辣手"四个大字悬于正面墙上，以此明志自勉。邵飘萍思路轻捷，文笔通畅，无论描景叙事，均能绘声绘影，恣肆流丽，不愧为文高手。他的媒介批评自然属于其新闻评论之列，遣词造句，结构布局，颇匠心独运。具体言之，其媒介批评具有如下几个方面的特征。

1. 善于从表面的矛盾中揭露媒介传播行为的本质。1921 年 6 月 3 日，日本人办的《顺天时报》登载所谓《日英联盟续订问题》一文，未举出英日同盟必须续订及无害于中国独立的正当理由，却凭空指反对者"杞忧"，为"不值一笑"，且指我国反对英日同盟的意见为"牵强附会之

---

[1] 邵飘萍：《通信社有可以操纵言论之能力否乎？》，方汉奇主编：《邵飘萍选集》（下），北京：中国人民大学出版社，1988 年，第 346 页。

[2] 邵飘萍：《北京报界之宜自警惕》，方汉奇主编：《邵飘萍选集》（下），北京：中国人民大学出版社，1988 年，第 476 页。

臆测"。为了充分揭露《顺天时报》的真实嘴脸，邵飘萍特撰文予以剖析，他首先提破言论界外交界悉知该报"为纯粹日本在华之机关报"的事实，然后具体点出该报论证中的矛盾，再以质问的方式探寻该报何以如此的背后真实用心。"尤可怪者，《顺天时报》明明为代表日本之言论，而论说中又称中国为'我中国'，称中国国民为'吾民'，将以此为中国人之言论乎？将欲使人误认为中国国民亦有认赞成英日同盟乎？是诚不可解者。"[1]最后作出结论："日本人为偏狭的爱国心所束缚，不能主张公理，吾人宁谅恕之。但希望其堂堂正正发表代表日本国家利益之意见，勿藏头露尾，冒称"我中国"，以欺中国国民。日本有识之言论家以为如何？"[2]一举撕下该报刻意的伪装，既显示出作者目光的精微细密，具有洞察一切的高度穿透力，又展现出生动活泼、灵敏机智的批评技巧。

2. 嬉笑怒骂，皆成文章。《出版法先生你又出风头了》一文，很能体现邵飘萍媒介批评既旗帜鲜明、论证有力，又声讨和嘲讽有机结合、浑然一体的艺术特征。

> 出版法先生，久违了。所说前天晚上，仗你的大力，封掉一个什么报。
>
> 这个报的价值，我不愿意去说他。我说了恐怕对不起同业，且不免被你借口。但是你这位法老先生忽然从坟墓里爬起来，又要强凶霸道去封报馆，那末，管你封得对，封得不对，我都不能不向你重重的打一个嘴巴。
>
> 你要晓得，倘若真真的共和政治的下面，决没有你的立足地。你虽曾效忠洪宪，你的生命，就应该和洪宪皇帝一同死灭。你为什么现在又要从坟墓里爬起来，多管什么闲事？

---

[1] 邵飘萍：《英日续订同盟问题》，方汉奇主编：《邵飘萍选集》（下），北京：中国人民大学出版社，1988年，第356页。

[2] 同上。

劝你敛迹一点儿罢。

　　宣听的布告里面，有你赫赫的大名，想你得意极了。但是那位主笔先生和你也还有一点交情，你怎样便忘记了么？总而言之，你倘若不快快的钻进坟墓里去，我是不能答应你的，我们同业和著作界的朋友也是不能答应你的。劝你不如赶快跑到洪宪皇帝的跟前，去封阴间的报馆罢！[1]

采用第二人称结构文本，仿佛面对面笑嘻嘻地对话一般，大量使用反语修辞，使出版法及其幕后操纵者的荒谬性和反动性暴露得淋漓尽致，活泼风趣，极易获得读者认同。

3.公允持正，平实中肯。邵飘萍是一个新闻本位主义者，他曾有过"新闻进步与否之标准，惟视纽斯增加与否以为断"[2]之说，但他在批评媒体的时候，既不恣肆武断，也不强加于人，而是尽量予以全面的衡量与评判，不隐恶，不虚美，客观公正，朴实理性。例如他点评上海《中华新报》时说："为政学系之机关，近亦注意于营业，其执笔之张一苇君头脑极为明晰，评论亦多中肯，勤勤恳恳，忠于其职，不失为贤明之记者。且自身殊少党派之偏见，惟该报营业方面，似未得法，故销数仍未大增。"[3]并没有因自己偏好新闻而否定该报在评论方面的特点和突出成绩，但也没有因与张季鸾有故而回避该报经营不善的缺点。再如他对《时事新报》的评点："初为研究系所经营之机关报，后乃竭力设法脱离窠臼，改为营业性质，其第一注意之销路为教育界，颇占时报原有地位之一部分，近更注意本埠，另出本埠版。惟销数未见大增，在教育界

[1]　邵飘萍：《出版法先生你又出风头了》，方汉奇主编：《邵飘萍选集》（下），北京：中国人民大学出版社，1988年，第371页。

[2]　邵飘萍：《实际应用新闻学》，肖东发、邓绍根编：《邵飘萍新闻学论集》，北京：北京大学出版社，2008年，第43页。

[3]　邵飘萍：《新闻学总论》，肖东发、邓绍根编：《邵飘萍新闻学论集》，北京：北京大学出版社，2008年，第193页。

已有根底，将来有望之报纸也。"[1] 确实可谓要言不烦，切中肯綮。他对《新申报》《神州日报》《民国日报》《商报》《时报》国闻通讯社等新闻媒体的评价，也都符合实际情况，具有一种史家的批评品格。

4. 具有唯物辩证的色彩。邵飘萍在 20 世纪初就接触了马克思主义，他在观察新闻传播现象时，能自觉运用辩证唯物主义观点去进行评判，注重从社会经济基础决定上层建筑的思维框架中去追索、解释问题。他坚持唯物主义的新闻反映论，认为新闻是对"最近时间内所发生一切关系于社会人生的兴味实益之事物现象"[2] 的反映，新闻的来源是事实，新闻事业与社会发展的相表里。他分析其时中国新闻事业不发达的原因时，认为有教育不普及、交通不便利、政治不良、实业不发达、新闻学知识匮乏等方面的原因，而且认定其中"皆以经济状态为主要原因"。应该说，他的分析较为全面。难能可贵的是，他又十分重视新闻工作者的主观能动作用，强调要辩证地考察新闻学、新闻事业、社会三者之间的互动关系，"吾人既为中国之从事于新闻业者，决不能谓新闻学之进步，须坐待夫新闻业之进步。尤不能谓新闻业之进步，须坐待社会之进步而始进步也。盖'互为因果'也，最初之因自有赖于吾人之努力，必人人皆有种此善因之决心，然后生生不已而相互之关系乃见。"[3] 由于这种分析背后的支撑是他的亲身实践，因此该论断既有经验实证性，又有理论科学性，尤其论断内涵对新闻从业人员具有很大的精神鼓舞性，其新闻实践意义自不待言。

5. 旁征博引，视野宽广。邵飘萍不仅早慧，而且"少好读书"[4]，童年时代就因为参加科举而苦读，四书五经遍览，好问喜议，踏入社会

[1] 邵飘萍：《新闻学总论》，肖东发、邓绍根编：《邵飘萍新闻学论集》，北京：北京大学出版社，2008 年，第 193 页。

[2] 邵飘萍：《新闻学总论》，肖东发、邓绍根编：《邵飘萍新闻学论集》，北京：北京大学出版社，2008 年，第 132 页。

[3] 邵飘萍：《我国新闻学进步之趋势》，肖东发、邓绍根编：《邵飘萍新闻学论集》，北京：北京大学出版社，2008 年，第 213 页。

[4] 同上。

后虽然工作繁忙，但仍时时"读书不终卷不释手"[1]，他认为新闻学表面上看好似仅为一种学问，其实不然，"以一人而应万事万物之变化，非有最广博之知识与阅历，不足以笼罩之。"[2] 他自己就是一个知识丰富的人，他不仅通晓文学、历史、政治、法律，还精通新闻学这门当时年轻的科学，不仅掌握了新闻理论和新闻业务知识，还熟知新闻发展的历史。这使他在进行媒介批评时，能够思接千载，穿透历史的浓烟雾霭，目贯八荒，拨开现实的重峦叠嶂，实现对真相的逼近。他的《读〈申报〉创刊第一号》一文，本是《实际应用新闻学》的一则补白，只有 300 余字，但短小精悍，自成篇章，从《申报》创刊的第一页"本馆告白"中，正是借助丰富的新闻史知识，邵飘萍从中读出了 50 多年间中国新闻事业发展的历史云烟，丈量出了时代前行的速度。可谓举一反三式解读媒介的上品文本。邵飘萍笔下，中外古今新闻史掌故、著名媒体发展状况，总是如在目前，顺手拈来。他通过新闻史叙述以实现对"我国新闻学进步之趋势"[3] 的把握，显得水到渠成，贴切自然，更无疑得力于他深厚广博的知识积累所带来的思维视野优势。

在中国现代新闻史上，邵飘萍是一个豪气干云、有崇高使命感的领袖性人物，这种使命感促使他密切关注新闻传播的现实发展，希望通过自己的实践介入和理论努力，帮助中国的新闻传播事业逐步地脱胎换骨，最终步入理想的境域。他的媒介批评活动几乎贯穿和存在于其所有的新闻活动形式之中，是他虽不长久但却异常光彩照人的新闻实践的一部分，在引介和普及现代新闻理论，促成中国新闻学术现代化发展并初步实现实践转化的过程中，有着不可磨灭的推助之功。他的媒介批评活

[1] 潘公弼：《纪念飘萍先生》，肖东发、邓绍根编：《邵飘萍新闻学论集》，北京：北京大学出版社，2008 年，第 247 页。

[2] 邵飘萍：《新闻学总论》，肖东发、邓绍根编：《邵飘萍新闻学论集》，北京：北京大学出版社，2008 年，第 101 页。

[3] 邵飘萍：《我国新闻学进步之趋势》，肖东发、邓绍根编：《邵飘萍新闻学论集》，北京：北京大学出版社，2008 年，第 101 页。

动本诸新闻实践同时又能超出具体的事件之分析而达成某种理论约括，以批评的方式相对完整地表述了其新闻理论见解，极大地提升了中国现代媒介批评的学理层次，在中国新闻传播发展史上，留下了浓墨重彩的一笔。

邹韬奋的媒介批评

邹韬奋（1895-1944）作为中国现代史上杰出的新闻记者、政论家和出版家，先后编辑过 11 种报刊，新闻经验丰富，著述繁富，他不仅在几十种报刊上发表了大量的新闻、政论等作品，而且在媒介批评方面也作出了应有的贡献。在他的有关评述性文章中，针对当时新闻媒介及新闻作品、新闻现象等进行解读、分析、品评的文字为数不菲，不仅体现出一个新闻人的关怀和担当，更体现出一个政论家的深刻和远见。

一

邹韬奋虽然没有直接对新闻批评进行过界定，但他曾经在《批评的真精神》一文中，从广义的角度回答过"什么是批评"这个问题。他明确地说："批评就是鉴别一件事情（一物或一人）的优点或缺点。抉出优点的本旨，是要使得这个优点能够永久保存，并且使得别人知所观感。抉出劣点的本旨，是要使得这个劣点不至无改良的觉悟和机会，并且使得别人不至蹈其覆辙。"[1] 他曾在《可以不必做的文章》的新闻批

---

[1] 邹韬奋：《邹韬奋全集》第 1 卷，上海：上海人民出版社，1995 年，第 201 页。

评专论中，将其新闻批评文字比喻为"舆论的舆论"[1]。他力主批评不是恶意的攻击，而应该是善意的、建设性的，尤其不能将批评作为个人发泄私愤的手段："我们要知道批评是要顾着所批评的题目，鉴别他的优劣，不可于题外东拉西扯，溢出范围，作无谓的噜苏；并要知道批评的本旨无论在积极方面或在消极方面，都是心存好意，欲求存善去恶，不可藉为攻讦之工具，以泄私人的仇恨。"[2]如果打着批评的口实，题外生枝，对批评对象进行人身攻击，满纸虚骄恶毒之气，韬奋认为就是失掉了批评的真精神，而失掉了批评的真精神，同时也就失掉了批评的真价值。何以如此呢？韬奋解释道："有了批评的真精神，可使是非明白，没有批评的真精神，反使是非混淆。有了批评的的真精神，可以长进研究者缜密心思和审慎态度，没有批评的真精神，反使谩骂长其恶毒之心增其凌人之焰。"[3]也就是说，批评是任何事业在前进旅程中所必不可少的："我以为批评也可以说是进步之母，最无进步希望的讳疾忌医，不愿人批评，甚至不许人批评。"[4]批评当然包括新闻批评，因此，邹韬奋认为对新闻批评及其功能也可作如是观。

作为一个新闻记者，出于职业的习惯，邹韬奋对国内外新闻事业的发展现状甚为关注。他不仅平时注意搜集和评述有关国外新闻界的情况，就是到国外旅行，也非常重视对该国新闻事业进行实地考察。他在介绍国外新闻界的情况时，常常要与国内的新闻界现状进行对比，以促使国人对新闻界的落后现状有清醒的认识，而后谋划改良之策。1933年他在《生活》周刊上发表了《苏联的出版事业》一文，在用翔实的数字介绍了苏联的新闻出版事业在革命后的飞速发展的情况后，在文末不忘提醒读者："在今日的中国，有日销十万份左右的日报，已算是刮刮叫的'大'报，有每期销到十几万份的周刊，便引起注意或嫉妒，甚至

---

[1] 邹韬奋：《邹韬奋全集》第3卷，上海：上海人民出版社，1995年，第101页。
[2] 邹韬奋：《邹韬奋全集》第1卷，上海：上海人民出版社，1995年，第201页。
[3] 邹韬奋：《邹韬奋全集》第1卷，上海：上海人民出版社，1995年，第202页。
[4] 邹韬奋：《邹韬奋全集》第3卷，上海：上海人民出版社，1995年，第42页。

引起强有力者的压迫和觊觎，其实以中国人口之多，在出版事业的种种障碍排除之后，服务于出版界的人们将要忙得转不过气来！区区十几万份的出版物算得什么！"[1] 把国内新闻界的现实放在国际背景下进行观照，其认识意义更为强烈。在《土耳其严厉对付捣乱的西报记者》中，他缕述了几起不公正报道土耳其有关情况的西方记者被驱逐出境和吊销护照的事例，接着话题一转："反观我国，惯于造谣惑众丑诋中华民国的英国报纸《字林西报》，虽经党政当局议有取缔办法，令全国海关及邮局扣留该报，不与递寄，又令外交部向美国公使交涉，将该报记者索克斯基驱逐出境，但这个无恶不作的记者何时出境，阒其无闻，而所谓《字林西报》者，仍毫无忌惮，肆其咆哮，视中国政府及国民如无物。"[2] 在这里，新闻采访已经与国家的主权联系在一起了，而这却是当时很多人所没有意识到的。

二

客观公正是资产阶级新闻工作者推崇的一项基本新闻工作原则，但绝对的客观是无法做到的。就是那些以客观的形式进行报道的新闻，也无法完全掩盖隐藏在其字里行间的主观倾向。只是一般读者在阅读新闻时，或由于不太注意品味，或由于无暇进行思索，对隐藏在客观叙述中的观点常常囫囵吞枣地接受下去而不自知。邹韬奋多次对报纸上的有关新闻进行个案剖析，重点揭露其客观报道形式所遮蔽的主观倾向，以引导读者提高阅读能力，是邹韬奋新闻批评的一个显著特点。1933 年 4 月 14 日，《时事新报》报道了著名雕塑艺术家江小鹣与其妻朱湘娥离婚，未几又与其已逝之友的妻子徐芝音结婚的消息。这样的新闻在报上披露后，一时间轰传社会，满城风雨。邹韬奋在《江朱事件》中，就《时事新报》的有关报道进行了分析：

[1] 邹韬奋：《邹韬奋全集》第 5 卷，上海：上海人民出版社，1995 年，第 475 页。
[2] 邹韬奋：《邹韬奋全集》第 2 卷，上海：上海人民出版社，1995 年，第 622 页。

《时事新报》关于此事消息的来源，谓"有悲朱女士之际遇者，为谈其间经过情形，希望社会有所主张，"显有为朱女士抱不平的意思。《时事新报》虽似以客观态度叙事，但字里行间，亦可看出为朱女士抱不平，例如第一日新闻的末段："书据（指离婚书）既经确立，七载相安之夫妇，遽告仳离，朱女士怀书归校，芳心忐忑，如失魂魄，夜卧宿舍，时适凄风阵起，冷雨敲窗，女士怀念爱人，不觉黯然饮泣，出书重读，血泪俱下，然度小鹣此时，必呈书于某夫人之前，方欣然乐道其家庭革命之成功也。有与江朱审者言，若小鹣之亡友陈某者死而有知，亦正大可自负其有先见之明，而幸其妻儿之得所，盖非知己之友，岂能以妻儿重托之，且终托之哉！言下慨然！记者握管至此，亦为之凄怆搁笔也。""慨然"的几句话，尤尽挖苦之能事！ [1]

邹韬奋认为，两性关系，只有完全出于双方自由选择，彼此都合于彼此心中最崇拜的人，才有双方的真正幸福可言。倘若牵于人为的束缚，无论是经济的，或是制度的，或是传统思想的，都只有痛苦。报纸对这样的事情应该秉持中立的态度进行等距离报道。但由于人们先天的同情弱者，而在普通人的心目中，女子处于弱势地位，应该受到社会同情，因此，号称客观公正的新闻报道也会不由自主地流露出主观倾向性来。

至于国外媒体在涉华报道中，其主观倾向更是明显。1933 年 7 月，邹韬奋被迫出国作环行全球的漫游。在漫游期间，他"一面忙着阅看有关系国的书报刊物，抽出一些余下的时间'走笔疾书'。" [2] 在伦敦期间，他写下了一系列有关英国新闻事业的观察记，其中《英报背景和对华态度》一文就专门分析了英国媒体在对华报道中，遇有中国东北的新

[1] 邹韬奋：《邹韬奋全集》第 5 卷，上海：上海人民出版社，1995 年，第 506 页。
[2] 邹韬奋：《邹韬奋全集》第 5 卷，上海：上海人民出版社，1995 年，第 613 页。

闻，向来只有"满洲国"的字样，但遇着英国人在东北被海盗绑去，"中国"字样似乎万不可少。所以便在大标题上大写"中国土匪"（"Chinese Bandits"），描写海盗怎样怎样的残忍，看报的人就把它当作一般中国人的真实写景。以至邹韬奋每每听到英国的朋友老实地说，在他们未和中国人做朋友以前，见着中国人便觉得有一种不可思议的畏心，有的就把中国人当作半野蛮人看待。邹韬奋一针见血地指出："这是他们的报纸乃至一切出版物对华态度所产生的必然的结果。"[1]这一分析性的结论，由于建立在第一手材料的基础之上，因而具有无可辩驳的说服力，对于人们认识某些媒体的真实面目确有极大的帮助。

三

上海一直活跃着很多小报，但是很多小报满纸风花雪月，格调不高。1935年9月20日，成舍我又在报刊林立的上海创办了《立报》。这也是一张4开小型报纸，创办不久其销量直逼10万，在报坛刮起了一阵小报旋风，形成了引人注目的"小报现象"。小报为什么会崛起？。这一报刊现象立即引起了邹韬奋的兴趣。他在《大报和小报》一文中对此及时地进行了解析和评述。他认为具体到各个小报，其一纸风行的情况和原委可能各不相同，但小型报纸盛极一时的原因，最主要的是由于所谓大报的一天一天地在衰落。于是小报应实际的要求而大报化，结果小报有进步而大报反而退步。大报衰落的原因在那些方面呢？邹韬奋认为主要有如下几个方面：

首先，大报无法满足受众的阅读需要。"在大报上，很难找到中肯的评论和重要的消息——倘若不说完全没有的话。现在读者的知识和眼光实较前大有进步，不痛不痒的敷衍的话语，编辑杂乱内容空洞的新闻，已不能满足读者的希望了。"[2]

---

[1] 邹韬奋：《邹韬奋全集》第5卷，上海：上海人民出版社，1995年，第730页。
[2] 邹韬奋：《邹韬奋全集》第6卷，上海：上海人民出版社，1995年，第290页。

其次，大报不择手段地追逐经济效益，放弃了作为文化载体应有的社会功能。"报纸究竟是社会上推动文化的事业，虽为维持经济的自立生存，不得不有广告上的相当收入——至少在现在的社会里——但我国的大报过于营业化，却是一件无可为讳的事实，简直是广告报！报价并不因广告之多而特别减低，国民的购买力既每况愈下，费了许多钱买着一大堆广告报，反而不及费较低的价钱买一份小型报纸看看。"[1] 尤其可怪的是竟将特刊的地位当广告卖，大发行其"淋病专号"，满纸"包茎之害"，"淋病自疗速愈法"，替"包茎专家"大做广告，替"花柳病专家"大吹牛，"一经着手，无不病根悉除"，"方法之新颖，手段之老到，可谓无出其右"，于每篇文字下面还要用"编者按"的字样，大为江湖医生推广营业，好像报馆所要的就只是钱，别的都可不负责任。"在这方面真打破了各国报纸的新纪录！为全世界著名报纸所不及！关于评论和新闻方面，也许还有一部分可推在环境的压迫上面，但是大出其'淋病专号'盛举，却不能说是受着那一方面的压迫了。"[2]

第三，热衷于新闻抄作，尤其是大肆抄作某些社会新闻。"有一个时期最热闹的是集中于'美人鱼'，最近又转着视线到'胡蝶结婚'了。尤其是附刊的文字，更是无微不至。提倡体育和艺术，重视运动家和艺人，原是好事情，但是注意点另有所在，却又是另一回事了。"[3] 在这些新闻报道中散发出浓厚的低级趣味。"因为是女性的关系，虽和别的男选手一样的是运动家，却特别注意到她几时睡觉，睡时又怎样；一个艺人结婚，也因为是女性的关系，却特别注意到是否为她的'肚皮'所促成！这不是敬重运动家和艺人，却是大大地侮辱了运动家和艺人了。我们如真是敬重运动家和艺人，看了这样的侮辱，只有感觉到愤怒，不平！这当然也有社会的背景，因为这是没落的布尔乔亚的无聊的低级趣味的

---

[1] 邹韬奋：《邹韬奋全集》第 6 卷，上海：上海人民出版社，1995 年，第 291 页。
[2] 同上。
[3] 同上。

表现！"[1]

第四，新式小型报纸的优点是在比较中产生的。小型报纸虽还未能尽如人意，"但较所谓大报和在从前专门谈风月的小报，却有很显著的进步。例如注重白话文的运用，新闻材料的重新改写（撮取精要，扫除渣滓），有的更注意于政治经济和文化方面的消息和讨论。"[2]

当然，邹韬奋同时也诚恳地指出：小型报是个集合概念，从总体上看，小型报缺点也还是有的。有的还不免上面所说的低级趣味的弊病，有的甚至凭空捏造，毁谤污蔑，把新闻记者的道德完全丧失。目前一部分"小型"依然保持着这种恶劣习性，实无可讳言。"我们为着中国文化的前途着想，当然很诚恳地希望这类缺点的消除。"[3]

四

新闻是语言的艺术，新闻语言应该讲究具体明白，以使表达的意思准确到位，但由于各种各样的原因，有些新闻在表达意义时显得含混模糊，使人阅读之后容易产生歧义。1932 年 7 月 6 日，《新闻报》有篇报道中日军队交战的新闻，语义表达上就存在着逻辑问题。邹韬奋特地在《编辑先生的逻辑》一文中予以仔细分析。该新闻有一段文字如下：

> 我军退出第一道防线，闸北已完全入日军之手，战地附近之公共租界，因炮声已远，市民且认为战事暂告一小段落，前晚英法租界内爆竹声震天，同时各大小商店悬旗庆祝，沉寂恐怖之上海似稍有生气。

邹韬奋形容自己看了这段文字以后的感受：

---

[1] 邹韬奋：《邹韬奋全集》第 6 卷，上海：上海人民出版社，1995 年，第 291 页。
[2] 邹韬奋：《邹韬奋全集》第 6 卷，上海：上海人民出版社，1995 年，第 292 页。
[3] 同上。

最初以为我的眼睛出了毛病，仔细再读一遍，才知道纸上确是这样印着，并未看错。依这位编辑先生高见，"前晚"本市所以"爆竹声震天"，所以"同时各大小商店悬旗庆祝"，唯一的原因，就是因为"我军退出第一道防线，闸北已完全入日军之手！"这种匪夷所思的逻辑，真令人闻之咋舌！据记者所知，那夜市民是误闻白川阵亡，我军恢复闸北，已打到麦根路车站，所以放爆竹悬旗庆祝，虽属传闻之误，但究是爱国心的表示，如依《新闻报》所述，简直是中国人庆祝"闸北已完全入日军之手"，一变而为亡国奴心理的表现了。这虽是素以"死硬"之西报所想不出的因果关系，而《新闻报》竟能独出心裁，可谓富有创造力矣！[1]

符合逻辑，是新闻语言准确性的最基本要求。新闻报道的逻辑性，主要看它的事实表述是否符合逻辑，是否符合客观事实的本来面目和自身发展逻辑。《新闻报》这篇新闻的荒谬之处不仅是因果关系的错乱，还令人合理怀疑编辑先生是否有意为之。

新闻是社会生活的反映。20世纪30年代的大上海可谓光怪陆离，无奇不有。借丧事以敛财就是其中之一。1930年5月1日，上海各大报纸都登载了上海闻人虞洽卿为其母去世"泣血稷颡"而登的讣告。而在同日的报纸本埠新闻栏里，报纸又登载了以《虞母丧事之筹备》为标题的新闻。既然是丧事，那当然不应该是喜事。但其新闻语言反映的却是在办喜事。邹韬奋为此专门摘引了其中的一段文字：

旅沪巨商虞洽卿之母方太夫人，择于五月九日在龙山原籍成主领帖，十日举殡，曾在各报讣告，嗣悉上海各团体以

---

[1] 邹韬奋：《邹韬奋全集》第5卷，上海：上海人民出版社，1995年，第475页。

> 虞母为女中懿范，且今年适逢九秩仙寿，除往吊奠外，拟于十一日发起庆祝大会，因此更行忙碌，故由各界组织治丧委员会……（六）庆祝游艺，分京剧，电影，烟火，音乐，杂耍等等。闻近日各界赴该会登记者，军政机关及各团体代表已有五百余人。[1]

邹韬奋就此以《丧事呢？还是喜事？》为题撰写专文，不无挪揄地分析道：

> 我看了这段新闻，简直目迷五色，越弄越糊涂，'治丧委员会'和'庆祝大会'兼程并进，可谓洋洋大观。自称'孤哀子'的虞君在讣告里明明说他的太夫人'寿终'，他的亲友们偏说还有九十大庆应祝；他在'讣告'里明明说他的太夫人'享寿八十有九岁'，他的亲友们偏说庆祝九十大庆，不知道'虞母'去年是否死了，还是虞君的客气话？虞君在'讣告'里明明求'矜'，明明自谓'泣血'，还带有许多子孙随在后面'泣'着，而他的亲友们却偏要'担任剧务'，'庆祝游艺'，如此岂非幸灾乐祸的表示？至少是他们要和这位'孤哀子'开玩笑！[2]

紧紧抓住其中存在的逻辑悖谬，短短几句，即活脱脱地暴露了这个所谓上海闻人的虚伪道德背后对金钱疯狂追求的嘴脸，使读者不由得会心一笑。

---

[1] 邹韬奋：《邹韬奋全集》第3卷，上海：上海人民出版社，1995年，第112页。
[2] 邹韬奋：《邹韬奋全集》第3卷，上海：上海人民出版社，1995年，第113页。

五

邹韬奋一贯主张新闻评论在选题和立论时要注意有的放矢。20 世纪 30 年代，上海新闻事业执国内新闻界牛耳，正如邹韬奋所说："上海报纸所发表的言论，常为国人所注意，而国人对于上海报纸上言论之属望乃愈益殷切。不但如此，上海为中外人荟萃之地，中外意见之纠纷，国际问题之复杂，殊为他处所不及，故上海报纸所发表的言论不但为本国人所注意，亦为外人之欲探悉中国人舆论之趋势者所注意。"[1] 上海报纸在言论方面担负着重大的责任，但报纸上却常常出现以不关痛痒的文章敷衍篇幅的现象。

1930 年 4 月 19 日，在上海日报中以销量最大著称的《新闻报》在"新评"栏发表了一篇《英埃谈判》：

> 英埃谈判现已停顿，吾人但闻其言有难题，而内容如何，则局中人相戒不言，是以无从知其原委，惟知其所争者为苏丹问题耳。

> 英埃争执之详虽不得知，但观埃及代表发表之公报，谓彼等关于苏丹问题之提案至为温和，不意仍难通过，于是意中以为已经成立之协定，遂至停搁，寥寥数语颇耐人寻味也。

> 英埃谈判初开时，气象颇佳，良以工党内阁之主张向近于和平，其应付埃及之态度，屡为保守党所抨击，谓其损失英之权利，是以世人观察此事者以为进行必可顺利，孰意其仍不免隔阂，可知强者自利之心无论如何终不能免，一方以为已极尽伪谦之能事者，去正义与公道殆仍甚远，盖习非成是之风已久，断非一朝一夕所能挽回也。

[1] 邹韬奋：《邹韬奋全集》第 3 卷，上海：上海人民出版社，1995 年，第 99 页。

邹韬奋在《可以不必做的文章》中，全文摘引了上面这篇评论，他先以个人读后感的形式直观地进行了分析：

> 我觉得读完了这篇"寥寥数语"的"新评"，虽加以"寻味"，对于"英埃谈判"这个问题还是莫名其妙。作者在第一段里告诉我们说英埃谈判的内容是"无从知其原委"的，在第二段又告诉我们说此事内容"不得知"，老实说一句，我们做读者的人对于此事的内容不知道，执笔批评此事的人对于此事的内容也是不知道的。到了第三段，作者便根据"无从知其原委"与"不得知"的此事内容，慨然断道："非成是之风已久，断非一朝一夕所能挽回也"！

> 我们在未读这篇"新评"以前，不过知道英埃谈判停顿；读了这篇"新评"之后，所知道的还不过是英埃谈判停顿！作者不知道此事内容，我们不能怪他，不过不知道一事之内容而却提起笔来批评此事给我们看，似乎不能不有一些诧异。[1]

然后，邹韬奋从阐释报纸评论与舆论的关系、报纸评论的功能等理论角度入手，指出"报纸的评论一方面是代表舆论的，一方面是指导民意的，至少也要给读者对某问题获得多少知识或卓见。"[2] 随之以反问的语气提出一个让该评论作者难以问答的问题："难道国内就没有需要评论的具体问题，有关本国的国际方面也没有需要评论的具体问题，却拣一件内容'无从知其原委'与'不得知'的别国问题来作使人难于'寻味'的'寥寥数语'！"[3]

最后，邹韬奋以这个典型个案出发，指出这是媒体及其从业人员社会责任感失落所致，是新闻界的普遍现象："我常觉得有许多人立于

---

[1] 邹韬奋：《邹韬奋全集》第3卷，上海：上海人民出版社，1995年，第100页。
[2] 同上。
[3] 同上。

可为的地位，对于国家社会可有较大的贡献的地位，却辜负了那个地位，未免可惜，对于《新闻报》的'新评'与和《新闻报》'新评'相类的《申报时评》（稍微比'寥寥数语'长些好些）也常有这同样的感觉。这不仅是记者一人的私言，就平日见闻所及，似乎是社会上一般人的意见。"[1] 从而引导读者从更高的社会层面上来认识这个问题。

六

在科学研究中，有时提出问题比解决问题更为重要。在新闻批评中也有相似的情况。有些新闻现象可能司空见惯，习以为常，但高明的新闻批评家能够在看似平常的新闻现象中发现问题，并提出问题，从而引起社会各界的注意，为解决问题创造社会舆论基础。能否发现新闻现象中隐藏着深刻的社会问题，这是衡量新闻批评家水平如何的一道试金石，而能否大胆地提出问题，则是拷问新闻批评家道德良心和社会责任感的标准。邹韬奋 1936 年撰写的《谁的遗憾？》一文，就是这一类型新闻批评的代表作。

新闻以报道真实的客观事实为己任，但是，无论古今中外，新闻媒体在报道新闻时都要受到新闻之外的社会其他力量的掣肘，这只有置身其中的新闻从业人员才能具体而深切地感受到，而局外人常常不明就里。《谁的遗憾？》通过对比中外新闻媒体对同一事实的不同报道这一新闻现象，发人深省地向读者提出并促其思考：造成这一问题的社会根源是什么？

由于中国特殊的社会条件，中国媒体在报道新闻时有时不能进行全面真实的报道。邹韬奋在该文中首先摆出这个经常见到的新闻现象：

　　有人遇着重要的事情，往往要看看外国报，他们觉得外国报上有的消息，在中国报上看不到。其实中国报上的消息，

***

[1] 邹韬奋：《邹韬奋全集》第3卷，上海：上海人民出版社，1995年，第101页。

在外国报上也有看不到的。例如最近中日军在丰台冲突的事件，你在中国报纸上可以看到"双方整队相向行礼互示歉意"，"整队互表歉意"，"误会冰释，备回营房"，"决将两军调至较远之地方"等等，这些话很显然地告诉我们，两方同样地"歉"着，"调"着，中国并未吃亏，但是你在外国报上便看不到！

例如英文《字林西报》就说是在中国军队和日本军队之前，由中国的副师长许长林向日本部队长弁田口正式道歉，举行"道歉礼"后，中国队立即退出丰台，日本队即往占据中国队的营房。换句话说，控制平汉、平绥、北宁三路的丰台已很抱歉地交给"友邦"的军队了！据日文《上海日日新闻》，许副师长代表中国军正式道歉时，说"此次事件，中国方面引为非常遗憾，兹特声明，今后决不致再有此事"。弁田口部队长的答语是："中国方面若继续有此不诚意之行动，日方惟有采取自由行动而已⋯⋯"这似乎不像是互表歉意的口吻吧。[1]

把中外的有关报道不加评论地放在一起，不需要过多的阐释，事实本身的逻辑就使得新闻的意义凸显出来。在这里，无言的事实仿佛在向读者动情而顽强地诉说，其结论当然也就是不言自明的。以这样的新闻现象作为批评的切入点，表明了作者观察的敏锐。在文章的末尾，作者顺理成章地提出这样的问题：

我们做中国人的人当然不一定要相信外国报，但是本月廿一日的《申报》上《丰台我驻军尽撤》的大标题，却很引

---

[1] 邹韬奋：《邹韬奋全集》第 7 卷，上海：上海人民出版社，1995 年，第 64 页。

起人们的思虑。丰台是否属于中国的领土？驻军权是否属于
中国的主权？这都是我们在万分沈痛中所不能忘却的！[1]

这样的问题确实是振聋发聩、引人深思的。它既拨动读者的感情
琴弦，又有力地牵引读者透视新闻背后的新闻，思索新闻现象背后产生
的终极原因，使读者对此问题的认识上升到了一个更为广阔的理性高度，
比廉价地奉送给读者现成的结论更为扎实有效。

邹韬奋虽然不是职业的新闻批评家，在他卷帙浩繁的著作当中，
其有关新闻批评的文字也不占主体部分。但作为一个当行本色的新闻工
作者、出版家，他总是"希望用新闻学的眼光"[2]观察新闻现象、分析
新闻作品、审视新闻媒介、品评新闻记者，因此，其新闻批评具有极强
的专业色彩。与同时代其他新闻工作者比较，他在新闻批评领域的建树
是颇为卓特突出的。这是他留给后人的一笔宝贵的精神财富，值得我们
进一步挖掘、学习。

---

[1] 邹韬奋：《邹韬奋全集》第7卷，上海：上海人民出版社，1995年，第65页。
[2] 邹韬奋：《邹韬奋全集》第3卷，上海：上海人民出版社，1995年，第256页。

金仲华的媒介批评

    报刊工作者往往会因职业的习惯审视新闻传播的现状，通过媒介批评的实践方式发现和指出新闻传播中所存在的缺陷和不足，启示新闻传播未来的发展方向。中国现代著名报刊工作者金仲华（1907—1968），在建国前曾先后参与或主编《世界知识》《大众生活》《永生》《全民抗战》《星岛日报》等报刊，他不仅通过报刊编辑实践来影响广大读者，而且主动通过向读者灌输媒介知识，引导读者学会"阅读"新闻的方式开展媒介批评，以提高读者媒介素养的方式规制和影响新闻传播的实践，显示出积极而高昂的媒介批评主体意识。

一

    黑格尔曾说："反思以思想的本身为内容，力求思想自觉其为思想。"[1]一个新闻问题或者新闻现象之所以能够引起人们的关注与评价，一般来说，要么它切肤于现实社会的变化或需要，唤起人们探索时代发展与人生价值的责任感；要么它触及到人们自身思想的苦痛或焦虑，激

---

[1] [德]黑格尔：《小逻辑》，北京：商务印书馆，1980年，第39页。

发起他们追求真善美的强烈欲望。因此，媒介批评总是根据一定的标准，对大众传播活动作出是非、优劣等等的理论鉴别，以观念生产和价值评判的方式推动或制约着新闻事业的发展与变化。主体自觉是媒介批评实践现实而有效展开的根据，作为一种反思性的认识活动，媒介批评总是以一定的新闻观念或知识体系作为思维逻辑的前提。金仲华1923考入杭州之江大学，毕业后于1928年进入上海商务印书馆，任《妇女杂志》助编，开始从事报刊编辑工作。在长期的报刊工作中，他学习和积累了丰富的新闻学知识，并自觉地以训练和培养读者的"新闻眼"的方式，卓有成效地开展媒介批评活动。

1933年底，金仲华担任《中学生》杂志的编辑，协助主编叶圣陶。《中学生》是当时广大青年学生十分喜爱的刊物，它以通俗的文字介绍自然科学和社会科学知识，也登载一些文学作品。叶圣陶告诉金仲华：这份杂志的读者是青少年，所以我们的工作是教育工作的一部分。我们做的工作，就是老师做的工作。我们跟老师一样，待人接物都得以身作则，我们要诚恳地以平等的态度对待读者，让他们成长为有益于社会的人。金仲华衷心赞同叶圣陶的主张，决心为贯彻这样的主张而努力。1934年1月1日，他在《中学生》第41期上发表的《中国新闻事业的现状》一文，就是他以媒介批评的方式进行这种努力的体现。

金仲华认为，报纸和通讯社是现代新闻事业的核心部分。新闻媒体的基本功用是传递消息，当媒体和社会发生关系时，其功用就扩展为"教育民众"和"舆论的喉舌"[1]。在承平时代，报纸的常态作用就是教育民众，使民众知道世界上事物的演进和变化。但在变动的时代，则报纸的"非常使命就是为舆论的喉舌，传达民众的意见"[2]。金仲华评说道，现在正是变动的时代，但报纸却没有负起"舆论的喉舌"这个责任。如果仅从数量上看，中国的媒体数量颇为可观，全国约有几百家报纸，一些报纸如《申报》《新闻报》等，发行量亦达十数万份，社会影

---

[1] 金仲华：《中国新闻事业的现状》，《中学生杂志》，1934年第41期。
[2] 同上。

响很大，但中国报纸登载新闻既不准确，发表言论更是偏颇，"目前中国的许多报纸都不能脱去经济上以至政治上的牵制，所以虽然有着这样大小的数百个'舆论的喉舌'，而这种'喉舌'的不易喊出真正的声音，乃是无可讳言的。"[1] 原因何在呢？金仲华认为主要还是经济不独立和政治控制过于严酷所致。

报纸新闻在很大程度上来源于新闻通讯社的供给。有关部门不完全统计的数据，中国当时已有 163 家规模大小不等的通讯社。金仲华据此分析说，163 个通讯社，照数目看是不算少的了，但这许多通讯社中有几个能够真正尽力于采访新闻的工作，却是大可疑问的事。以中国这样广大的土地，各地的民情又复杂得异常，如果这一百几十家通讯社能够密切合作，忠于采访新闻的本份，则对于报纸方面一定有很多的便利。

> 但实际的情形并不能如此。我国报纸中对于西北各省的地方情形算有比较真切的记载，上海虽有大规模的报纸，但只有在偶然的情形下，会给人读到一二则关于内省的民生情形的切实记载。关于各地的政治情形的消息，我国的报纸有时反有重视路透社的新闻的倾向，这真是反常的情形了。[2]

通过媒介数量与传播质量的反差，来批评新闻通讯社未尽到采访新闻的本份，具有一语破的不容否定的说服力量。

黄色新闻是 19 世纪在美国新闻界产生并流行的一种新闻报道和媒体编辑取向，是一种采用极度夸张及捏造情节的手法来渲染新闻事件，尤其是津津乐道于色情、暴力、犯罪方面的事件，以达到耸人听闻，进而扩大媒体发行量的新闻报道。黄色新闻是一种没有灵魂的低俗新闻，它不但不能准确地报道新闻，反而对不甚重要的新闻加以渲染、夸张，使媒体质量流于肤浅。虽然黄色新闻颇为流行，但正直的人也一直对之

---

[1] 金仲华：《中国新闻事业的现状》，《中学生杂志》，1934 年第 41 期。
[2] 同上。

大加鞑伐、鄙夷唾弃。金仲华在该文中也对黄色新闻进行了专门批评。他没有一味地指责黄色新闻的劣俗，而是冷静地从社会环境制约的角度分析，我国报纸黄色新闻流行的理由，与其说是为迎合俗流趣味，不如说是由于政治环境的关系。许多重要的消息，报纸即使知道了也难以登载，则登载无足轻重而具有诱惑性的社会新闻，自然是唯一可以发展的道路了："现在读报者所感关于国家大事和人民生计的消息的沉闷，便是由于这样的理由。留意我国新闻事业趋向的人，都会感觉到这种'黄色新闻'的特殊发展，与重要国政和真正具有社会性的新闻愈趋于灰暗。从新闻事业所应负的责任讲，这样的趋向乃是病态的，而绝不是有益的。"[1] 他希望社会各界能负起各自的责任，共同想办法来扭转黄色新闻蔓延的趋势。

金仲华还对当时我国报纸的副刊与广告进行了批评。他认为年来报纸副刊有所扩充和发展，其原因固然与副刊文字轻松有趣可以调剂读者的阅读趣味，但也与重要新闻报道桎梏太多有关。他将当时的报纸副刊分为两大类，一类是专门研究一门学术或一种问题的研究类副刊，如上海几家报纸的医药、无线电副刊，《大公报》文学副刊；另一类是刊载随笔、小品、小说等作品的副刊，如《申报》的《自由谈》，《新闻报》的《快活林》，《时事新报》的《青光》，《大公报》的《小公园》等。他批评说："第一类具有研究性质的专栏以《大公报》的成绩为最好。第二类的情形很复杂，有几种报纸办得好的，可以给人读到一些辛辣的或轻松的文字，办得不好的则辛辣的变为漫骂诬谤，轻松的流于油滑无聊。"[2] 他认为读者只要把几种流行的报纸副刊比较一下，不难辨别出它们的高下优劣来。

在旧中国，记者"无冕皇帝"的称号颇为流行。金仲华认为"无冕皇帝"的称谓彰显出新闻记者地位的崇高。他承认在一般情况下，记者确实享有相当的自由，如在公共场合可以自由出入，可以列席一些会

[1] 金仲华：《中国新闻事业的现状》，《中学生杂志》，1934 年第 41 期。
[2] 同上。

议，可以凭着名片上的职衔会见重要的社会政治人物。但他同时设身处地从记者的角度指出："如果要请目前充任新闻记者的人回答这问题，我想那答案是不会乐观的。在目前，新闻事业必须受检查制度的束缚，这是新闻记者们常常诉苦的一点。这种束缚或者可以用目前政治不安的情形来解释，但是另有一些情形却不是何种理由所可解释的，那就是有几个新闻记者为了新闻的工作而牺牲生命。"[1] 也正因此，1933 年 9 月 1 日，国民政府行政院特别行文以保障新闻记者的合法权益。金仲华批评道："目前我国的新闻事业实际还没有走上常态发展的道路。报纸的销行数额有限，新闻通讯网的布置不全，新闻事业的进行受着经济状况与政治势力的重重牵制，结果，从事新闻事者还是很难完成他们所负的重要使命。"[2] 他在文章的最后，点出他批评的主旨，就是希望业界看了他的有关分析之后，"我们应觉悟到从根本方面的彻底努力的需要了。"[3] 媒介批评的最终目的仍然是媒介实践，这应该是他主动开展媒介批评的最重要的目的。

媒介号称社会的公器，因此，媒介理应是大众的工具。但媒介自从诞生以后，就一直受到资本的控制，异化为资本的奴仆，无法满足大众的收受需要。衡量一个社会媒介所处的地位和功用，一个重要的指标就是看它与大众的关系，看它是否能够满足大众的需要。金仲华 1935 年在《大众生活》上发表《谈报纸和大众》一文，对当时报纸与大众隔离的情形进行批判。他指出，在消息传递方面，"近几年来，我们在帝国主义铁蹄践踏之下，痛苦危难，已达极点，民众都渴望得到一点真实消息，使自己能认识清楚，为国家民族努力；但结果除了一些轻描淡写的消息和不痛不痒的宣言之外，竟是毫无所得。"[4] 这对新闻事业来说是十分危险的现象，是新闻事业与时代需求脱节的表现！

---

[1] 金仲华：《中国新闻事业的现状》，《中学生杂志》，1934 年第 41 期。

[2] 同上。

[3] 同上。

[4] 金仲华：《谈报纸和大众》，《大众生活》，1935 年，第 4 期。

二

  1934 年 9 月 16 日，著名的《世界知识》创刊了。金仲华为协助胡愈之办好该刊，殚精竭虑，从创刊号起，不断提供内容扎实的稿件，向读者大量介绍有关国际政治、经济、国际关系以及历史、地理等方面的知识，阐述帝国主义在世界各地的侵略掠夺和人民争取独立自由的英勇斗争。为了帮助广大读者学习时事，他精心编撰了《国际新闻读法》一书，由生活书店于 1934 年 10 月出版。该书受到了青年读者的普遍欢迎，于 1936 年 3 月再版，被认为是引导读者学习国际时事的工具书。金仲华认为，报纸已经成长为一种普通的供给国际新闻的工具，但是"报纸中关于国际情形的消息，则较为琐碎复杂，在读时需要一些辨别与整理的功夫。"[1]《国际新闻读法》是他在自己的阅读经验基础上完成的一本书，意在帮助读者通过阅读报纸上的国际新闻的方式来求取新鲜的国际知识。金仲华认为进入近代，中国与世界的联系越来越紧密，"世界上任何一角的变动都足以影响到其他方面；每一个现代的国民都应该密切地注意着国际情势的推转，特别是我国的国民——我国是世界政治经济连锁中的很重要的一环，而且国际的风云现在已经推移到太平洋来了。"[2]具备国际知识，就成为现代中国国民应该具备的基本素养。让读者从国际新闻中获取国际知识，实际上是媒介批评的基本任务，所以《国际新闻读法》在一定意义上是一部具有媒介批评性质的著作。

  金仲华在《国际新闻读法》中首先指出，中国报纸由于一般规模较小，经济上不能派遣驻外记者，而国内又没有一个能供给国际新闻的通讯社，所以国际新闻的来源多仰赖于外国的通讯社。这些外国通讯社供给的国际新闻，不仅因时间和经济的关系，无法做到特派记者那样的

---

[1]　金仲华：《国际新闻读法》，上海：生活书店，1934 年，第 1 页。
[2]　金仲华：《国际新闻读法》，上海：生活书店，1934 年，第 2 页。

具体而有系统。更为重要的是，这些通讯社所代表国家的立场各不相同，以致同一件事情所发的消息很不一致，甚至互相矛盾。"对于这种情形，我国报纸的习惯办法是把几个通讯社所供给的不同消息都登出来，让读者自己去辨味。自然，这样登载的新闻，在不习惯的读者要觉得很琐碎，而且不易明了。"[1]不过，这样从版面上看固然很不经济，但金仲华认为这也带来了一个好处或补偿，即"从几个通讯社所发出的不同的消息中，读者能够看出它们的政府间的关系。"[2]因为在外交关系上，一个国家的通讯社的态度常常是这个国家的政策的晴雨表。自然，要从各国通讯社的消息中推测它们政府的态度，是件费心思之事，但也是很有趣的一件事情。"就因为这缘故，怎样阅读国际新闻，在我国也成为特别有意义的问题。"[3]这是金仲华花力气培养读者去学会阅读国际新闻的重要原因。

在介绍几个外国通讯社的文字中，金仲华非常强调并提醒读者注意该通讯社与这个国家政策之间的关系。例如他在介绍日本新闻联合社与电报通讯社情况时，就点评说："在根本上，新闻联合社和电报通讯社的主要政策，都是把日本的新闻在我国做宣传；它们二者一样是为日本的政治经济利益服务的。"[4]但仅有如此粗线条的认识还不够，金仲华认为要结合具体的新闻报道进行具体分析。如日本的电报通讯社和日联社就有细微的区别。电报通讯社在我国发稿较日联社为早，发出的新闻在性质和范围上大都和日联社相同，不过它并不是日本政府的半官方机关。"事实上，电报通讯社的新闻较日联社的更偏于日本方面，宣传态度更为显著。"[5]金仲华认为，明确新闻由何者发出，是正确理解新闻的前提。这种批评方法颇有后来媒介批评理论中机构批评的理论味道。

---

[1]　金仲华：《国际新闻读法》，上海：生活书店，1934年，第4页。
[2]　同上。
[3]　金仲华：《国际新闻读法》，上海：生活书店，1934年，第5页。
[4]　金仲华：《国际新闻读法》，上海：生活书店，1934年，第21页。
[5]　金仲华：《国际新闻读法》，上海：生活书店，1934年，第35页。

金仲华批评"我国报纸对于国际新闻,向来是很不注意的"[1]不好现象。他概括地指出,在内地的报纸,差不多完全不载国际新闻。只有在沿江沿海的几个大都市,因为容易受到国际情势的变化的影响,所以报纸能够多载一些国际新闻。他使用比较的方法,分析和批评这几个大都市报纸在国际新闻登载方面的差异:

> 现在《时事新报》刊载国际新闻的地位,算扩充得最多。《时事新报》现在每日出版外埠三张半,本埠另加一张,而刊载国际新闻的地位则自一版半到二版,重要的国际新闻都集中于一版,阅读时也很便利。《晨报》和《中华日报》所载的国际新闻有时也达一全版,但《晨报》常因广告的关系,而把国际新闻减少些。这两报的国际新闻都是集中于一版的,阅时也很便利,《申报》所载国际新闻年来很有扩充,已有一整版的地位,不过就它每日所出版的张数来说,一版所占的比例是不算多的。《申报》上的国际新闻不集中于一版,有时几则新闻占住二三排的地位,夹在国内要闻和地方消息之间,而余下的国际新闻又须到另一张去寻找,这在读者很感不便,是应当加以改良的。[2]

金仲华还深入比较各家报纸在登载国际新闻时具体编辑方法的异同,他称道《大公报》"常译登外国报纸中或杂志中的评述国际情势的文字;这很类似外国报纸的 Special feature 版上的材料,足以帮助读者对于国际情势的了解,也值得提倡的。"[3]《时事新报》常把较长的新闻分成许多段,冠以小标题,也值得发扬光大。上海《中华日报》对于重要新闻,常能以特别大号的标题,吸引读者注意,对于重要的新闻,

---

[1] 金仲华:《国际新闻读法》,上海:生活书店,1934年,第37页。
[2] 金仲华:《国际新闻读法》,上海:生活书店,1934年,第41页。
[3] 金仲华:《国际新闻读法》,上海:生活书店,1934年,第44页。

又在总标题之下，附以一排提示纲要的小标题。这对于需要在短时间内探知新闻内容的读者。他称赏这种编辑方法也很有价值，值得推广。

在具体批评我国报纸上的国际新闻时，金仲华认为国际新闻中充满着国际各种政治力量的角力，读者要注意文字背后的内容。他要求读者格外要注意，这是由哪一个通讯社所发出的新闻。因为任何通讯社所发出的新闻，都必然要和它们本国政府的政策相呼应。"忽略了这种政治的背景，我们阅读国际新闻时，便会失去一个主要的线索。"[1]国际通讯社受本国政府的政治势力的庇护和经济上的补助，必然要为本国政府执行国际宣传的使命。而且还不仅是单纯的宣传，它们的新闻尤其要和本国政府的外交政策作相互的微妙联络。金仲华深入分析其中的奥妙，剖露了国际新闻与本国政府政策之间的联系有如下几种方式：

第一，发出的新闻，处处要显出本国政府的立场。"路透社始终是以英帝国的立场为自己的立场的，所以当保守党主持的哇太华会议开幕时，虽然各自治领域与英政府间有着种种的隔膜，路透社的新闻始终能为会议布成一种乐观的空气。"[2]金仲华指出，英国极不愿它的殖民地的不安定消息透露于外，所以虽然一边人们读到甘地被捕以至英军用飞机征服叛变部落的消息，一边路透社又自伦敦发出这样的消息（一九三三年八月十八日）："最近印度因不服从英国而致被捕之人数，截至七月底止之统计，与一九三二年四月最高纪录一二四五八人比较，已减少四六八人。故由此可表示印度全境之情形，已有显著之进步。"[3]不明白路透社与英国政府之间的关系，确实无法真正理解这些新闻的真假程度。

第二，不仅要在新闻中显出本国政府的立场，宣传本国的政策，还要对于敌对体系或利益相冲突的国家的政策，作反宣传。这种反宣传有时根据事实，如哈瓦斯社和塔斯社传播的德国国社党虐待犹太人与摧

---

[1] 金仲华：《国际新闻读法》，上海：生活书店，1934年，第49页。

[2] 金仲华：《国际新闻读法》，上海：生活书店，1934年，第50页。

[3] 金仲华：《国际新闻读法》，上海：生活书店，1934年，第51页。

残政敌的消息，是实在的情形，但有时也会完全是出于虚构和捏造。这种反宣传有时含有消极的作用，即毁坏敌对国家在国际上的信誉，有时则抱有积极的目的，如用以挑起对方国家的外交上的困难，或者作一种挑衅的行动的先兆。日本侵入中国的北满后，哈尔滨成为一个对苏联的造谣中心，日本的通讯社就常常播发这类谣言。

第三，国际新闻显示的另一政治背景，就是与本国政府的外交政策作密切呼应。在外交犹豫期间，国际通讯社的新闻常为本国政府试探各方的空气，在外交进行遇到了重大危机的时候，国际通讯社的新闻常故意散布一种乐观的空气，使危机得以缓和下来。金仲华认为一个国家的外交政策的趋向强硬或是让步，"也都是以新闻作先声的。"[1] 所以，国际新闻就成为观察国际关系的绝佳素材。但这一切都以学会"阅读"国际新闻为前提。

三

1941年，中国大地上战争正酣，战争新闻自然是报纸报道的重头戏，也是人们关注的阅读热点。金仲华此时在香港正与邹韬奋、范长江等人创办《华商报》《大众生活》等民主进步报刊。从《大众生活》第22期至第29期，他以《战时新闻读法》为总标题，在该刊连续刊载8篇系列文章，分别是《怎样训练"新闻眼"》《认识新闻宣传的背景》《战争爆发前的预兆》《从新闻中观察战情》《战略动向的推测》《从新闻中看政策动向》《战争中的演说谈话及其反响》《宣传中的外交战》。若不是太平洋战争突然爆发，《大众生活》也被迫停刊，这组文章可能还会继续写作下去。虽非完璧，所幸因每次内容各自独立成篇，合在一起亦粲然可观。金仲华在写作这组文章时，明确具有使之成为《国际新闻读法》一书续篇的想法。所以，这在他是将观察视点转换后的又一重要的媒介批评实践活动。

---

[1] 金仲华：《国际新闻读法》，上海：生活书店，1934年，第62页。

该系列文章的开篇《怎样训练"新闻眼"》最具有媒介批评的学理意义。他坚持过去持有的只有紧跟着时事发展，从新闻报道中认识国际间的新形势，我们所得到的才是新鲜的有用的知识的观点。同时他又指出，在战时"阅读"新闻，是一件困难的工作。因为这种阅读不仅仅是了解一般情况时漫不经心的随意浏览，而是一种有意识的国际知识的储备。更主要的是因为随着战争的展开，国际间的宣传斗争也趋于白热化，新闻宣传已成为战争中一种非常重要的武器。一方面，为了新闻统制或国防关系，许多新闻不准发表；另一方面，为配合战争的剧烈展开，通过新闻媒体而发出的外交攻势与谣言攻势层出不穷。这样，一般读者要在五花八门的宣传斗争之中，辨别新闻的真相，很不容易。同时，报纸编辑对于新闻电讯的处理，也大有关系。有的重要新闻由于编辑者的疏忽而被遗漏了，有的造谣宣传则出于编辑者的不觉察而被放在重要的地位；此外，一些新闻电讯的轻重倒置，新闻标题不能抓住事实中心，也都会增加读者对于新闻认识的困难。所以，金仲华认为，"在战时，无论是从事新闻工作者或者一般的新闻读者，对于新闻阅读的训练，都可说是一件重要的事。这可以作为一种专门训练，也可以作为一种普通常识。"[1]其中的关键，就是要训练读者养成一双锐利无比的"新闻眼"，能够识别出新闻的真假与优劣来。

何谓"新闻眼"？金仲华对之界定说："'新闻眼'似乎是一个新鲜的名词，但它的意义应该是很明白的，就是在阅读和观察新闻时的眼光。战时阅读新闻，需要一双尖锐而准确的'新闻眼'，能够刺破一切虚伪宣传的表层，把握各国实际政策的内容，看清每一种特殊动向的指标，认识整个局势发展的前途。一双'新闻眼'的训练成功，可说是战时新闻读法的最基本的条件。"[2]随后，金仲华举了3个实例，说明战时新闻阅读的困难。这3个实例分别是：1939年欧战第二次大战的爆发、1940年五月西线大战的展开、1941年德苏大战的突起。这3件

[1] 金仲华：《怎样训练"新闻眼"》，《大众生活》（新），1941年第22期。
[2] 同上。

大事都很出乎人们的意料。如1939年大战的爆发，那时，许多人由于慕尼黑时期所留下的印象，都不相信德波冲突会真正促成英法对德的大战。在香港新闻界还曾经有一个小笑话。有一个3日刊的小型报，向例是把出版日期填早了3天，所以9月1日出版的报纸，填明的日期是9月3号，而就在那天的报纸上，它的第一篇国内外局势分析的文章，还是确定地认为德国与英法之间不会发生战争。想不到在9月1日，德军已进攻波兰，9月3日英法已正式对德宣战了。金仲华指出，"事实上，在九月一日以前，英法曾经尽力设法避免这个战争，是无疑的，但在同时，也有种种的动态，指明着这一战争的必然无可避免。"[1]如在八月的最后一星期，英法各国都已完成了动员的准备，英法与德国都加速撤退在对方的侨民，德国停泊在英法港内的商轮迅速避往中立国的港口。这一切的迹象都显示战争迫在眉睫。忽视了这些线索，还坚持认为形势发展会如慕尼黑时期一样，战争依然不会爆发，那就只能铸成形势观察和判断上的绝大错误。因为战争时期的新闻传播分外扑朔迷离，波诡云谲，所以战时新闻观察就显得相对困难，但也正因如此，锻炼出一双能够识别出表象和本质的"新闻眼"，而显得异常的需要和重要了。

一双"新闻眼"的训练应该采用什么方法呢？金仲华认为需从两个方面来着手。一是基本训练，二是技术训练。"新闻眼"的基本训练，是指一个人对于跟新闻有关基本知识的掌握，也就是基本知识训练。具体而言，金仲华认为正确阅读新闻需要掌握如下几个方面的知识。一是对于国际政治、经济、军事、外交等基本问题，有一个清楚的认识。例如，目前是一个什么时代？为什么会有法西斯主义？为什么法西斯侵略者一定要进行战争？为什么法西斯帝国主义一定会趋于没落？此外，还须明白，这个世界充满种种对立，不断进行着这样那样的斗争，如资本主义与社会主义、法西斯主义与民主主义、压迫者与被压迫者等等之间的斗争始终存在。在斗争的方式中间，战争乃是政治的另一种形式的继续，

----

[1] 金仲华：《怎样训练"新闻眼"》，《大众生活》（新），1941年第22期。

而经济斗争的发展会促成政治斗争的加剧，而外交斗争的运用，会使国际对立演变出种种的花样。这些知识在一些教科书中已有表述，"阅读新闻的人有了这些基本的把握，在了解和剖析许多新闻时事的时候，将会得到很大的帮助。"[1] 丰富的国际基本知识框架，能使新闻信息背后的意义迅速显豁出来。二是充分明了战时各国新闻宣传的政策。金仲华解释说，这是因为各国的政治制度不同，他们在战争中的地位不同，因而他们的新闻宣传政策，也有所不同。例如法西斯侵略者的宣传政策是造谣欺骗，挑拨离间，对内闭塞和愚昧民众，对外鼓动各国内部暴戾狂妄分子捣乱，他们以新闻宣传展开神经战，作为其军事上的前哨战斗。三是对于新闻时事中所包含的一切常识，应有丰富的了解。因为世界各国的历史、地理、社会习惯以至生活情形，有种种不同，所以新闻电讯所报道各种时事的背景，也有多样的不同。一个新闻记者的头脑要像一部百科全书，一个新闻读者的头脑至少也要具备一般常识。金仲华认为这是训练"新闻眼"的最起码的知识基础。

关于"新闻眼"的技术训练方面，金仲华提出也从三个方面着手。一是要在注意新闻消息的中间，广泛搜集材料，加以参照，以把握时事发展的中心动向。在阅读新闻时，要避免只见树木不见森林的情况。他举例说，对于日本会不会北进侵略苏联，有人见到日军从福州撤退的消息，立刻下结论说华中华南日军正在开始撤退，准备集中东北进攻苏联了。其实这个观察完全错误。因为在中国战场的其他方面，日军并没有撤调的动态。"所以，在战时国际局势演变的中间，要注意一种新的动向的形成，必须多方面搜集材料，比较各个通讯社的电讯消息，各种报纸的言论态度，各国政府的正式反响，这样才能把握到那种动向的实际性质和可能发展。"[2] 二是对于各种新闻消息，要注意其来源背景与真伪状况。战时新闻传播甚为复杂，很多是官方的宣传，如外交试探，谣言攻势。如能从这个方面加以考虑，就能探索到许多

---

[1] 金仲华：《怎样训练"新闻眼"》，《大众生活》（新），1941 年第 22 期。
[2] 同上。

国家的政策态度。三是注意新闻的特点。金仲华强调，在阅读新闻时，只见树木不见森林固然要不得，但若不注意每一棵树木的特质，也会发生错误的判断。"国际间的许多重要发展，常常会在一二个微小的特殊事件中，透露其端倪，我们要训练一双'新闻眼'的中间，也决不能忽略这一点。"见微知著，是阅读新闻应有的必要技能和方法。

金仲华认为，只要有了新闻头脑的基本武装，再配合以新闻眼光的技术训练，则每一天的新闻电讯以及相关的言论，将如一个琳琅满目的宝库，可为读者提供取之不尽用之不竭的各种知识。尽管世界的发展变幻莫测，但在训练有素的"新闻眼"面前，总可以看出相当有系统的线索来，媒介及信息的意义都会显露出来，成为我们认识和把握世界的工具。

四

具体的媒介批评总会因批评主体的不同而五彩缤纷。金仲华是一个著述丰富的人，在他的著述中，分量最大的是在各种报刊上发表的大小评论和时事分析文章。他的媒介批评文字是他这些评论和时事分析文章的一部分，也体现出他为文的风格。其媒介批评的特点在于他是一个国际问题专家，能把错综复杂的国际形势叙述解剖得引人入胜，深深印入读者的脑海之中。具体言之，金仲华的媒介批评具有如下几个方面的特点。

1.具有较为明确的媒介批评意识。伴随着中国现代新闻事业的发展，中国现代媒介批评也有了长足的进步，但与新闻事业相对繁荣的局面相比，中国现代媒介批评还很幼弱，重要的表现就是整个社会的媒介批评意识并不强烈，虽然在各家报刊上零零散散不时出现各种各样的媒介批评文本，但总体来看，尚缺乏体系性，很多报刊工作者进行媒介批评，常常是客串性质，其媒介批评文字在其著述中多是昙花一现，吉光片羽。相比而言，金仲华具有明确的媒介批评意识。他的《国际新闻读法》虽然具有较为浓郁的媒介批评色彩，但初看起来，更像是一本新闻基础知识介绍性的专著，这是他追求文字通俗易懂性的结果。他在该书《尾言》中吐露写作目的："在本书中，真正讲到国际新闻'读法'的，只有最后的两章。我的意思以为我国报纸中所载国际新闻的特殊性质，是应当使读者先有一番了解的；而本书倘使完全写成一篇新闻读法的讲义，或许要使读者失去兴趣的。"[1] 他写《战时新闻读法》，也是感到自己的有关经验，能够在"对于新闻判别的工作"方面，给读者提供阅读新闻帮助，才进行专题讨论。这些都是他媒介批评意识明确的具体表现。

2. 知识性强。媒介批评的基本模式当然是分析、说理，以严密的逻辑思维取胜。这种严密的推论说理如果辅以丰富的知识，就会更加吸引人，让人感到有教益。金仲华是一个知识丰富的人，他在进行媒介批评时，无论是解剖具体的新闻报道，还是宏观综论去进行整体概括，都包含着大量的知识介绍，用知识打开读者的思维视野，引导读者去进行思考，得出结论。他的《中国新闻事业的现状》中对中国各大城市的各家报纸的历史和现状，每一家媒体何时创办，创办时有什么背景，他都能如数家珍，娓娓道来。他的《谈报纸和大众》一文主要批评中国媒体与大众的隔离，要求打破这种不应有的状况。但他在中间穿插了欧美各国最初有报纸的时候，报纸即落在封建统治者手中、随后又被资产阶级所把持的有关媒介历史知识介绍。这样，他对中国媒介现状的分析和批评，由于有中外媒介发展历史维度的映照，显得顺理成章，平易自然，很有说服力，使人读来丝毫不感到枯燥乏味。

3. 注重从政治、经济制度的视角去分析，具有机构批评的某种理论色彩。传媒从来都不只是封闭的文本，它还是一个社会机构，并与外部世界的政治、经济、文化等体制结成多角的关系。大众传媒生来便与权力接下不解之缘，它既参与编织一张社会权力的大网，同时又被其他权力编织进这个大网之中。这种观察传媒的视角对于理解传播现象及其

[1] 金仲华：《国际新闻读法》，上海：生活书店，1934年，第79页。

文本背后的意义很有帮助。金仲华在其媒介批评文本中多次强调人们首先要注意媒介的机构背景，即明白该媒介是属于哪个国家、什么性质的机构。他在《国际新闻与国际政治》一文中，要求读者注意电讯下面的电头，是路透社、哈瓦斯社、塔斯社，还是电通社、德新社？"各个通讯社都代表他们国家的政治立场和经济利益，发出的新闻不免偏袒和掩饰，这是有人认为'骗人'的理由了。然而为研究国际政治起见，这样情形却也有着特殊的方便处的：因为各国的立场不同，它们的利益互相冲突，所以一国的通讯社所要掩饰的新闻，和他对立的国家的通讯社便会故意揭露出来；有时固然会揭露得过分，成为造谣性质的反宣传，但把这种新闻打一折扣，便近于事实了。"[1]他认为只要明确了这种情形，对于报纸上的国际新闻，我们非但不能嫌它们"沉闷"，或单纯地认为"骗人"，却都是可以成为拿来细细地玩味，辨察出种种政治气象和策略的"真实"而有用的具体材注重从政治、经济制度的视角去分析，具有机构批评的某种理论色彩料。

4. 注重数据和实例，言必有据。媒介批评是一种评判和鉴别，因此，无论是批评媒体行为或传播现象，都须有理有据，才能令人心悦诚服。金仲华在对媒介进行批评时，总是将论断建立在坚实的数据和实例的基础上，通过无可辩驳的数据和具体的例子来印证自己的分析和推断。在《中国新闻事业的现状》一文中，他引用了民国二十一年内政部警政司的全国报纸登记数目，并使用民国二十年国民党中央宣传部日报登记的数目加以补充，对全国新闻媒体生存状态的估计和概括，就显得证据实在。他在论析如何"阅读"新闻时，总是如他自己所说的那样，力避"讲义体的文字"，通常通过对具体新闻报道进行个案式的文本分析，或者将几个相关的例子并举，引导读者去如何思考和分析新闻真相和背后的社会意义。例如他提醒读者注意新闻媒体反宣传的常见手法之一，就是"利用他国报纸的记载，以揭发他国邦交上的裂痕者"，随后他举了法

---

[1] 金仲华《国际新闻与国际政治》，《新生》，1935 年第 2 期。

国哈瓦斯社的一个电讯稿为例：

> 哈瓦斯六月二十八日维也纳电：希特勒总理著书标题为
> 《我的奋斗》，奥京《时间报》逐日予以披露。本日所发表
> 之一段，特别应时，其扼要语云，"欲求日耳曼主义之充实，
> 当先将奥国毁灭"云云。[1]

金仲华对之批评道："法国最不愿德奥的联合，尤其是在德国法西斯势力抬头之后，德奥的联合不啻把德意的法西斯势力呵成一气，而对法国列成一大包围的形势。哈瓦斯的新闻虽然只是简短的几句，却有力地提示一种德奥不能合作的印象。"如此分析洞隐烛微，鞭辟入里，有令人豁然开朗的效果。

5. 从媒体的实然和应然状态之间的差距去分析，具有一定的专业色彩。媒介批评可以有很多视角，但建立在对新闻本质和社会职能的把握上去批评媒介的实然状态，常常会使媒介批评带有一种专业气势。金仲华受过完整的高等教育，又是一个编辑过多种报刊实践丰富的新闻工作者，对新闻传播本质和运作流程了然于心，因此，他建立在经验基础之上的媒介批评无形中就具有一种强烈的专业色彩。例如他对中国新闻事业现状的批评，是从"舆论的喉舌"、"黄色新闻"、"'无冕皇帝'的尊严"等几个人们惯常的认知角度切入。这几个人们耳熟能详的常见语词，充分反映出社会对新闻业的一般认知和期待。但中国新闻事业的实际情况与此一般认知和期待相差甚远，他并没有罗列过多的例证，而是要言不烦地通过几个新闻工作者牺牲生命、国民政府政务院明令保护新闻记者一事，就把中国新闻事业的现状与应然状态之间的差距表述得非常清楚了，对差距的表述建立在对新闻基本职能的理解上，就显得既很平易，又具有一种令人折服的专业力量。

---

[1] 金仲华：《国际新闻读法》，上海：生活书店，1934年，第59页。

6.客观、辩证，实事求是。媒介批评的基本属性是否定和批判，但否定和批判不是媒介批评的所有职能，褒扬和提倡也是媒介批评应有的属性，在一定意义上，褒扬和提倡与否定和批判同样重要，同样不可或缺。金仲华进行媒介批评时，从不说过头话，也从不提脱离实际的过高要求，而是实事求是，客观、辩证。他对当时我国报纸各种副刊的点评，显得非常公允，一些结论直到今天仍然具有一定的参考意义。如他虽然认为报纸上的国际新闻、战时新闻充满了宣传的意味，但同时又指出：

> 报纸上所载新闻，并非都是'宣传'，也并非都是假造的消息。在今天报纸上所载新闻消息中间，有的来自交战国家，也有来自中立方面；有的特具宣传作用，也有时完全无所谓的；更有在过分渲染中反见其虚假，而在无意中流露了真实的。所以新闻宣传有其正面，也有其反面，有属于主观的，也有完全客观的。认识了这一切，我们就可以在一天的无数新闻之中，选出其特殊重要者，而从这些特殊的新闻中间，看出各国在战争的政策以至整个国际斗争发展的趋向。[1]

这样的分析和批评，公允、平实，而又充满辩证客观的理性光芒。

1938 年 10 月 30 日，香港青年记者学会成立，金仲华特在《星岛日报》上撰写《青年记者的使命》一文，勉励和期待青年记者们说，中国的新闻事业，正处在青年时代，还没有达到组织完密与技术纯熟的成年时代。但正因是在年青时代，富于进取的活力，有着大可发展的前途，"我们新闻事业的长足进步，还有赖于我们的共同合作，使大家可以得到技术上的切磋，学识上的探讨，培练出更多忠实于社会

---

[1] 金仲华：《认识新闻宣传的背景》，《大众生活》（新），1941 年第 23 期。

服务，忠于新闻事业的青年记者。"[1]金仲华的媒介批评活动多建立在以"阅读"为视点、培养读者"新闻眼"的目标上，体现出一种近乎教育者的社会责任意识，也是上述"培练"思想的生动体现，值得我们今天学习和继承。

---

[1] 金仲华：《青年记者的使命》，《星岛日报》，1938 年 10 月 30 日。

参考文献

（一）报纸

1.《申报》，1872 年 4 月——1949 年 5 月。

2. 上海《新闻报》（部分），1901 年 1 月——1949 年 5 月。

3.《大公报》（天津版），1902 年 6 月——1937 年 8 月。

4.《大公报》（重庆版），1938 年 12 月——1949 年 11 月。

5.《民国日报》，1916 年 1 月——1947 年 1 月。

6.《晨钟报》，1916 年 8 月——1918 年 9 月。

7.《晨报》，1918 年 12 月——1928 年 6 月。

8.《文学周报》，1922 年 5 月——1930 年 1 月。

9.《热血日报》，1925 年 6 月——1925 年 6 月。

10.《生活周刊》，1925 年 10 月——1933 年 12 月。

11.《中央日报》，1927 年 3 月——1949 年 3 月。

12.《国闻周报》，1924 年 8 月——1937 年 12 月。

13.《大晚报》（中文版），1933 年 1 月——1941 年 12 月。

14.《大众生活》（上海版），1935 年 11 月——1936 年 2 月。

15.《红旗日报》，1930 年 8 月——1931 年 3 月。

16.《文艺新闻》，1931 年 3 月——1932 年 6 月。

17.《斗争》，1933 年 2 月——1934 年 9 月。

18.《大公报》（上海版），1936 年 4 月——1949 年 6 月。

19.《救亡日报》，1937 年 8 月——1941 年 2 月。

20.《抗敌报》，1937 年 12 月——1940 年 11 月。

21.《新华日报》（重庆版），1938 年 10 月——1947 年 2 月。

22.《新华日报》（华北版），1939 年 1 月——1943 年 9 月。

23.《华商报》，1941 年 4 月——1949 年 10 月。

24.《解放日报》（延安版），1941 年 5 月——1947 年 3 月。

25.《大众生活》（香港版），1941 年 5 月——10 月。

26.《新华日报》（太行版），1943 年 10 月 1 日——1949 年 8 月 19 日。

（二）期刊

27.《东方杂志》，第 1—第 44 卷，1904 年 3 月——1948 年 12 月。

28.《新潮》，第 1 卷—3 卷第 2 期，1919 年——1922 年。

29.《晨报副镌》，1921 年 10 月——1928 年 6 月。

30.《现代评论》，1924 年 12 月——1928 年 12 月。

31.《中央副刊》，1927 年 3 月 22 日——9 月 1 日。

32.《向导》，1922 年 9 月 13 日——1927 年 7 月 18 日。

33.《中国青年》，1923 年 10 月——1927 年 10 月。

34.《新青年》季刊，1923 年 6 月——1926 年 7 月。

35.《政治生活》，1924 年 4 月——1926 年 7 月。

36.《人民周刊》，1926 年 2 月——1927 年 4 月。

37.《布尔塞维克》，1927 年 10 月——1932 年 7 月。

38.《实话》，1930 年 10 月——1931 年 3 月。

39.《斗争》，1933 年 2 月——1934 年 9 月。

40.《群众》，1937 年 12 月——1949 年 10 月。

（三）文集、资料

41. 李锦华、李仲诚编：《新闻言论集》，新启明印务有限公司，1932 年 4 月印行。

42.《新闻文存》，中国新闻出版社，1987 年版。

43.《中国共产党新闻工作文件汇编》（上、中、下），新华出版社，1980 年版。

44.《中国共产党宣传工作文献选编》（1—4），学习出版社，1996 年

45. 中国社会科学院新闻所：《新闻研究资料》（1——61），中国展望出版社等。

46.《毛泽东新闻工作文选》，新华出版社，1983 年版。

47. 刘江、鲁兮主编：《太行新闻史料汇编》，太行新闻史学会编印，1994 年 4 月印行。

48.《蔡和森文集》，人民出版社，1980 年版。

49.《鲁迅全集》（1–16），人民文学出版社，1981 年版。

50.《秦似杂文集》，生活·读书·新知三联书店，1981 年版。

51. 张友渔：《报人生涯三十年》，重庆出版社，1982 年版。

52.《张友渔新闻学论文选》，新华出版社，1988 年版。

53.《廖沫沙杂文集》，生活·读书·新知三联书店，1984 年版。

54.《陈独秀文章选编》（上、中、下），生活·读书·新知三联书店，1984 年版。

55. 中国社会科学院新闻研究所中国报刊史研究室编：《延安文萃》（上、下），北京出版社，1984 年版。

56.《恽代英文集》，人民出版社，1984 年版。

57.《赵世炎选集》，四川人民出版社，1984 年版。

58. 傅学文编：《邵力子文集》（上、下），中华书局，1985 年版。

59.《瞿秋白选集》，人民出版社，1985 年版。

60.《恽逸群文集》，江苏人民出版社，1986 年版。

61.《陆定一新闻文选》，新华出版社，1987 年版。

62. 方汉奇主编：《邵飘萍选集》（上、下），中国人民大学出版社，1988 年版。

63.《瞿秋白文集》（政治理论编），人民出版社，1989 年版。

64.《张闻天文集》（1—2），中共党史资料出版社，1990 年版。

65.《袁殊文集》，南京出版社，1992 年版。

66.《陆定一文集》（上、下），人民出版社，1992 年版。

67.《胡乔木文集》（上、中、下），人民出版社，1994 年版。

68.《韬奋全集》（1–14），上海人民出版社，1995 年版。

69. 陈江、陈庚初编：《谢六逸文集》，商务印书馆，1995 年版。

70.《茅盾杂文集》，生活·读书·新知三联书店，1996 年版。

71.《胡愈之文集》（1—6），生活·读书·新知三联书店，1996 年版。

72. 丁景唐、丁言模：《瞿秋白印象》，学林出版社，1997 年版。

73. 《共产国际、联共（布）与中国革命档案资料丛书》，北京图书馆出版社，1997 年版。

74. 《赵超构文集》（1—6），文汇出版社，1999 年版。

75.《李大钊全集》（1—4），河北教育出版社，1999 年版。

76. 张之华：《中国新闻事业史文选》，中国人民大学出版社，1999 年版。

77. 笑蜀编：《历史的先声——半个世纪前的庄严承诺》，汕头大学出版社，1999 年版。

78. 方汉奇：《中国新闻事业编年史》（上、中、下），福建人民出版社，2000 年版。

79. 沈谱编：《范长江新闻文集》（上、下），新华出版社，2001 年版。

80. 张静庐辑注：《中国近现代出版史料》（1—8），上海书店，2003 年版。

81. 胡愈之、夏衍等著：《不尽长江滚滚来——范长江纪念文集》，群言出版社，2004 年版。

82. 刘厚生、陈坚等编：《夏衍全集》，浙江文艺出版社，2005 年版。

83. 肖东发、邓绍根编：《邵飘萍新闻学论集》，北京大学出版社，2008 年版。

84. 肖东发、邓绍根编：《徐宝璜新闻学论集》，北京大学出版社，2008 年版。

85.《高君宇文集》，人民出版社，2011 年版。

86.《向警予文集》，人民出版社，2011 年版。

（四）专著

87. 邵飘萍：《新闻学总论》，京报馆，1924 年版。

88. 袁殊：《学校新闻讲话》，上海湖风书局，1932 年版。

89. 任白涛：《抗战期间的新闻宣传》，新闻研究社，1938 年版。

90. 任毕明：《战时新闻学》，汉口光明书局，1938 年版。

91. 张友鸾：《战时新闻纸》，中山文化教育馆，1938 年版。

92. 任白涛：《日本对华的宣传政策》，商务印书馆，1940 年版。

93. 赖光临：《梁启超与近代报业》，台湾商务印书馆，1980 年第 3 版。

94. 胡绳：《从鸦片战争到五四运动》，人民出版社，1981 年版。

95. 张友鸾等：《世界日报兴衰史》，重庆出版社，1982 年版。

96. 郭沫若：《郭沫若全集》历史编第一卷，人民出版社，1982 年版。

97.[美] 罗纳德·斯蒂尔：《李普曼传》，于滨译，新华出版社，1982 年版。

98. 黄元起主编：《中国现代史》，河南人民出版社，1982 年版。

99. 朱传誉：《报人 报史 报学》，台湾商务印书馆，1985 年第 5 版。

100. 中共中央宣传部新闻局、中国社会科学院新闻研究所:《真实——新闻的生命》,中国新闻出版社,1986年版。

101. 尚丁:《四十年编余忆往》,重庆出版社,1986年版。

102. 广西日报新闻研究室:《救亡日报的风雨岁月》,新华出版社,1987年版。

103.《抗日战争时期的中国新闻界》,重庆出版社,1987年版。

104. 唐宝林、林茂生:《陈独秀年谱》,上海人民出版社,1988年版。

105. [美]布莱克:《现代化的动力》,浙江人民出版社,1989年版。

106. 黄新生:《媒介批评——理论与方法》,五南图书出版有限公司,1990年版。

107. [美]梅尔文·德弗勒、桑德拉:《大众传播学诸论》,杜力平译,新华出版社,1990年版。

108. 姚福申:《中国编辑史》,复旦大学出版社,1990年版。

109. 姚福申等:《中国近代报刊名录》,福建人民出版社,1991年版。

110. 夏鼎铭:《马克思恩格斯列宁报刊理论与实践》,复旦大学出版社,1991年版。

111. 黄河:《北京报刊史话》,文化艺术出版社,1992年版。

112. 阮迪民、杨效农:《晋绥日报简史》,重庆出版社,1992年版。

113. 方汉奇等:《中国新闻事业通史》,中国人民大学出版社,1992年版。

114. 温儒敏:《中国现代文学批评史》,北京大学出版社,1993年版。

115. 陈力丹:《精神交往论——马克思恩格斯的传播观》,开明出版社,1993年版。

116. 晋察冀日报史研究会编:《晋察冀日报史》,人民出版社,1993年版。

117. 刘中海等编:《回忆胡乔木》,当代中国出版社,1994年版。

118. 徐培汀、裘正义:《中国新闻传播学说史》,重庆出版社,1994年版。

119. 李志英：《博古传》，当代中国出版社，1994 年版。

120. 陈铁健：《从书生到领袖——瞿秋白》，上海人民出版社，1995 年版。

121. 吴冷西：《忆毛主席》，新华出版社，1995 年版。

122. 宋军：《申报的兴衰》，上海社会科学院出版社，1996 年版。

123. 房向东：《鲁迅与他"骂"过的人》，上海书店出版社，1996 年版。

124. 马光仁：《上海新闻史》，复旦大学出版社，1996 年版。

125. 顾雪雍：《奇才奇闻奇案——恽逸群传》，上海人民出版社，1996 年版。

126. 孙晓阳：《邵飘萍》，人民日报出版社，1996 年版。

127. 周雨：《王芸生》，人民日报出版社，1996 年版。

128. 《我所知道的胡乔木》，当代中国出版社，1997 年版。

129. 吴葆朴等编：《博古文选·年谱》，当代中国出版社，1997 年版。

130. 张昆：《传播观念的历史考察》，武汉大学出版社，1997 年版。

131. 姚春树、袁勇麟：《20 世纪中国杂文史》，福建教育出版社，1997 年版。

132. 蔡铭泽：《中国国民党党报历史研究》，团结出版社，1998 年版。

133. 廖永祥：《新华日报史新著》，重庆出版社，1998 年版。

134. 王敬：《延安〈解放日报〉史》，新华出版社，1998 年版。

135. 贾兴权：《陈独秀传》，山东人民出版社，1998 年版。

136. 朱志敏：《李大钊传》，山东人民出版社，1998 年版。

137. 沈谦芳：《邹韬奋传》，山东人民出版社，1998 年版。

138. 陈坚、陈抗：《夏衍传》，北京十月出版社，1998 年版。

139. 钮岱峰：《鲁迅传》，中国文联出版公司，1999 年版。

140. 陈清泉、宋广渭：《陆定一传》，中共党史出版社，1999 年版。

141. 周策纵：《五四运动：现代中国的思想革命》，江苏人民出版社，1999 年版。

142. 晁鸥、则玲：《赵超构》，人民日报出版社，1999 年版。

143.《胡乔木传》编写组编：《胡乔木谈新闻出版》，人民出版社，1999 年版。

144. 张同乐：《彷徨与顿悟———一九一九年实录》，河北大学出版社，1999 年版。

145. 谭一：《毛泽东新闻活动》（增订本），第 24 页，当代中国出版社，1999 年版。

146. 程民：《瞿秋白写作艺术论》，南京大学出版社，2001 年版。

147. 刘建明：《媒介批评通论》，中国人民大学出版社，2001 年版。

148. 王君超：《媒介批评：起源·标准·方法》，北京广播学院出版社，2001 年版。

149. 童兵、林涵：《20 世纪中国新闻学与传播学·理论新闻学卷》，复旦大学出版社，2001 年版。

150. 单波：《20 世纪中国新闻学与传播学·应用新闻学卷》，复旦大学出版社，2001 年版。

151. 徐培汀：《20 世纪中国新闻学与传播学·新闻史学史卷》，复旦大学出版社，2001 年版。

152.[美] 迈克尔·埃默里、埃德温·埃默里：《美国新闻史》，新华出版社，2001 年版。

153. 王芝琛：《百年沧桑——王芸生与大公报》，中国工人出版社，2001 年版。

154. 黄瑚：《中国新闻事业发展史》，复旦大学出版社，2001 年版。

155. 刘华蓉：《大众传媒与政治》，第 3 页，北京大学出版社，2001 年版。

156. 徐向明：《范长江传》，南京大学出版社，2002 年版。

157. 李良荣：《中国报纸文体发展概要》，福建人民出版社，2002 年版。

158. 张伯伟：《中国古代文学批评方法研究》，中华书局，2002 年版。

159. 王芝琛等：《1949 年以前的〈大公报〉》，山东画报出版社，2002 年版。

160. 吴廷俊：《新记〈大公报〉史稿》，武汉出版社，2002 年第 2 版。

161. 肖小穗：《传媒批评》，黑龙江人民出版社，2002 年版。

162. 胡正强：《中国现代报刊活动家思想评传》，新华出版社，2003 年版。

163. [英] 诺曼·费尔克拉夫：《话语与社会变迁》，华夏出版社，2003 年版。

164. [美] 彼得斯：《交流的无奈》（何道宽 译），华夏出版社，2003 年版。

165. 戈公振：《中国报学史》（插图整理本），上海古籍出版社，2003 年版。

166. 曾宪明：《中国百年报人之路》，远方出版社，2003 年版。

167. 陈力丹：《陈力丹自选集》，复旦大学出版社，2004 年版。

168. 甘险峰：《中国对外新闻传播史》，福建人民出版社，2004 年版。

169. 郑保卫主编：《中国共产党新闻思想史》，福建人民出版社，2004 年版。

170. 方汉奇等：《〈大公报〉百年史》，中国人民大学出版社，2004 年版。

171. 范用：《爱看书的广告》，生活、读书、新知三联书店，2004 年版。

172. 李秀云：《中国新闻学术史（1834—1949）》，新华出版社，2004 年版。

173. 宁树藩：《宁树藩文集》，汕头大学出版社，2004 年版。

174. 丁淦林：《丁淦林文集》，复旦大学出版社，2005 年版。

175. 李岩：《媒介批评: 立场、范畴、命题、方式》，浙江大学出版社，2005 年版。

176. 陈龙：《媒介批评论》，苏州大学出版社，2005 年版。

177.[美]詹姆斯·罗尔:《媒介、传播、文化》,董洪川译,商务印书馆,2005年版。

178.[美]阿瑟·阿萨·伯杰:《媒介分析技巧》,李德刚、何玉译,中国人民大学出版社,2005年版。

179.栾梅健:《二十世纪中国文学发生论》,广西师范大学出版社,2006年版。

180.蒋原伦、潘凯雄:《文学批评与文体》,北京师范大学出版社,2006年版。

181.沈金耀:《鲁迅杂文诗学研究》,福建教育出版社,2006年版。

182.徐方平:《蔡和森与＜向导＞周报》中国社会科学出版社,2006年版。

183.[美]戴维·斯沃茨:《文化与权力——布尔迪厄的社会学》,陶东风译,上海译文出版社,2006年版。

184.张昆:《中外新闻传播思想史导论》,复旦大学出版社,2006年版。

185.李楠:《晚清民国时期上海小报》,人民文学出版社,2006版。

186.洪九来:《宽容与理性——〈东方杂志〉的公共舆论研究(1904—1932)》,上海人民出版社,2006年版。

187.瞿林东:《中国史学通论》,武汉出版社,2006年版。

188.陈旭麓:《近代中国社会的新陈代谢》,上海社会科学院出版社,2006年版。

189.郝庆军:《诗学与政治:鲁迅晚期杂文研究》,文化艺术出版社,2007年版。

190.雷跃捷:《媒介批评》,北京大学出版社,2007年版。

191.胡春阳:《话语分析:传播研究的新路径》,上海世纪出版集团,2007年版。

192.马光仁:《中国近代新闻法制史》,上海社会科学院出版社,2007年版。

193. 李秀云：《中国现代新闻思想史》，中国社会科学出版社，2007 年版。

194. 李彬：《中国新闻社会史》，上海交通大学出版社，2007 年版。

195. 田建平、张金凤：《晋察冀抗日根据地新闻出版史研究》，人民出版社，2009 年版。

196. 刘忠：《〈在延安文艺座谈会上的讲话〉研究》，人民文学出版社，2009 年版。

197. 方宁主编：《批评的力量》，人民出版社，西南师范大学出版社，2009 年版。

198. 新华通讯社史编写组：《新华通讯社史》，第一卷，新华出版社，2010 年版，

199. 刘祖禹、胡文龙；《新闻阅评学》，中国人民大学出版社，2010 年版。

200. 曾娅妮：《媒介批评：理论与例证》，四川大学出版社，2010 年版。

201. 胡正强：《中国现代媒介批评研究》，中国传媒大学出版社，2010 年版。

202. 寇国庆；《延安时期及其以后的文学趣味》，黄河出版传媒集团 阳光出版社，2010 年版。

203. 王传寿：《烽火信使——新四军及话中华中抗日根据地报刊研究》，合肥工业大学出版社，2010 年版。

204. 刘建明：《中国媒介批评史》，福建人民出版社，2011 年版。

205. 傅柒生、李贞刚：《红色记忆——中央苏区报刊图史》，解放军出版社，2011 年版。

206. 丁晓平：《中共中央第一支笔——胡乔木在毛泽东邓小平身边的日子》，中国青年出版社，2011 年版。